Melanie Müller

Verstrickungen

Erotik Thriller

Schweitzerhaus Verlag
Schrift * Wort * Ton
Karin Schweitzer

Frangenberg 21 * 51789 Lindlar * Telefon 02266 47 98 211
eMail: mail@schweitzerhaus.de

Satzlayout und Umschlaggestaltung: Karin Schweitzer, Lindlar
Foto: Adobe Stock
Besuchen Sie uns im Internet: www.schweitzerhaus.de

Auflage 2020

ISBN: 978-3-86332-066-9

Inhaltsverzeichnis

Prolog 7
Amadeus Neumann 10
Enya 21
Diana 31
Antje, die Hutmacherin 40
Hasso von Blucher 45
Gnadenlos 51
In U-Haft 57
Ingo Klauke, Kriminalhauptkommissar 68
Stillstand 79
Seelenqual und Scala 85
Quälende Gedanken 104
Tillmann Ressel 105
Justine Dambach 108
Coque au Vin 115
Bekennermail 123
Paternoster 127
Aiko 131
Diskrete Ermittlungen 136
Schon wieder Sushi 145
Eine Dame, ihr Anwalt und allerlei Spekulationen 157
Auen-Garten 166
Was diese Frau so alles treibt 172
Ein Hauch von Hollywood 190
Liliana 193
Frieda lässt die Peitsche tanzen 197
Verwicklungen 207
Verwirrungen 213
Offenbarungen 215
Überwachung 242
Befehlsverweigerung 250
Vernissage 259
Bergers Beobachtungen 263

Sven Bertram	265
Friedas Job	271
Blah, blah, blah	274
Undercover	278
Aikos Auftritt	282
Überraschung	286
Sommerfrische	295
Eine Suchende	307
Vita Novus	310
Geheimnisse	319
Im Wald	323
Von Bluchers Gedanken	328
Befreiung	331
Wieder zu Hause	336
Liaison dangereux	339
Hausdurchsuchung	348
Enthüllung	349
Roberto	366
Corpus delicti	368
Herr Staatsanwalt und seine Sicht der Dinge	373
Candelight-Dinner	384
Nur eine Illusion	393
Der erste Prozess	396
Melancholie	398
Ein kleiner Schönheitsfehler	401
Undichte Stelle	402
Berlin	410
Zeugin der Anklage	412
Urteilsverkündung	419
Am Ziel	421
Unter Qualen geborener Sieg	422
Epilog	426

Prolog

Aus geweiteten Augen starre ich auf den Bildschirm und kann kaum glauben, was ich da sehe.

Ein Saal, nur von Kerzen erhellt, an der Wand eine schwarze Sonne, auf dem Altar eine Person, vollkommen in weiße Kleider gehüllt. Rundherum stehen Menschen in weißen Kutten, Kapuzen über den Kopf gezogen und aus ihren Kehlen strömt ein eigentümlicher Gesang.

Davor steht ein Mann, die Kutte geöffnet, und ein anderer kniet vor ihm, ebenfalls mit geöffneter Kutte, und sie sind darunter nackt. Die beiden kommen mir merkwürdig bekannt vor und ich sehe genauer hin. Oh, mein Gott! Das sind Amadeus und Markus! Schwul? Nie im Leben hätte ich das geglaubt. Atemlos verfolge ich den Film.

Markus legt seine Hand auf Amadeus Kopf und drückt ihn sacht an seinen pulsierenden Pimmel. Amadeus leckt darüber und atmet den Geruch nach seinem Schwanz ein.

Sein Penis ist unglaublich dick. Amadeus hat Mühe, mit Daumen und Zeigefinger seinen Schaft zu umfassen.

»Jetzt blas ihn mir!« fordert Markus.

Amadeus nimmt seinen Schwanz in die Hand und

zieht die Eichel unter der Vorhaut hervor. Sie glänzt vom tropfenden Sperma und Amadeus stülpt seinen Mund über diesen harten Lustschwengel.

Markus stöhnt auf, während er seinen fetten Kolben in Amadeus Mund versenkt, leicht zustößt und seinen Mund fickt.

Amadeus greift an Markus dicke, pralle Eier. Markus Stöhnen wird immer lauter.

Markus fickt den Mund von Amadeus, zieht plötzlich laut stöhnend seinen Schwanz aus Amadeus Mund und bekommt einen heftigen Orgasmus.

Sein Sperma schießt in wuchtigen Wellen aus der Eichel hervor. Immer wieder spritzt der heiße Saft auf Amadeus Bauch und Brust und läuft an ihm herunter. Amadeus Sperma spritzt dazu, denn auch er kommt mit einem erlösenden Schrei.

Das gemeinsame Sperma läuft über Amadeus Körper. Beide knien nun voreinander und streicheln sich und verteilen dabei das Sperma über ihre Körper. Die beiden stehen Hand in Hand auf, küssen sich leidenschaftlich, schließen sodann ihre Kutte und stellen sich in den Halbkreis der anderen Kuttenträger. Wieder stimmen sie diesen eigentümlilchen Gesang an.

Wie eine Messe, und dann sehe ich, wie einer nach dem anderen sich an der Person auf dem Alter zu schaffen macht. Ich sehe genauer hin und Erinnerungen werden wach.

Diese Frau, es ist ganz offensichtlich eine Frau,

wird von jedem anwesenden Mann begattet. Die Frau schreit und ich erkenne plötzlich, dass ich es bin, die hier schreit, spüre fast körperlich jede Berührung, spüre den Ekel und jede Faser meines Körpers giert nach Rache!»

Amadeus Neumann

Als er jung war, hatte er sich geschworen, dass er sich nie auch nur in die Nähe des Skalpells, eines seiner nicht annähernd so genialen Kollegen, wie er selbst, begeben wird.

Doch konfrontiert mit den unleugbaren Spuren menschlichen Verfalls, gerät sein Vorsatz merklich ins Wanken und droht sich aufzulösen. Professor Dr. med. Amadeus Neumann, gefragte Kapazität und nach wie vor unumstrittene Nr. 1 der plastischen Chirurgie, steht schon mehr als eine Stunde vor dem riesigen Wandspiegel seines luxuriösen Badezimmers und hadert mit seinem Schicksal. Vielen Prominenten und unzähligen Namenlosen hat er mit seinen virtuosen Kunstgriffen zu mehr Selbstbewusstsein und im wahrsten Sinne des Wortes, gesteigertem öffentlichen Ansehen verholfen.

Sein Badezimmer, Marmor, nicht schwarz oder weiß, sondern rosa, vergoldete Armaturen, ein Whirlpool, nennt er sein Eigen. Ohne den Blick von der Gestalt im Spiegel abzuwenden, die ihm, allen Zweifeln zum Trotz, beeindruckend erscheint, greift er das hohe Longdrinkglas vom Rand des Villeroy & Boch Doppelwaschbeckens und leert es in einem Zug. Mit der linken Hand tastet er nach der Flasche Gin, die in dem schwarz lackierten Schrank neben dem Spiegel steht und gießt sich großzügig ein.

Schweren Herzens trennt er sich von seinem Spiegelbild, wandert, immer noch nackt, durch den breiten Flur, über Marmor, nun jadegrün, ins Wohnzimmer.

Gegen die hohen, breiten Fensterscheiben prasseln schwere Regentropfen eines heftigen Sommergewitters. Er steuert zielstrebig das wuchtige Vertiko aus Wurzelholz an, ein Replikat im Stil der Dreißiger Jahre, und entnimmt der rechten Schublade eine kleine silberne Schatulle. Er setzt sich auf die mit Büffelleder bezogene Couch, stellt das feinziselierte Kästchen vor sich auf den makellos reinen Glastisch und öffnet es. Er ergreift mit Daumen und Zeigefinger ein kleines Plastiktütchen und hebt es auf Augenhöhe.

Er seufzt, keine zwei Stunden mehr, dann wird Natalie, diese Blaupause aller Society-Schnepfen über Fünfzig, ihn abholen. Und wie alle seine Geschöpfe ist sie nahezu vollkommen. Die Brüste mit wie erigiert stehenden Nippeln, der wohlgeformte Po, die kunstvoll verkleinerten Schamlippen und die absolut dauerhafte Haarentfernung, alles sein Werk. Er wird sie zum Empfang des Ministerpräsidenten begleiten. Das Ganze dürfte zwei Stunden dauern und im

Anschluss wird sich die Horde immer gleicher Schmarotzer, Möchtegerns und Aufschneider in einer angesagten Bar selbst feiern und er wird sich Punkt 24 Uhr empfehlen und Natalie wird sich hüten, ihm in der Öffentlichkeit eine Szene zu machen.

Einem Ritual gleich formt er mit einem kleinen orientalischen Dolch, der schmale Griff kunstvoll mit Edelsteinen verziert, zwei feine weiße Linien. Erst bedient er das eine, danach das andere Nasenloch durch ein dünnes silbernes Röhrchen, das neben dem Kokstütchen seinem Einsatz entgegen wartete. Augenblicklich kribbeln abermillionen Ameisen über die Stirnhöhle unter seine Schädeldecke, ein sanfter Schauer durchläuft seinen Körper und verloren geglaubte Energien, Klarheit und die Gewissheit alles, aber auch alles im Griff zu haben, kehren zurück.

Er richtet sich auf. 175,5 Zentimeter, seine Schuhe lässt er in London fertigen, speziell, was immerhin drei Zentimeter bringt und ihn unter günstigen Bedingungen, kleine Frauen, rundliche Männer, wie einen Einmeterachtzigmann erscheinen lassen. Und er sieht schon ein wenig lächerlich aus, wie er da steht, dieser in die Jahre gekommene nackte Mann mit stolz geschwellter Brust.

Während er sich dem Dresscode entsprechend kleidet, spukt Liliana in seinem Kopf und die Vorstellung wäre weitaus prickelnder, mit dieser Frau den Abend zu verbringen. Deren unverhohlene, offensiv zur Schau getragene Sinnlichkeit, erinnert ihn immer wieder an Mae West, besonders, wenn sie wieder einmal einen dieser gewagten ausladenden Hüte trägt. Sie ist so ganz anders, als diese sogenannten Damen der feinen Gesellschaft, denen die Geilheit förmlich aus glitzernden Augen in den botoxgestählten Gesichtern trieft. Selbstredend treiben Liliana und er es nicht mehr miteinander, schon lange nicht mehr, das für ihn entscheidende Verfallsdatum der 45 Lenze ist längst weit überschritten und ihm schaudert bei dem Gedanken an ihren unverhüllten Körper.

Der Abend verläuft, wie erwartet. Neumann ist ganz Gentleman, brillant im Bildungsbürgertumsmalltalk und von diskretem Charme. Er schnupft zwischenzeitlich frische Energie auf der weißen Klobrille, in der grauen Zelle des schwarz gekachelten WCs und Natalie scheint vollends zufrieden. Später, im Broadway, zieht er sich zurück, lächelt vielsagend, schlürft viel zu schlappen Gin-Tonic und grübelt, wie er Natalie seinen frühen Abgang plausibel verkaufen soll.

Doch als er aus den Augenwinkeln beobachtet, dass sich diese angeregt mit einem jungen Kerl unterhält, weicht die Anspannung und er träumt sich in seine Verabredung: Frieda, 0 Uhr 45.

Er hatte sie vor vier Monaten in einer kleinen Sushi-Bar kennengelernt. Zuerst war sie ihm nicht aufgefallen. Aber als er ganz in Gedanken aufstand, um das Restaurant zu verlassen, war er mit ihr zusammengestoßen. Ihre Kühle und Distanz, der Blick aus stahlgrauen Augen, der ihn geradezu in die Knie zwang, hatten ihn vom ersten Moment an fasziniert. Wie nicht anders zu erwarten, verabredete sie sich mit ihm, doch schon beim ersten Treffen wurde ihm klar, dass diese Frau anders ist - bis heute kennt er lediglich ihren Vornamen und ihre Handynummer, wahrscheinlich Prepaid - ganz anders als diese notgeilen Zicken, mit denen er sich normalerweise herumtreibt und die ihn mittlerweile bis zum Erbrechen langweilen.

Frieda eröffnete ihm neue Horizonte, führte ihn zu ungeahnten Gipfeln seelischer und sinnlicher Wahrnehmung und das erste Mal im Leben fühlte er sich wirklich frei, erlöst von allen Zwängen seines Daseins.

Ode an die Freude intoniert das elektronische Glockenspiel im weißen Kasten der Videoüberwachung neben der Wohnungstür.

«Pünktlich, auf die Minute. Ich liebe sie», flüstert Neumann, springt auf, zerrt am Gürtel seines Bademantels, auf dessen Rücken sich ein prächtiger Drache von der Hüfte bis zu den Schultern schlängelt und hastet zur Tür. Die Überwachungskamera zeigt eine verschwommene Gestalt im schwarzen Kapuzenmantel, das Gesicht nicht zu erkennen. Er presst das Ohr an die Tür, wartet ungeduldig auf das Zischen der sich öffnenden Fahrstuhltür. Die letzte Koksdröhnung pocht in den Schläfen und seine Handflächen sind feucht. Dann steht sie vor ihm, streift langsam die Kapuze zurück - der Mantel tropft kleine Pfützen auf jadegrünen Marmor - und er verliert sich sekundenlang im Sog dieser grauen Augen. Jetzt ist er nicht mehr Neumann, Professor Dr. med., sondern Amadeus, der nichtsnutzige ungehorsame Amadeus, der die Führung und harte Hand einer strengen Zuchtmeisterin braucht.

Er senkt den Blick, krümmt den Rücken, schleicht um sie herum, streift behutsam den Mantel von ihren Schultern und wieselt zur Garderobe. Plötzlich spürt er einen harten Griff am Hals und ihre weiche melodische Stimme flüstert: «Scheußliches Regenwetter.»

«Sie haben Recht, Herrin, ganz abscheulich, wirklich ganz besonders abscheulich!»

Der Druck wird stärker, er sinkt auf die Knie.

«Das ist ja ganz nass. Scheußlich … wird hässliche Flecken geben, wenn wir nichts tun …»

Er nickt heftig, immer tiefer senkt er seinen Kopf, gesteuert von ihrer Hand, bis seine Nasenspitze über den Boden streift und eifrig trocknet er die Marmorplatten mit seiner Zunge.

«Das ist brav. Mach weiter, bis alles ganz sauber ist, wir wollen doch nicht, dass irgendjemand behaupten kann, hier herrsche weder Zucht noch Ordnung.»

Dankbar des unverhofften Lobes, hebt er den Blick und klimmt empor an wunderbaren Beinen, in zarten schwarzen Strümpfen, die einen Hauch der darunter verborgenen Haut erahnen lassen.

«Haben wir da nicht etwas vergessen, du liederlicher Gesell!?», säuselt's aus schwindelnden Höhen, just als seine Augen den Streifen schimmernd weißer Haut über dem blickdichten Rand erreichen und eine schwarze Schnürstiefelette streift sein Kinn. Die rechte Hand liegt stützend unter der Sohle, die Finger der linken umschließen das schmale Fußgelenk. Sein Mund reinigt schlammige Flecken, die Wangen trocknen das Leder, immer heftiger, sich höher tastend, bis er das Salz ihrer Haut durch die Poren des Nylon schmeckt, zurückgestoßen wird und von neuem beginnt.

«Das hast du brav gemacht! Komm her und knie dich vor mich!»

Amadeus beeilt sich, seine Knie vor ihr zu

beugen und ergeben senkt er seinen Blick.

«Du darfst mir die Füße küssen!»

Hingebungsvoll küsst Amadeus Friedas Schuhspitzen.

«Den Kopf auf den Boden und den Po hoch!», herrscht sie ihn an. «Meine Schuhe sind noch nicht sauber!»

Frieda nimmt eine kleine Peitsche, stellt sich seitlich von ihm auf und lässt den Riemen über seinen Po streichen, der zweite Schlag sitzt schon fester.

«Zähl mit!»

«Jawohl, Herrin!»

Frieda schlägt.

«Drei!»

Frieda schlägt fester.

«Vier!»

Sein Gesäß verfärbt sich rot und Frieda schlägt und schlägt.

«Zwanzig!»

Frieda lässt die Peitsche sinken.

«Das hast du brav gemacht, dafür wirst du belohnt. Steh auf und stell dich auf den Tisch!»

Amadeus erhebt sich, sein Schwanz steht steif und prall von ihm ab, ist auf Gesichtshöhe von Frieda. Sie nimmt seinen Phallus in den Mund und saugt an der Spitze. Aber sie lässt ihn nicht kommen.

«Leck meine Pussy! Und wage es nicht aufzuhören, bevor ich einen Orgasmus hatte!»

Frieda sitzt nun auf dem Tisch und Amadeus kniet sich vor sie und lässt seine Zunge tanzen.

«Fester!», herrscht sie in an.

Amadeus drückt seine Zunge fest in ihr Honigtöpfchen, tanzt mit der Zungenspitze zwischen Anus und Klitoris hin und her, um sie dann wieder tief in ihre Spalte zu drücken.

Der Schlag trifft ihn völlig unvorbereitet, aber er bemüht sich, nicht aufzuschreien und leckt weiter.

«Schneller!», und wieder trifft ihn ein harter Schlag. Frieda schlägt weiter und immer schneller. Amadeus Po zeigt mittlerweile eine dunkelrote Farbe.

«So ist es brav. Jetzt will ich meinen Höhepunkt! Du bist verantwortlich, dass ich ihn bekomme! Wenn nicht, spürst du die Peitsche!» Und Amadeus leckt wie besessen.

Frieda ist mehr als zufrieden nach ihrem Orgasmus und zieht nun alle Register ihres Repertoires. Amadeus versinkt im berauschenden Strudel tiefster Erniedrigung und Missachtung, lässt sich treiben im Hochgefühl der Erregung, um in einen alles um ihn herum vergessenden Orgasmus abzuspritzen.

Nachdem Frieda gegangen ist, taumelt er im Nachhall des flüchtigen Moments, versucht ihn zu halten mit zwei weißen Linien und einem großen Glas Gin, doch unausweichlich kehrt er zurück, mit jeder Sekunde, jeder Minute etwas mehr, der Professor Dr. med. Amadeus Neumann.

Freude schöner Götterfunke, spielen die Türglocken. «Frieda, bestimmt hat sie wieder was vergessen …», brummt er unwirsch, «… dass sie ihren Kopf nicht zusammenhalten kann, sie weiß doch ganz genau, dass ich danach unbedingt meine Ruhe brauche!»

Verärgert stapft er zur Tür und presst den Daumen auf den Summer, öffnet einen Spalt und geht zurück ins Wohnzimmer, noch immer das Glas in der Hand.

Das Klacken der Wohnungstür lässt ihn aufhorchen. «Na, was hast du diesmal vergessen?», ruft er, trinkt einen Schluck. Keine Antwort und erst jetzt bemerkt er die Stille, lauscht dem Rauschen des Blutes in seinen Ohren,

«Hallo, bist du's, Frieda?»

Keine Antwort, das Rauschen wird lauter.

«Sag doch was …!»

Jetzt ist die Stille bedrohlich, bereit ihn zu verschlingen. «Hör mal, sei nicht albern, der Spaß ist vorbei!»

Da, ein Geräusch, verhalten, wie unterdrücktes Atmen, er dreht sich um, fest entschlossen Frieda wegen diesem verdammten Possenspiel zurechtzuweisen, doch bevor er den Mund öffnen kann, einen Laut der Überraschung herausgurgeln, über das, was seine Augen sehen, trifft ihn ein harter Schlag an der Schläfe und er hört es nicht mehr, das Klirren splitternden Glases, spürt ihn nicht, den Aufprall seines Schädels auf Carrara Marmor.

Er erwacht, versucht sich zu erinnern, nur langsam dringen die letzten Minuten in seinen schmerzenden Schädel. Gedämpftes Licht, absolute Stille. Er will sich aufrichten ... etwas hält ihn ... seine Hände und Füße, fest umklammert von starken Seilen, lassen ihm keinen Bewegungsfreiraum.

Er hebt seinen Kopf ... und blickt in dunkle Augen, die ihn teilnahmslos anstarren.

Angst schnürt ihm die Kehle zu, panisch zerrt er an den Fesseln. Er hat keine Chance, unaufhaltsam nähert sich der Tod in Form eines edelsteinbestückten Dolches.

»Warum?», schreit er in wilder Panik. »Warum?»

»Du weißt, warum!»

Die vermummte Person schwingt den feinziselierten Dolch und trennt Amadeus mit einem schnellen Schnitt von seinem besten Stück. Amadeus Neumann schreit, wie er noch nie in seinem Leben geschrien hat, er brüllt, weint, bettelt, zetert und flucht, während sein Leben langsam zerrinnt.

Enya

Es ist ein wunderschöner Morgen, die Sonne strahlt von einem nahezu wolkenlosen Himmel und wie immer nach einem nächtlichen Regen scheint die Luft frischer, geradezu rein zu sein. Sie glaubt, den nahe gelegenen Starnberger See zu riechen, ein Gefühl, als könne sie die ganze Welt umarmen.

Die Größe des Gartens hält den zur Pflege erforderlichen Aufwand in Grenzen. Sicher, ohne Herrn Krüger, den Filialleiter der Raiffeisenbank, der damals schon ihr Klient war und sich mächtig für sie ins Zeug legte, nachdem sie eine sehr erotische Nacht mit ihm verbracht hatte, wäre das nicht möglich gewesen. Reine Magie, der richtige Mann zur richtigen Zeit an den wichtigsten Schalthebeln.

Nachlässig streift ihr Blick die Zeitung, die gefaltet und unbeachtet auf dem runden, weiß gestrichenen Metalltisch liegt und bleibt an der Schlagzeile hängen:

Blutbad im Penthouse!

Professor Dr. med. Amadeus Neumann ermordet!

Schon wieder ein Mord, sie sollte gedruckte Botschaften energetischen Wahnsinns zumindest für einen Tag ignorieren. Ihr Blick wandert durch den malerischen Garten. Sie liebt dieses chaotische halbverwilderte Wuchern und die kleine Rasenfläche, die aussieht wie eine Wildblumenwiese. Doch wie ferngesteuert, geradezu magisch angezogen, dreht sie sich ein wenig, greift jetzt doch nach dem Blatt und liest:

München. Gestern Nacht wurde der bekannte Schönheitschirurg und Society Löwe Professor Dr. med. Amadeus Neumann in seinem Penthouse auf bestialische Weise ermordet. Ein anonymer Anruf hatte die Polizei alarmiert. Das entmannte Opfer lag nackt und gefesselt auf dem Bett. Der Mörder hinterließ eine Botschaft, wahrscheinlich mit dem Blut des Opfers geschrieben. Am Tatort wurde Marika M. festgenommen. Als die Polizei eintraf, hatte sie einen Dolch in der Hand, bei dem es sich um die Tatwaffe handeln soll. Man geht davon aus, dass es sich um eine Beziehungstat handelt ... **weiter Seite 3**

Dann sind da noch zwei Fotos: ein Mann, das Alter schwer einzuschätzen und daneben das Bild einer Frau mit einem wagenradgroßen Hut, der wunderbar in eine Hollywood Produktion der Dreißiger gepasst hätte, über den Augen ein breiter schwarzer Balken.

«Marika M. … Marika M. …», murmelt sie, hebt den Kopf, starrt einen Moment ungläubig ins bunt gesprenkelte Grün, wieder auf die Fotos, liest den Text noch einmal, Buchstabe für Buchstabe, Wort für Wort, ein kalter Schauer durchläuft ihren zarten Körper. Es scheint, als wären die Dämonen finsterer Nächte zu neuem Leben erwacht,

«… aber … ich kann es nicht glauben … das ist doch Liliana … Liliana Lorenz …»

Sie sitzt da, wie erstarrt, der Tee schmeckt bitter und einen Augenblick scheinen alle Farben getilgt, die Welt schwarzweiß, wie Lilianas Seele - so nannte sie immer Liliana, Liliana Lorenz. Dieser Name scheint ihr weitaus treffender, als Marika Mertens, in seiner Banalität total abwegig, für eine so schillernde Persönlichkeit. In ihrem ganzen Leben ist ihr noch nie ein Mensch begegnet, dessen Zwiespältigkeit so offen zu Tage tritt, bei dem Licht und Schatten so nahtlos, beinahe unmerklich ineinander fließen und der keinerlei, auch nicht die leisesten Anstalten unternimmt, dies zu verbergen.

Gedanken wirbeln durcheinander, richten sich, einem Puzzle gleich, auf jenen Sommertag vor fünf Jahren, eine Stimmung wie heute: wolkenloser blauer Himmel, lauer Wind, die Vögel zwitschern. Ihre Tochter war damals vier Jahre alt und sie lagen auf einer Wiese am Starnberger See.

Zu der Zeit lebten sie noch in einer kleinen Zweizimmerwohnung, in der Adolf-Kolping-Straße, unweit des Hauptbahnhofs und Enya nutzte jede Gelegenheit, hauptsächlich wegen Lotte, der stickigen Hitze der Stadt zu entkommen. Sie träumte, nein, es war mehr als ein Traum, eine Vision, ein Ziel und sie war absolut sicher, dass sie es eines Tages erreichen werde - ein Haus in dieser ländlichen Idylle.

Lotte versuchte sich an einer Sandburg.

Plötzlich brach eine zänkische Stimme in das gleichförmige Raunen dezent geführter Gespräche, hin und wieder übertönt vom Juchzen im Wasser planschender Kinder.

«Du hast keine Ahnung, was eine Frau braucht, glaubst tatsächlich, du brauchst nur deinen Luxus-Picknickkoffer und lauwarmen Champagner auspacken und alles ist wieder gut, aber so einfach ist das nicht. Du sollst nur zuhören, wenn ich etwas sage, meine Probleme löse ich schon alleine!»

«Bewahre Contenance, meine Liebe, die Leute schauen schon herüber», zischte der korpulente Mann im weißen Leinenanzug. Augenscheinlich hatte er Enyas neugierige Blicke bemerkt. Er setzte eine große Tasche auf den dünnen Rasen, durch den hellbraune Erdflecken schimmerten, zerrte ein weißes Taschentuch aus der Hosentasche, lüftete den Panama-Hut und wischte Schweißperlen von der Stirn und seiner Glatze.

Die Frau, deren Figur dem fleischigen Ideal einer fünfziger Jahre Sexbombe entsprach, trug einen kurzen Rock, ein noch knapperes Oberteil und auf dem Kopf einen großen Hut mit riesiger Krempe und einem Tüllrand, der über ihre Augenbrauen reichte, alles in pinkrosa. Lange schwarze Haare umspielten ihre sanft gebräunten Schultern.

«Arno, komm her, hier ist es schön und trödele nicht so.»

Der Mann stopfte das Taschentuch in die Gesäßtasche seiner Hose, nachdem er das Schweißband gründlich trocken gerieben hatte. Er rückte den Hut auf seinem blanken Schädel zurecht, bückte sich, holte eine akkurat gefaltete Decke aus der Tasche, schüttelte sie umständlich, und breitete sie mit einer Geste aus, die sagen sollte: Gnädige Frau, es ist angerichtet. Die Frau mit dem Hut machte es sich bequem, klopfte mit der Hand auf den Boden, woraufhin der dicke Mann sich neben der schrillen Schönheit zu Boden plumpsen ließ.

«Reib mir den Rücken ein, mein kleiner Brummelbär!»

Sie fischte eine Sonnenölflasche aus der Handtasche, ebenfalls pink und reichte sie ihm.

Ohne eine Miene zu verziehen nahm der Mann die Flasche, öffnete umständlich den Deckel und träufelte eine ordentliche Menge auf seine Handfläche.

«Bitte, verteil das Öl sorgfältig, du weißt,

meine Haut ist sehr empfindlich!»

«Was soll das, Liliana?», murrte der Mann und fing an ihren Rücken zu bearbeiten.

Mittlerweile hatte Lotte ihr Bauvorhaben unterbrochen und sich ungeachtet des gereizten Geplänkels dem seltsamen Paar genähert. Fasziniert starrte sie unverwandt diesen gewaltigen bonbonfarbenen Hut an. Die Frau schien die Blicke des Kindes zu spüren, sie drehte den Kopf und die knallrot geschminkten Lippen zauberten ein freundliches Lächeln in ihr Gesicht. Enya fühlte sich unbehaglich, die beiden da drüben sahen nicht aus, als wären sie ausgesprochene Kinderfreunde. Sie wollte gerade den Mund öffnen, ihre Tochter zu sich beordern, da kam ihr die Fremde zuvor und sagte, die Stimme nun warm und einfühlsam: «Gefällt dir mein Hut? Wie heißt du denn?»

«Ich bin Lotte und wer bist du?»

«Ich heiße Liliana. Willst du ihn mal aufsetzen?»

«Au ja … », rief Lotte und hüpfte begeistert auf und ab.

Arno beendete seine Bemühungen zarte Haut vor harter UV-Strahlung zu schützen. Die Frau, die sich Liliana nannte, Enya vermutete, dass es ein Künstlername oder so was war, nahm den Hut ab und schüttelte den Kopf, dass die Haare flogen. Liliana zog den Hut über das kastanienbraune Haar des Mädchens, lachte gekünstelt, als der Lottes Augen verdeckte und schob ihn schließlich in deren Nacken. Lotte kicherte und zupfte behutsam an rosa Tüll.

«Ist das deine Mama da drüben?», fragte Liliana und nickte in Enyas Richtung.

Ohne Lottes Antwort abzuwarten, rief sie, «Ein ganz bezauberndes Kind! Sie haben eine überaus liebreizende Tochter.»

Sie suchte Enyas Augen, ihre Blicke trafen sich, ruhten einen winzigen Moment ineinander, der Enya wie eine dieser magischen Zeitdehnungen vorkam. Zum ersten Mal spürte sie die seltsame Anziehungskraft dieser exaltierten Frau.

«Setzen Sie sich doch zu uns!»

Ohne darüber nachzudenken, beinahe wie ferngesteuert, erhob sich Enya, ging zu der Decke, und setzte sich, wie selbstverständlich, neben Liliana. Arno kramte eine Flasche Sekt aus seiner voluminösen Tasche - Enya fragte sich, was für Überraschungen diese wohl noch verbergen könnte - öffnete sie und entschuldigte sich wortreich wegen der weißen Plastikbecher. Liliana entpuppte sich als geistreiche Erzählerin, überschwemmte Enya förmlich mit amüsanten Anekdoten, derweil Arno mit Lotte herumalberte, was Enya diesem kleinen, feisten Mann gar nicht zugetraut hätte. Die Zeit verging wie im Fluge, nach der zweiten Flasche in der Abenddämmerung nannten sie sich beim Vornamen und *meine Liebe*, ohne das übliche Verbrüderungsritual, tauschten

Visitenkarten und versicherten einander, dass man die nächsten Tage anrufen werde.

Sie verabschiedeten sich mit Bussi links, Bussi rechts.

Wochen später klingelte das Telefon. «Hier Liliana Lorenz, du erinnerst dich? Der roséfarbene Hut!»

«Oh ja», erwiderte Enya zögernd und plötzlich sah sie Lilianas Augen vor sich - die Farbe hätte sie nicht mehr nennen können - und diesen eigenartigen suggestiven Blick.

Liliana plapperte munter weiter, wie seinerzeit auf der orientalischen Decke. Dann stockte der Erzählfluss und sie bemerkte völlig aus dem Zusammenhang gerissen: «Ich habe auf deiner Karte gelesen, dass du Aurabehandlungen machst, hast du einen Termin für mich?»

«Ja, gerne, wann willst du kommen?»

Es blieb nicht bei dieser einen Sitzung. Liliana war wohl so zufrieden, dass sie sie weiter empfahl. An Leute, die «in» sind, die meisten ein wenig blasiert, aber auch, in gewisser Weise, Trendsetter, zumindest für die, die sich einbildeten, jemand in der Münchner Schickeria zu sein. Wenn sie es genau bedenkt, hatte damit ihr finanzieller Aufstieg begonnen.

«Unmöglich ...», murmelt sie und erhebt sich,

Sie schüttelt den Kopf, ihre gespreizten Finger fahren durch das schulterlange braune Haar.

Nein, unvorstellbar, so was passt einfach nicht zu Liliana! Nicht, dass sie ihr keinen Mord zutrauen würde, jeder ist in einer Ausnahmesituation fähig einen Mord zu begehen, davon ist Enya fest überzeugt! Doch die Art und Weise, das ganze Blut, einfach ekelhaft und unästhetisch, ja unästhetisch, sie müsste vollkommen besudelt gewesen sein und das bringt sie einfach nicht zusammen, mit der Liliana, die sie kennt.

Die hätte nach Gift gegriffen, möglichst exotisch und schwer nachzuweisen. Der Singsang des Telefons drängt sich in ihre Grübeleien, erst fern, dann immer näher. Gedankenverloren geht sie ins Haus und nimmt den Hörer ab.

«Enya Frank», meldet sie sich.

«Sabrina hier, Sabrina Jansen. Hallo Enya», erklingt die Stimme an ihrem Ohr.

«Hey, Sabrina, wie geht's, hab lange nichts von dir gehört?»

Sabrina scheint zu überlegen, Enya hört ihren leichten Atem, schließlich sagt sie und es klingt fast wie eine Entschuldigung: «Hatte jede Menge um die Ohren, weiß immer noch nicht, wo mir der Kopf steht ... aber weshalb ich eigentlich anrufe ...» Wieder eine Pause, länger, eine gewichtige Auszeit und Enya fragt sich, was jetzt wohl kommen mag. «Du kennst doch Liliana Lorenz, hast sie mal erwähnt, ist schon länger her. Lange

Rede, kurzer Sinn … die Frau ist gestern Nacht festgenommen worden, wegen Mordverdacht.»

«Ja, ja, ich weiß, hab es eben in der Zeitung gelesen.»

«Ihre Anwältin hat mich beauftragt ein psychologisches Gutachten zu erstellen, wahrscheinlich will sie auf verminderte Schuldfähigkeit plädieren ...»

«Mal im Ernst, Sabrina», unterbricht Enya. «Ich glaube nicht, dass Liliana den Mord begangen hat. Dazu ist sie nicht fähig. Intrigen spinnen, Lügen verbreiten, Betrug oder so was, in Ordnung … aber so bestialisch … unmöglich. Denk mal drüber nach und welcher Mörder lässt sich am Tatort festnehmen, mit der Waffe in der Hand?»

«Wie dem auch sei …» Sabrinas Stimme klingt ungeduldig, als wolle sie das Gespräch schnell hinter sich bringen. «Du kennst sie doch, kannst du mir nicht ein paar Dinge über sie erzählen?»

«Jetzt und hier am Telefon nicht. Sei mir nicht böse, Sabrina, aber ich muss das erst mal verdauen … ich rufe dich an, sobald ich wieder einen klaren Gedanken fassen kann.»

Enya drückt den Hörer in die Basisstation, presst die Fingerspitzen gegen die Schläfen – energetisch verheerend, diese unappetitliche Geschichte mit Marika Mertens alias Liliana Lorenz.

Diana

N*atürlich wäre sie dazu in der Lage,* denkt Diana, sinkt in die weichen Polster der Couch, streift die schwarzen Pumps von den Füßen - sie hasst enge Schuhe mit hohen Absätzen, die sie immer zu besonderen Anlässen tragen muss - und blickt gedankenverloren auf die knorrige Zeder, deren Zweige im silbernen Schein des Vollmondes bizarre Schatten auf den Rasen zeichnen. Den ganzen Abend während der Vernissage in der Galerie Blau-Weiß im Herzen Schwabings musste sie an Liliana denken. Gesine Schwakowsky, eine Berliner Künstlerin, stellt aus. Kaltes Zeug, findet Diana, handwerklich nicht schlecht gemacht, aber eben irgendwie kalt, ohne Emotion. So interessant die Ausstellung auch war, kehren ihre Gedanken merkwürdigerweise zu ihrer Vergangenheit zurück.

Es war ein Freitag im September - später wird sie sagen, dies war der wohl wichtigste Tag in meinem Leben, abgesehen von ihrer und der Geburt der Kinder. Wie gewöhnlich erwartete sie ein ereignisloses Wochenende. Jürgen würde sich in seinem Arbeitszimmer verkriechen und zum Grillen herauskommen, wenn das Wetter es zuließe, eine seiner wenigen Leidenschaften, wenn nicht sogar die einzige, so sah es Diana bis zu diesem Tag, sie würden ein paar Sätze wechseln, alltägliches Geplänkel, Partner, die sich über die Ereignisse des Tages austauschen, dann würde er die Kinder fragen, wie es in der Schule stehe und sich, bevor eine heimelige oder gar romantische Atmosphäre greife, verabschieden.

Stattdessen hatte er vollkommen überraschend, ohne Vorwarnung vor ihr gestanden und eine schwarze Plastiktüte mit roten Henkeln auf den Küchentisch gelegt. Kein Wort hatte er gesagt, sie nur aus seinen bernsteinfarbenen Augen angesehen. Als sie die Tüte geöffnet hatte, hielt sie einen winzigen schwarzen Samtbody, der nur aus kleinen, durch Bänder notdürftig zusammengehaltenen Stoffteilen bestand, in der Hand. Dann waren da noch schwarze Netzstrümpfe und ein schwarzes Lederband, das wie ein Halsband aussah. In Ordnung, das mit dem Body und den Netzstrümpfen konnte sie nachvollziehen, er wollte ihrem Liebesleben, das nach 14 Jahren Ehe, vier Kindern und alltäglichem Existenzstress eher wie notwendige Triebabfuhr daherkam, neues Leben einhauchen. Doch das Halsband, dieses Lederhalsband, besetzt mit halbrunden, glänzenden Nieten, irritierte sie ungemein.

«Ist das für mich?», hatte sie gefragt und Jürgen hatte geantwortet, «Zieh an, will sehen, wie du darin aussiehst, wahrscheinlich sehr erotisch, morgen gehen wir in einen Swinger-Club.»

«Oh, lala. Da willst du also hin! Mit mir!»

«Oh, ja, und ich kann mir vorstellen, dass du in den Klamotten höllenscharf aussehen wirst!»

Diana hatte keine Ahnung, was in einem Swingerclub so passiert und wie es da aussieht und vor allen Dingen: «Fickt da nicht jeder mit jedem?»

Jürgen lachte: «Alles ist erlaubt und man tut nur, was man will und was gefällt. Du wirst zu nichts gezwungen!»

«Ich weiß nicht, wie ich da reagieren werde. Sex ist für mich immer ein Akt zu zweit. Sex mit dem Menschen, den man liebt. Das ist doch Ehebruch mit Erlaubnis! Das wirft doch eine Frage auf: Kann ich mit dem Ergebnis leben, wenn wir mit einem jeweils anderen Partner vögeln?»

«Weiß ich nicht. Ich denke, wenn wir uns gegenseitig vertrauen und das dann nicht mit in unsere Ehe nehmen, dann wird es funktionieren.» Jürgen war da sehr optimistisch.

Der Samstag kam und sie fuhren zum Swingerclub Cats in München-Pasing. Sie zahlten den Eintritt von 200 DM und der Weg führte durch eine Kammer, in der man seine Klamotten in einen Spind hängen konnte.

Befreit von Kleidung, Jürgen nur noch mit einem Slip und Diana mit dem schwarzen Body, den Netzstrümpfen und den hochhackigen

Schuhen bekleidet, betraten sie die Bar. Neugierig sah sich Diana um. Der Tresen war in einem Halbrund gestaltet, an dem schon einige Paare saßen. Auch Diana und Jürgen nahmen Platz und bestellten sich was zu trinken. Diana nahm einen starken Cocktail und Jürgen eine Cola. Diana presste sich ganz nah an Jürgen, sie hatte Angst, aber zugleich wirkte die erotische Atmosphäre auf sie. Sie sah all die Frauen in geilen Dessous und die Männer in ihren kürzesten Slips. Sie versuchte sich die Schwänze vorzustellen, die sich in diesen knappen Kleidungsstücken verbergen und sie spürte eine aufkommende Erregung.

«Sollen wir mal schauen, wie das Buffet aussieht?»

«Gern, wollte ich auch gerade vorschlagen, habe Hunger!»

Diana und Jürgen verließen die Bar und schlenderten in Richtung Buffet. Erlesene Speisen, Salate und Süßspeisen lachten sie an. Beide griffen ordentlich zu.

Ein Ehepaar setzte sich zu ihnen. «Seid ihr das erste Mal hier?»

Diana und Jürgen nickten unisono.

«Wenn ihr wollt, so können wir euch alles zeigen.»

«Das wäre super», antwortete Diana.

«Ach, übrigens, ich bin Walther und das ist meine Frau Sarah.»

«Jürgen und Diana!»

Sie geben sich die Hand und durchkämmten dann einige Räume und betraten schlussendlich einen Raum mit einem riesigen runden Bett.

Das Ehepaar setzte sich, und er nahm sein Handtuch von den Hüften.

Jürgen durchzuckte es kurz, weil er es einerseits so ungeniert und andererseits auch so selbstverständlich tat. Er hatte bereits einen riesigen Ständer und Dianas Augen waren schon auf sein geiles Ding gerichtet.

Walther streckte seine Hand Diana entgegen und sie ging etwas zögerlich auf ihn zu. Jürgen hielt den Atem an. Jetzt würde er sehen, wie seine Frau endlich wieder vor Lust zerfließen würde.

Diana war bei ihm angelangt. Er nahm ihre Schultern zwischen seine beiden Hände und drückte sie sanft nach unten. Diana kniete sich nieder und stülpte sofort ihre Lippen über seine pralle Eichel. Obwohl Jürgen auch nicht schlecht bestückt war, hatte Walther einen größeren Schwanz. Vielleicht nur um eine Spur dicker, aber sicher um ein paar Zentimeter länger.

Gierig saugte Diana seinen Schwanz und bald drückte er ihren Kopf fester nach unten und sie versuchte ihn so weit wie möglich in ihren Rachen zu schieben. Nach einigen kurzen Zuckungen riss sie ihren Kopf nach hinten, schnappte nach Luft und ließ eine Menge Speichel aus ihrem Mund auf seinen Schwanz rinnen. Sie hatte kaum wieder etwas Luft geholt, schob er ihr seinen riesigen Prügel wieder in ihren Mund und begann sie zuerst langsam und dann immer fester zu ficken.

Sarah stand nur daneben und genoss das Schauspiel. Diana war richtig in Fahrt und wollte seinen Schwanz in ihrer Pussy haben. «Fick mich endlich!», hörte Jürgen sie sagen und ihm war klar, dass sie so was von geil war, wie er es bei seiner Frau nur selten erlebt hatte.

Sarah kümmerte sich um Jürgen und wichste seinen Schwanz. Aus den Augenwinkeln sah er zu, wie Diana sich rücklings auf Walthers Schwanz setzte. Sie begann ihn wild zu reiten und ihre Titten flogen dabei nur so auf und ab. Sie wurde immer lauter und plötzlich drehte er Diana um, rammte ihr von hinten seinen Schwanz in ihre Muschi, dass sie nach Luft japste.

Jürgens Schwanz war steif und prall und er wollte jetzt auch in eine Muschi stoßen. Er warf Sarah auf den Bauch, hob ihren Po und stieß seinen harten Prügel in sie hinein und vögelte sie, er war geil und es machte ihn immer geiler, dass Sarah laut stöhnte und schrie: «Ja, fick mich, fester, härter! Fick mich in den Arsch!»

Jürgen war überrascht. «Ja, ja! In einen geilen, engen Arsch, ja!» Er befeuchtete ihren Anus mit Spucke und stieß seinen Schwanz bis zum Anschlag in ihren Darm. Sie schrie auf. Es war ihm egal. Er stieß zu, immer wieder und wieder, mit aller Macht, bis er sich in einem geilen

Orgasmus in sie entleerte. Er ließ sich auf sie fallen und begrub sie mit seinem Körpergewicht.

Sie atmeten beide sehr heftig. Jürgen rollte sich von Sarah, drehte sich um und suchte ihre Spalte. Er öffnete ihre Beine und senkte seinen Kopf, um sie zu lecken. Er ließ seine Zunge um ihren Kitzler kreisen, versenkte seine Zunge in ihrer Muschi und in ihrem Anus, er nahm noch seine Finger dazu und, steckte seinen Daumen in ihren Anus und seinen Mittelfinger in ihrer Muschi und saugte an ihrer Klitoris. Er spürte, dass ihr Orgasmus nahte und steigerte seine Bewegungen. Laut schrie sie ihren Orgasmus in die Welt.

Diana küsste nun Sarah und streichelte ihren Körper. Und Sarah streichelte Diana. Jürgen und Walther schauten zu.

«War mir irgendwie klar, dass die Frauen auch ein wenig lesbisch sind», meinte Walther.

Erst jetzt bemerkten sie, dass der Raum ein Fenster hatte, durch das bereits mehrere Männer das Schauspiel betrachteten. Auch Jürgen und Walther wurden wieder geil und nahmen sich ihre Frauen von hinten, während sich die beiden Frauen leckten.

Die Vier besuchten nun die Sauna und anschließend den Wirl-Pool.

Am Ende des Abends saßen sie noch eine Weile

an der Bar, nahmen auch noch ein paar Happen vom Buffet. Jürgen und Diana verabschiedeten sich und machten sich auf den Heimweg.

Die Nacht blieb nicht ohne Folgen. Eifersuchtsdramen und Beschuldigungen, es kam nicht mehr zu weiteren Swingerclubbesuchen. Beide hatten ein schlechtes Gewissen und konnten es nicht ertragen, den anderen anzufassen. Zu tief war das Gesehene in ihre Gehirne eingefräst.

Eine Frage haben sie sich damit beantwortet: Nichts ist mehr so, wie es vorher war.

Jürgen und Diana haben es nicht mehr geschafft, die Ehe weiterzuführen.

Die nächsten zwei Jahre waren eine Achterbahnfahrt tiefster, seelenfressender Erniedrigung und schamroter Selbstvorwürfe und eines Tages fasste sie sich ein Herz, überwand das drohende Gespenst der Einsamkeit, und zog allein mit den Kindern in dieses Haus mit der magischen Zeder im Garten.

Es folgte eine Phase phantastischer Pläne und beinahe rauschhaft gelebter Kreativität. Sie beendete ihr Kunststudium, etablierte sich als Malerin und gründete ein Büro für Webdesign, einen Roman hatte sie auch geschrieben, aber das ist eine andere Geschichte. Manchmal grübelt sie zu vorgerückter Stunde darüber, dass es ausgerechnet Jürgen war, der diese geradezu revolutionäre Befreiung ihrer Talente ausgelöst hatte. Und nun hat sich Liliana wieder in ihr Leben geschoben, schon längst hatte sie die kurze Episode mit ihr und dem unrühmlichen Ende aus ihrem Gedächtnis verdrängt.

Lilli, die grau getigerte Katze, gesellt sich zu ihr und reibt wohlig schnurrend den Kopf an ihrem linken Arm. Anton, der rote Kater, scheint noch auf Streifzug in Nachbars Garten.

Allmählich kommt Diana an, in ihrer Welt, Liliana und deren drängendes Problem rücken in weite Ferne und sie denkt an Dennis, ihren Sohn, der in 14 Tagen seinen Ersatzdienst beginnen wird und daran, dass Louise, die Tochter, im nächsten Semester ihren Bachelor in Germanistik erwerben wird und daran, dass sie die Katzen noch füttern muss.

Antje, die Hutmacherin

Schnipsel in der Tageszeitung: Amadeus Neumann im Smoking, Wiener Opernball, auf dem Tennisplatz, grinsend, einen Maßkrug in der Hand, im Bierzelt, neben ihm ein überquellendes Dirndl, blitzend weiße Zähne, Liliana, das Gesicht im Schatten einer gewaltigen Hutkrempe, Liliana beim Pferderennen, könnte Baden-Baden sein, bei einer Lesung wieder eine gewagte Kreation der Modistin, mit Lesebrille auf der Nase, auf dem Kopf eine Leopardenfell bezogene Pillbox, daran eine Feder, die einer Robin Hoods Kappe alle Ehre gemacht hätte.

Dazu, die weiche Frauenstimme aus dem Off: «Noch immer ist die Münchner Gesellschaft erschüttert von der schrecklichen Tat, die sich niemand erklären kann.»

«Dummes Geseier, ich kann den Müll nicht mehr hören. Fehlt nur noch, dass die in meinem Geschäft auftauchen und mich interviewen wollen.»

Antje schnappt sich ihr Glas Rosé mitsamt Flasche und schlendert hinaus auf den Balkon, der Horizont erglüht in phantastischem Abendrot, das sich im tiefen himmelsblau verliert.

Die Straßenbeleuchtung, Nachbildungen

alter Gaslaternen, flackert. Ein mintgrüner Mini klemmt sich in die letzte verbliebene Parklücke, ein unsichtbares Pärchen lacht, die Stimmen klingen jung. Volker wird sauer sein, wenn er nicht vorm Haus parken kann, schießt es ihr durch den Kopf, sie setzt sich auf den weißen, aufklappbaren Gartenstuhl und stellt Glas und Flasche auf den kleinen runden Tisch, neben den silbernen Aschenbecher und das rote Windlicht. Wenn sie ehrlich ist, kommt ihr Lilianas Leid gar nicht so ungelegen. Offenbar wissen mehr Leute als vermutet, dass die ihre verrückten Hüte bei Antje gekauft hat.

Wie dem auch sei, jedenfalls war, seit Volker sie in dem Bericht über kreative Modemacher in München, der später sogar von Arte ausgestrahlt wurde, vorgestellt hatte, nicht mehr solch ein Andrang in ihrem Geschäft gewesen.

Nun gut, die meisten kamen nur zum Glotzen, drehten ihre Kunstwerke in den Händen und stülpten sie wieder auf Ständer und Plastikköpfe.

Für Antje sind ihre Schöpfungen, alles Einzelstücke, zweifelsohne Kunstobjekte der speziellen Art. Auch wenn manche Menschen das nicht akzeptieren wollen. Eigentlich gar keine schlechte Idee, so ein Interview, überlegt sie, auch nicht schlecht, wenn Liliana bei der Verhandlung einen meiner Hüte tragen würde - in ihren Gedanken spukt Marlene Dietrich in *Zeugin der Anklage.*

Sie trinkt einen Schluck Wein, könnte auch

einfließen lassen, dass sie von einer Psychologin zu Lilianas Geisteszustand befragt worden war.

Es war die in Gedichten gepriesene, in Liedern besungene und in Schlagern verkitschte Liebe auf den ersten Blick gewesen und sie, Antje, die vermeintlich Harte, kantig in Erscheinung und Gemüt, hatte ein wohliges inneres Feuer gespürt. Nach der Reportage war Volker zurückgekommen, überraschend, ohne sich anzumelden und geblieben und sie hatte sich geschämt, dass hinter dem Laden nur die zwei Zimmer waren, eins die Werkstatt, das andere ihr Schwabinger Appartement. Aber die Geschäfte gingen so schlecht, dass sie sich keine Wohnung leisten konnte. Hier betrat Liliana die Szene und man mag es kosmische Fügung nennen, Schicksal oder Zufall, jedenfalls florierte plötzlich das Geschäft, sie konnte sich vor Aufträgen kaum retten. Jede Frau der besseren Gesellschaft und auch die, die sich lediglich dafür hielten, mussten einen Hut aus Antjes Boutique tragen. Nach einem halben Jahr, stellte sie eine Praktikantin ein, die mittlerweile ihre unermüdliche Assistentin wurde, auf die sie heute nicht mehr verzichten kann.

Volker und sie fanden eine Dreizimmerwohnung unweit ihres Werkstattladens, gerade noch bezahlbar, für Doppelverdiener ohne Kinder. Der Wein beflügelt ihre Phantasie, sie träumt sich nach Mailand, wo ihre Kreationen auf den prächtigen Frisuren wunderschöner Models über den Laufsteg schweben.

Als Volker den Schlüssel in die Wohnungstür steckt, schreckt sie auf, schüttelt den Kopf und ihre langen, blonden Haare fallen wie ein feiner Vorhang über ihr Gesicht. «Ich sollte mir eine Garage mieten. Wie war dein Tag?»

Ein Kuss streift zuerst ihre Wange, seine Hände umschließen ihr Gesicht, sein Mund nimmt ihren Mund in Beschlag, seine Zunge bahnt sich einen Weg zwischen ihre Zähne und sie versinken in aufkommenden Gefühlen. Ihr Atem wird lauter. Volker nimmt Antje auf den Arm und trägt sie ins Schlafzimmer. Dort fesselt er ihre Hände und hakt die Manschetten in die vorgesehenen Ringe ein. Er entkleidet ihren Unterleib und fesselt dann auch ihre Füße mit Manschetten, die er an Ketten ans Fußende einhakt.

So liegt sie völlig in einem Gefühl des Ausgeliefertseins auf dem großen Bett und beobachtet, wie sich Volker seinen Unterleib entkleidet. Ein prickelndes Gefühl durchströmt Antje und sie windet sich in heißem Verlangen.

Volker kniet sich über sie und steckt ihr seinen Steifen in den Mund. Bewegt sich ganz langsam. Antje hat Mühe, ihn in ihrem Mund zu behalten und saugt heftig.

«Das ist so geil, wenn du ihn in deinem Mund hast! Saug fester.»

Volkers Atem wird lauter, aber bevor er zum Höhepunkt kommt, entzieht er sich dem schönen Mund und malt mit seiner Zunge eine heiße Spur auf ihren Körper, über die Brüste, den Bauch bis zu ihrer Liebesgrotte. Er versenkt seine Zunge in das heiße Honigtöpfchen und bringt sie zum Orgasmus. Gierig schlürft er ihren Liebessaft auf, um sie danach wie ein Wilder zu küssen. Sein Speichel und ihr Liebessaft vermischen sich in ihrem Mund mit ihrem Speichel. Wild kreisen ihre Zungen miteinander. Volker kann und will nicht mehr warten und dringt mit seinem harten Degen in sie ein und vögelt sie schnell und heftig. Beide zelebrieren ihren gemeinsamen Organsmus. Später liegen sie erschöpft nebeneinander und flüstern sich liebevolle Worte ins Ohr.

Hasso von Blucher

Vor zwei Wochen nahm das Unheil seinen Lauf. Es war ein ganz normaler Donnerstag, er hatte eine Verurteilung erwirkt und sie saßen in gepflegter Langeweile auf der Natursteinterrasse ihres Reihenhauses in Giesing, er genoss einen leichten Chablis, Marianna trank Jasmin Tee, der Abend war lau und die Flammen der Kerzen auf dem Tisch flackerten in der milden Brise.

Es begann ganz harmlos, wie eines dieser netten, im besten Fall belanglos geistreichen Gespräche über Gott und die Welt, in anderen Worten, eine Konversation, die man führt, wenn einen gerade mal keine Probleme plagen. Wie gesagt, es hätte ein netter Abend werden können, doch plötzlich sah ihn Marianna durchdringend an und fragte: «Sag mal, bist du mit unseren gemeinsamen Leben zufrieden?»

Er hob erstaunt die Augenbrauen und im ersten, spontanen Impuls, mag sein, dass der Alkohol sein Gehirn schon ein wenig umnebelt hatte, dachte er unwillkürlich an seine stagnierende Karriere, das Haus, das ihm inzwischen beinahe zuwider ist, was er Marianna gegenüber allerdings nie zugeben würde, Bogenhausen ist sein Ziel und er antwortet: «Du weißt doch, dass gut Ding Weile braucht», und es klang wie eine Entschuldigung. Marianna schüttelte den Kopf: «Ich meine nicht deine Karriere und ich meine auch nicht unseren Besitz, ich meine, ob du glücklich bist? Und ob du bei dir selbst ... du in dir selbst ruhst?»

Er argwöhnte, seine Frau habe irgendwelche Drogen genommen, wahrscheinlich war es Haschtee, den sie da trank und nahm sich vor, ihren Coach hinsichtlich Rauschgift durchleuchten zu lassen.

«Nein, darüber habe ich mir keine Gedanken gemacht. Solche Fragen stellen eigentlich nur Leute, die dafür bezahlt werden, Philosophen, Schriftsteller oder aber Verlierer, die eh nichts anderes zu tun haben, nicht zu vergessen dubiose Heilsbringer und Scharlatane, die andere Menschen mit solchen Ideen infizieren, um sie bei nächster Gelegenheit bis aufs Hemd auszuziehen, bildlich gesehen natürlich.»

Hasso von Blucher nahm nun kein Blatt mehr vor den Mund, der Abend war sowieso gelaufen und an Sex, auf den er nach Wochen bitterer Enthaltsamkeit gehofft hatte, war nicht mehr zu denken.

«Wie du meinst.» Marianna erhob sich demonstrativ und verließ ihn, über die Schulter rief sie noch: «Du wirst schon sehen, was du davon hast, ich will mich auf jeden Fall weiterentwickeln, bleib, was du bist und lass mich in Ruhe.»

«Du vergisst wohl, von welchem Geld du lebst!»

«Ach, schieb dir dein doofes Geld in den Arsch, das macht mich nicht glücklich, ich habe ein anderes Leben kennengelernt!» Die Tür flog mit einem lauten Knall ins Schloss.

Exakt eine Woche später, den fatalen Abend hatte er bereits unter der Rubrik *Rückfall in alte Gewohnheiten* abgelegt und mit dem Gedanken gespielt seiner Frau ein weiteres Coaching zu spendieren, erfolgte der nächste Angriff auf die Sicherheit seiner Existenz.

Wieder sah sie ihn an, ernst, beinahe feierlich, dieses unwirkliche Lächeln in den Augenwinkeln und öffnete den Mund: «Ich muss mich selbst finden, mich erfahren, ich will meine wahre Bestimmung erkennen und mache meinen ersten Schritt zur universellen Selbsterkenntnis. Ich werde einige Zeit bei den Aborigines verbringen.»

Das kam überraschend, wie aus heiterem Himmel, ein Schlag in die Magengrube, aber es wäre gerade noch zu verkraften gewesen, als exzentrische Marotte einer frustrierten Hausfrau, inspiriert vom Vorbild amerikanischer Serienheldinnen, doch was dann kam, glich einem brutalen Tritt ins Gemächt.

Sie erklärte ihm ohne Umschweife, noch

immer ein Lächeln im Gesicht, das ihm nun wie eine zynische Fratze schien: «Ich werde die Reise zur Erkenntnis ohne dich antreten und komme auch nicht zu dir zurück, weil du ein eiskalter, gefühlloser Mensch bist, ohne Herz und Emotionen und die Jahre an deiner Seite sind nur zu einem gut gewesen, nämlich zu erkennen, dass dies nicht das Leben ist, welches ich wirklich führen wollte.»

Er saß da. Wie von Donner gerührt. In seinem Schädel rasten Gedanken, bis im schwindelig wurde: «Und wovon willst du das alles bezahlen? Von meinem Geld? Ich müsste ein Idiot sein! Und dann kommt irgend so ein Gurutyp, der sein ganzes verdammtes, nutzloses Leben vom Geld anderer Leute finanziert hat und legt dich flach.»

Er schäumte vor Wut und hat er diese Typen nicht schon immer gehasst, in der Schule, später, während des Studiums, diese Kerle, die durchs Leben schweben, den Eindruck erwecken, als wäre alles nur ein großes Spiel, gelenkt von kosmischen Mächten, immer einen klugen Spruch auf den Lippen, um die Frauen ins Bett zu kriegen?

«Mach dich nicht lächerlich!» Marianna verzog einen Mundwinkel zu einem spöttischen Lächeln und dachte, dieser Kerl ist so lächerlich, ich verachte ihn.

Seitdem haben sie nicht mehr darüber gesprochen, er meidet das Thema und hofft noch immer, dass sie an diesem Abend nur verwirrt war. Geändert hat sich nichts, Marianna hat noch keinen Flug nach Australien gebucht, ihre Kommunikation beschränkt sich auf das Notwendigste, freundlich distanziert, Sex haben sie auch keinen und ihn quält die Frage, wie er sie dazu bringen kann, einen Therapeuten und einen Neurologen zu konsultieren, schließlich könnte auch ein Hirntumor Ursache ihrer Verstörung sein.

In dieser Nacht träumt von Blucher einen Traum, der ihn im Schlaf wach sein lässt, einer Realität, der er nicht entweichen kann. Angst umklammert ihn, er will schreien, aber aus seinen Lippen dringt kein Ton, Luftblasen entströmen seinen Lippen, die mit einem Plopp zerplatzen. Panik überkommt ihn, schweißgebadet durchwühlt er sein Bett. Wie Blei legt sich der Schrecken auf seine Brust und er will nicht mehr schlafen, zu schrecklich setzt ihm der Alptraum zu. Aber der Traum lässt ihn nicht aus seinen Klauen. Immer wieder denkt er an seine Frau, die sich immer weiter von ihm entfernt. *Wo bist du?* Dunkel hallt das Echo seiner Stimme nach und verliert sich in den Weiten seines Traums. *Geh nicht fort!!* Ein grässliches Lachen hallt durch seine Ohren, dass sie schmerzen.

Er geht durch eine dunkle Höhle, schimmernde Lichtlein glimmen hier und da auf. Vorsichtig bewegt er sich durch die engen Gänge, manchmal kann er nur auf Händen und Knien vorwärts robben, die Höhle wird immer niedriger und unheimlicher. Fürchterliche Laute sind aus der Ferne zu hören. Je weiter er vorwärts in die Höhle eindringt, desto lauter wird es. Es seufzt und schnauft, es ist unheimlich und der Gang so eng, dass er Angst hat zu ersticken, aber es zieht ihn vorwärts und plötzlich öffnet sich ein riesiger Saal tief unter ihm. Ein Gerichtssaal schält sich aus dem gleißend hellen Licht und es blendet ihn.

Für einen Moment schließt er die Augen. Vorsichtig blinzelt er zwischen den Wimpern hindurch. Angst und Ekel erfüllen seine Brust und er hat das Gefühl, erbrechen zu müssen. Mindestens zwanzig Pfähle stehen in Reih' und Glied nebeneinander und auf jedem Pfahl ist ein Mensch aufgespießt. Alle schreien und wimmern. Er röchelt! Auf einmal blicken die Sterbenden zu ihm auf: *Das ist er, ja, das ist er, Staatsanwalt Gnadenlos, wir werden dich hängen! Wir werden dich vierteilen und bei lebendigem Leib verbrennen! Wie viele Menschen willst du noch ins Unglück stürzen?* Und er fällt in die große Höhle hinab, er fällt und fällt … und wacht schreiend auf.

Gnadenlos

Das Summen des Telefons, auf dem Schreibtisch in seinem Büro, dessen Ausstattung aus der Ära des seligen Adolf von Blucher übrig geblieben sein könnte, befreit ihn aus der Knechtschaft privater Grübeleien während der Dienstzeit.

«Von Blucher...» Seine Stimme klingt müde, angeschlagen.

«Hallo, Gnadenlos!», dröhnt Oberstaatsanwalt Schneider in sein linkes Ohr, nicht, dass er dessen Stimme auf Anhieb erkannt hätte, aber es kann nur Schneider sein, denn er ist der Einzige, der es wagt seinen Spitznamen offen auszusprechen. Alle anderen tun es hinter seinem Rücken, meist begleitet von einem hämischen Grinsen und einmal rief Schneider während einer strengen Zeugenbefragung: «Wischen Sie sich den Schaum vom Mund, Gnadenlos, sonst sabbern Sie noch aufs Parkett!» Schneider wurde von Richter Grimme, der allerdings ein schäbiges Grinsen kaum unterdrücken konnte, zur Ordnung gerufen. Die Zuschauer grölten, bis Grimme drohte, den Saal räumen zu lassen und er glaubte vor Scham und Ärger im Boden zu versinken.

«Glaub, ich hab hier was für Sie. Dürfte Ihnen gefallen ...» Schneider macht eine Pause.

Von Blucher schweigt. *Alles Schmu.*

«Glaube, das könnte Ihnen gefallen», wenn der Oberstaatsanwalt pfeift, muss er tanzen, ob es ihm gefällt oder nicht.

«Viel Öffentlichkeit, aber könnte heikel werden ... Lebenslänglich ist drin ... vielleicht sogar Sicherheitsverwahrung ...»

«Hmmm ... hmmm ... so ... so ...», brummt von Blucher.

«Um ehrlich zu sein ... Follmann ist ausgefallen, private Gründe.»

Wieder sein gedehntes Hmm, unschlüssig, als würde er nachdenken, kritisch für und wieder abwägen.

«Dieser unappetitliche Mord, Neumann, der Schönheitschirurg, schillernde Society Figur, haben Sie bestimmt schon gelesen, der Boulevard ist voll davon!»

«Soweit ich gehört habe, ist die Beweislage doch eindeutig?»

«Hab die Akten nicht gelesen. Ich schick' sie Ihnen rüber!»

Das Gespräch ist beendet, von Bluchers Montblanc klopft einen wirren Takt auf der Schreibtischplatte.

Da ist sie, seine Chance, ein spektakulärer, grausiger Mord, der Schlagzeilen bringt, Opfer und Hauptverdächtige aus dem Dunstkreis der Münchner Schickeria, das gibt was her. Medienpräsenz, sein Foto in den Zeitungen, vielleicht ein Fernsehinterview, wenigstens beim Lokalsender - er wird sich einen neuen Anzug kaufen müssen. Und Marianna, die wird erkennen, dass es endlich vorwärts geht, die nächste Stufe auf dem Weg nach oben und vielleicht kommt sie dann wieder zur Besinnung, lässt ab von ihrem aberwitzigen Vorhaben. Wahrscheinlich ist Schneiders Vertrauen in Follmanns Fähigkeiten doch nicht so groß, wie er immer angenommen hatte.

Eine Zeitlang vermutete er sogar, Follmann wäre Schneiders Protegé, doch offensichtlich traut er ihm nicht zu, diesen sensiblen Fall im Griff zu haben, *aus persönlichen Gründen*, wem will er das erzählen!?

Dann liegt der dünne Akt vor ihm auf dem Schreibtisch. Berichte der Spurensicherung und Gerichtsmedizin, Tatortfotos, Aussage der Verdächtigen, ein paar Zeitungsartikel. Er liest das Dossier einmal, zweimal und noch ein drittes Mal.

«Also doch ...», murmelt er und starrt auf den geschlossenen Aktendeckel. Der Fall ist nicht ohne Fußangeln, könnte ihm sogar um die Ohren fliegen, wenn er nicht höllisch aufmerksam ist und schlagartig wird ihm klar, dass ihn Schneider keineswegs für kompetenter hält, der Idiot will schlichtweg Follmann vor einer Blamage bewahren.

«Klauke … Hauptkommissar Ingo Klauke.» Er greift zum Telefonhörer.

«Von Blucher, Staatsanwaltschaft … Ich habe die Ermittlungen im Fall Neumann übernommen. Haben Sie inzwischen ein Geständnis?»

«Nein, die Beschuldigte leugnet nach wie vor.»

«Klauke, Sie wissen schon, dass wir ohne Geständnis dumm dastehen …»

Seine Stirn legt sich in Falten. «Hören Sie, Klauke, ich weiß, dass Sie die Mertens mit der Tatwaffe in der Hand angetroffen haben, aber zum Teufel noch mal, hielt sie in der anderen Hand sein abgeschnittenes Ding? … Nein? … Also! Alles, was Sie haben ist eine Frau mit 'ner Tatwaffe, auf der nur ihre Fingerabdrücke sind … Haben die gevögelt, kann man da noch was feststellen, Bettlaken oder so? ... Mann, muss ich Ihnen erst alles vorsagen? … Herrje, Sie sind verdammt noch mal der ermittelnde Beamte!»

Er steht auf, wandert unruhig auf und ab, presst den Hörer fest an sein Ohr und lauscht der Stimme.

«Was soll das heißen, Sie haben sich sicher gefühlt und geglaubt, die Verdächtige würde unter der Last der vorhandenen Beweise zusammenbrechen.»

Er lauscht den Ausführungen Ingo Klaukes, dann holt er tief Luft, seine Schläfenadern schwellen, treten dick und blau hervor.

«Wovon reden Sie, Mann? Was für Beweise? Jeder halbwegs clevere Anwalt haut uns die Anklage um die Ohren. Was hatte sie für ein Motiv? Eifersucht!?»

Ingo Klaukes Ausflüchte, sein hilfloses Gestammel gefallen ihm. Die soeben demonstrierte Macht ist Labsal für seine geschundene Seele, vergessen, wenigstens für den Moment, ist seine aus dem Ruder laufende Frau und dass Schneider ihn offensichtlich blind ins Messer laufen lassen wollte. Dem wird er zeigen, dass er sich verrechnet hat, das wird sein Verfahren und er wird es zu einer Verurteilung bringen.

«Also, Klauke, Sie wissen, was Sie zu tun haben. Wühlen Sie in der Vergangenheit dieser Mertens und von diesem Neumann. Machen Sie Ihre gottverdammte Arbeit, dafür werden Sie bezahlt. Was ist eigentlich mit Blutflecken? Auf den Photos sieht's aus, als wär's 'ne riesige Sauerei gewesen, die Ergebnisse waren aber nicht bei den Unterlagen der Spurensicherung!?»

Angespannt lauscht er in den Hörer.

«Sie Idiot, ich meine nicht die Flecken auf den Möbeln oder so … klar hab ich das gelesen, die Klamotten dieser Frau …»

Er plumpst in seinen schwarzen Ledersessel und starrt gegen die Decke.

«Kaum was … die DNS muss noch verglichen werden …», wiederholt er Klaukes Worte. «Was ist mit dem Computer von dem Kerl?»

Er schnauft ungeduldig. «Laptop gut … ist doch egal! ... Sie haben das Passwort noch nicht geknackt!!!? Mann, machen Sie Druck und informieren Sie mich sofort, wenn es etwas Neues gibt, sonst mach ich Ihnen Feuer unterm Hintern!»

Kaum, dass er den Hörer aufgelegt, einen Gedanken gefasst, geschweige denn das Gespräch verarbeitet hat, summt es erneut.

In U-Haft

Kopfschmerzen, unangenehm, penetrant, nicht pochend, ein drückender Film, der das Hirn einschnürt. Justine Dambach, Anwältin, hätte nie einwilligen dürfen diesen Fall zu übernehmen. Das Grau, die Enge der Zellen in den Justizvollzugsanstalten schlägt ihr aufs Gemüt - beinahe klaustrophobisch - und ihre Mandantin, Marika Mertens alias Liliana Lorenz, ist ein alternder Anachronismus, eine Frau, die unverrückbar in der Pose des Weibchens verharrt, ein Rollenverständnis, welches ihr jedes Mal aufs neue Zornesröte ins Gesicht treibt. Sicher nimmt die Mertens an, sie leide unter zu hohem Blutdruck. Nie wieder, schwört sie sich, nie wieder …

«Sie werden es nicht glauben, Frau Dambach … hört sich auch ein wenig seltsam an … aber halten Sie mich nicht für verrückt, das bin ich nämlich nicht … nur ein wenig exzentrisch halt … vielleicht wie die Engländer, die lieben so was. Nun ja, was ich sagen wollte …» Liliana Lorenz macht eine Pause, zupft nervös an ihren Haaren und ihre dunklen Augen funkeln wild, die, wenn sie ärgerlich ist, geradezu schwarz werden, wie bei einem Raben. Sie wartet auf eine Reaktion ihrer Anwältin, doch die runzelt lediglich die Stirn und sieht sie erwartungsvoll an.

«Wie schon gesagt, es hört sich wirklich albern an … aber am meisten stört mich am Leben hier drinnen, dass ich keine Hüte tragen darf … können Sie da nichts machen, Frau Anwältin?»

«Schön, wenn das Ihre einzige Sorge ist. Aber Sie wissen schon, dass Sie Beschuldigte in einem Mordfall sind? Die Hauptverdächtige sozusagen und wie ich weiß, haben die ermittelnden Beamten bislang nur Sie im Visier …»

«Ich bin es aber nicht gewesen, ich habe Amadeus nicht umgebracht, ich könnte nie einen anderen Menschen töten … also können die mich auch nicht verurteilen! Basta!»

Das sagt sie in einem Tonfall entrüsteter Überzeugung und das 'Basta' presst sie heraus, wie ein trotziges kleines Mädchen.

«Wenn es so einfach wäre und Gerichte, wie Petrus an der Himmelspforte, Gut von Böse trennen könnten, müssten wir hier nicht sitzen …»

Liliana mag diese Frau nicht, die ihr gegenübersitzt, getrennt durch einen einfachen grauen Tisch mit grau lackierten Beinen aus Stahlrohr. Sie ist relativ attraktiv, findet Liliana, macht aber nichts aus ihrem Typ, würde in ihrem dunkelblauen Nadelstreifenanzug auch als einer dieser androgynen Kerle mit weichem Gesicht und langen Haaren durchgehen. Ein wenig Rouge, kräftigerer Lippenstift und eine anständige Frisur der schulterlangen haselnussbraunen Haare würden ihrem Aussehen guttun – die Augen sind auch nicht schlecht.

«Ich habe einen Haftprüfungstermin beantragt. Die Beweislage ist ziemlich dürftig … Die Mordkommission hat Ihre Wohnung in der Nymphenburger Straße durchsucht, die haben Ihr Notebook beschlagnahmt. Und geben Sie denen das Passwort, das fummeln die sowieso raus, macht einen besseren Eindruck.»

«Ich hab nichts zu verbergen, aber da sind ein paar sehr private Photos und ein Manuskript …» Liliana Lorenz runzelt die Stirn und zieht eine Haarsträhne unter die Nase. «Sehr, sehr, sehr privat … Sie wissen, was ich meine?»

«So weit die Dateien nichts mit dem Fall zu tun haben, sind sie ohne Belang. Die Staatsanwaltschaft will es als eine Beziehungstat hinstellen, frei nach dem Motto, verzeihen Sie, wenn ich das sage, alternde Frau ermordet ihren Liebhaber, weil sie merkt, dass er sie für eine Jüngere verlassen will … das übliche Muster, wenn die nicht weiter wissen.»

«Das ist eine bodenlose Frechheit, wie können die es wagen! Unsere Beziehung hatte andere Qualitäten! Eine Frau in meinem Alter wäre naiv, wenn sie annähme, dass, selbst wenn sie von Amadeus Kunst profitiere, ihm das reichen würde …, Sie verstehen, was ich damit sagen will?»

Justine Dambach nickt und beobachtet aufmerksam das Mienenspiel ihrer Klientin, auf deren Wangen hektische rote Flecken glühen.

«Als wenn ein Mann wie Amadeus Neumann den Verlockungen jungen, festen Fleisches widerstehen könnte. Hin und wieder hatten wir schon noch mal Sex, aber auch für mich war das eher wie eine erotische Reise in die Vergangenheit … außerdem hatte der inzwischen auch noch andere Sachen am laufen … war ihm wohl zu langweilig geworden, das gute alte Steckspiel mit all seinen wunderbaren Variationen …»

«Was wollen Sie damit sagen, Frau Lorenz … oder wollen Sie lieber, dass ich Sie bei Ihrem Geburtsnamen nenne?»

«Nein, nein, nennen Sie mich Lorenz, das ist meine Identität … den Namen habe ich ändern lassen, hochoffiziell, Mertens ist ein Massenname, da kann man das. Ich weiß nichts Genaues, was er da getrieben hat, waren nur Gerüchte, die Leute reden halt und er war nun mal eine ziemlich schillernde Figur … in die Richtung sollten die mal ermitteln … und gekokst hat er auch … vielleicht hat ihn auch sein Dealer …«

«… hab noch nie gehört, dass ein Dealer, der sein Geld nicht kriegt, seinem säumigen Kunden den Penis abgeschnitten hätte …»

«Was weiß ich denn? Aber ich war's auch nicht … er hat mich angerufen, ich soll zu ihm kommen, er hat mich förmlich angefleht, aber das war nicht ungewöhnlich, der hatte auch ab und an seine fünf Minuten Weltschmerz und dann war er froh, wenn er sich an meinem Busen ausflennen konnte … ich war einfach nur zur falschen Zeit am falschen Ort … wer immer das auch war, er will mir eins auswischen … kann doch sein oder liege ich da falsch!? Auf alle Fälle war bei Amadeus auch nicht alles koscher … und er hat mir beileibe nicht alles anvertraut, so nahe wir uns auch standen.»

«Wilde Spekulationen bringen uns nicht weiter … erzählen Sie von sich, von Ihrem Verhältnis zu Amadeus Neumann, Sie hatten ja bereits angedeutet, es wäre etwas Besonderes … wie haben Sie ihn kennengelernt?»

Liliana seufzt, kräuselt ihre Lippen und die Augen starren über Justine Dambachs rechte Schulter, abwesend, als sähe sie dort auf eine Art Monitor, integriert in die mit grauer Ölfarbe gestrichene Wand, Videosequenzen aus ihrer Vergangenheit. «Es war wie die viel besungene Liebe auf den ersten Blick, aber heute, nach den Erfahrungen des Lebens und der Liebe, würde ich sagen, die Euphorie der Verliebtheit auf den ersten Blick, nicht unbedingt nachhaltig, dafür ungeheuer berauschend, wie unter einem rosig transparenten Schleier … Sie wissen, was ich meine, Frau Dambach!?» Liliana hebt die sorgfältig gezupften Brauen und ihre Augen flüstern spöttisch: *Du bestimmt nicht, du hast davon keine*

Ahnung, das sich verlieren im Rausch der Sinne ist nicht deine Art.

Die Anwältin lächelt, wie es scheint nachsichtig und schweigt.

«Eigentlich war es Johanns Schuld, dass ich Amadeus begegnet bin. Wissen Sie, er hatte einen grässlichen Autounfall, lange Zeit war nicht klar, ob er überhaupt überleben würde und er hatte eine Narbe im Gesicht, die sein ansonsten recht ansehnliches Antlitz furchtbar entstellte und hier kommt nun Amadeus ins Spiel. Er stand einfach nur da, in seinem Kittel, in diesem langen kalten Krankenhausflur, verstehen Sie mich nicht falsch, es war nicht wirklich kalt von der Temperatur, nur gekachelt, steril, leblos, Neonlicht – kalt eben und er strahlte warm, menschlich, schien von einer magischen Aura umhüllt. Lange Rede, kurzer Sinn ... ich war hin und weg ... die Sterne tanzten Tango und ich war mittendrin.»

Sie seufzt und ein verklärtes Lächeln huscht über ihr Gesicht, als würde sie den glückseligen Augenblick noch einmal durchleben. Dann plaudert sie munter drauflos, als wären sie beste Freundinnen, würden in einem schicken Kaffeehaus sitzen und Liliana würde von ihrer neuen Eroberung schwärmen. Sie gesteht: «Anfangs hat er mich kaum beachtet und dann habe ich begonnen seine Lebensgewohnheiten zu erkunden und stellte schließlich fest, dass er jede Woche und zwar donnerstags bei Luisa, einem

Feinkostladen für italienische Spezialitäten, einzukaufen pflegte, der einer guten Bekannten gehört, der ich mal aus der Patsche geholfen habe. Sagen Sie, wird hier alles, was wir reden, aufgenommen?» Argwohn schwingt in ihrer Stimme.

«Nein, normalerweise nicht und falls es hier Wanzen gibt, brauchen Sie sich aber deswegen keine Sorgen machen, da diese Aufnahmen, sollte es sie denn geben, was ich allerdings nicht glaube, keinesfalls als Beweismittel herangezogen werden dürften und ich unterliege der Schweigepflicht.»

«Okay, dann ist ja gut. Ich habe dann meine Termine immer so gelegt, dass ich Amadeus Neumann zufällig traf, bis er mich endlich bemerkte und dann hat er mich formvollendet zum Essen eingeladen. Wenn ich etwas will, bekomme ich es ...», schob Liliana nach, nickt energisch mit dem Kopf und holt tief Luft. Es folgen blumige Schilderungen stürmischer Leidenschaft, nicht ohne Pathos. In jeder Beziehung liebt Liliana das Detail und sie beobachtet aufmerksam Justine Dambachs Gesicht, wartet vergeblich auf Spuren aufflammender Schamesröte.

«Mein Glück währte jedoch nicht lange und Amadeus zeigte die ersten Anzeichen von *Don Juanismus*. Auf gut deutsch gesagt, er musste einfach jede Frau flachlegen, die ihm gefiel. Auf der anderen Seite wollte er aber die Vertrautheit, ja Geborgenheit, die er in den Stunden mit mir genoss, nicht aufgeben, faselte was von Seelenverwandtschaft und dass die Beziehung zu mir etwas ganz Besonderes sei. Ich habe ihm geglaubt und er war ja auch geistreich, belesen, kultiviert und Sie können sich gar nicht vorstellen, wie einfallsreich er war, ich meine, was die Erotik betrifft. Aber er wollte einfach immer weiter, Grenzen überschreiten, bis er für sich den Gipfel, den absoluten Höhepunkt der Wollust erreichte und was er von mir verlangte, ist zu hart, ich will das gar nicht erzählen, das sprengt den Rahmen … Nun, ich bin weiß Gott nicht prüde, aber das ging, selbst mir, zu weit … Er war immer auf der Suche nach Perfektion.» Sie seufzt, macht eine Pause und Justine Dambachs konsequentes Schweigen betrachtet sie als Aufforderung fortzufahren mit ihrer Geschichte von Liliana und Amadeus, die im Leben nicht zueinander finden konnten.

«Ich habe unsere Beziehung beendet, haben uns ein paar Monate nicht gesehen, dann haben wir es beide nicht mehr ausgehalten … Wir mussten uns ganz einfach treffen und ob Sie es glauben oder nicht, das Feuer der Leidenschaft entflammte aufs Neue. Hört sich vielleicht pathetisch an, wie ein Roman von Rosamunde Pilcher, war aber genauso … Nun ja, wir waren keine Grünschnäbel mehr und wir wussten genau, dass wir den gleichen Fehler nicht noch einmal begehen durften, weil wir uns sonst unweigerlich für immer verlieren würden. Also entschlossen wir uns, das zu erhalten, was uns beiden wichtig war: hin und wieder guter Sex, der allerdings, ich glaube, ich erwähnte es bereits, in den letzten Jahren immer mehr zu einer freundlich wohlwollenden Gewohnheit verstümmelte. Aber unsere Gespräche, das gleiche Kunstverständnis, die Vertrautheit wurden immer tiefer, substantieller – Seelenverwandte eben und glauben Sie mir, wenn ihm jemand nah war, dann war ich es und da hatte ich keine Konkurrenz zu fürchten … nicht von einem dieser Fickmäuschen … und so einen Mann soll ich umgebracht haben? Völlig absurde Vorstellung!! Finden Sie nicht auch?»

«Beruhigen Sie sich, Frau Lorenz, wie ich bereits erwähnte, habe ich Haftprüfung beantragt und ich bin sicher, dass wir gute Chancen haben. Die Beweislage ist dünn, die Frau, es war eine Frau mit verstellter Stimme, die bei der Polizei angerufen hat, konnte auch noch nicht ausfindig gemacht werden, aber der eigentliche Knackpunkt, der die ganze Anklage zu Fall bringen kann, sind die wenigen Blutspritzer auf Ihrem Kostüm, ein paar auf der Jacke, ein paar auf dem Rock, könnten genauso gut vom Messer getropft sein. Sie hätten von oben bis unten mit Blut besudelt sein müssen, nach solch einem Gemetzel! Aber auch für Ihre These, jemand wolle den Verdacht auf Sie lenken, müssten wir konkreter werden. Denken Sie darüber nach, wer Ihnen so etwas antun könnte und warum.»

Justine Dambach steht auf, verabschiedet sich mit einem kräftigen Händedruck, diesem speziellen Untersuchungshafthändedruck, der Zuversicht vermitteln soll, geht zu der grauen Stahltür und klopft.

Fahrig steuert Justine Dambach ihren silbergrauen Toyota-Hybrid durch den dichten Feierabendverkehr. Ihre Mandantin will ihr nicht aus dem Sinn. Sie hat schon viele Frauen vor Gericht vertreten, Frauen, die von ihren Männern misshandelt wurden. Frauen, die sich wehrten. Ein Tötungsdelikt war auch darunter, die Angeklagte hatte ihren Ehemann, der sie vergewaltigen wollte, mit einer Schere erstochen. Hatte Opfern sexueller Belästigung am Arbeitsplatz zu ihrem Recht verholfen, doch diese Liliana Lorenz unterscheidet sich ganz erheblich von der Klientel, die sie normalerweise vertritt. Es ist eine eigenartige Faszination, die von dieser Frau ausgeht, kaum in Worte zu fassen. Charisma, so würde es Justine, am treffendsten umschreiben, eine Ausstrahlung, die es ihr unmöglich macht, sie einzuschätzen, geschweige denn Mutmaßungen anzustellen, ob sie die Tat begangen hat oder nicht. Dass man keine belastungsfähigen Blutspuren an ihrer Kleidung gefunden hat, könnte auch ein Hinweis darauf sein, dass sie einen Komplizen oder eine Komplizin hatte, könnte sein, dass sie gemeinsam mit einer anderen vom Wunderknaben Enttäuschten den Mord begangen hat. Justine ist sicher, dass die Staatsanwaltschaft genau in dieser Richtung ermitteln wird. Von Blucher - ekelhafter Kerl und karrieregeil - wird nichts unversucht lassen, eine Verurteilung zu erreichen, das ist seine Chance, um endlich aus dem Schatten der Bedeutungslosigkeit herauszutreten, sich im Licht öffentlichen Interesses zu sonnen.

Sie ist sicher, er werde seinem Spitznamen gerecht werden und die Höchststrafe fordern. Seltsam, mit welcher Gelassenheit ihre Mandantin die Haftsituation meistert. Die Selbstsicherheit mit der sie ihr begegnet, als sei sie felsenfest davon überzeugt, heil aus der Sache herauszukommen, doch hinter dieser demonstrativ zur Schau getragenen Lässigkeit – es erinnert Justine fatal an die trotzige Schnoddrigkeit Pubertierender – steckt jede Menge Bitternis, was ihr angeblich *erwachsenes* Verhältnis zu Amadeus Neumann in ein anderes Licht rückt. Sie muss ganz einfach mehr über diese Frau herausfinden, nicht nur das, was sie bereit ist preiszugeben und sie ist sicher, dass Sabrina Jansen, die Psychologin, durch geschickte Gesprächsführung, diese zweifelsohne eitle Person dazu verleiten wird, mehr von sich zu enthüllen als sie eigentlich beabsichtigt. Das ist schließlich ihr Job.

Ingo Klauke, Kriminalhauptkommissar

Seit nunmehr nahezu dreißig Jahren ist es der gleiche Blick aus dem Fenster - der große Hof, mit weiß gerahmten Parkplätzen auf grauem Beton, den selbst im Hochsommer selten ein Sonnenstrahl streift, umschlossen von wuchtigen Bauten vorgestriger Herrschaftsarchitektur. Im Laufe der Zeit, aus wechselnder Perspektive, je nachdem, in welchem der graugrün gestrichenen Büros, deren einzige persönliche Note seine pflegeleichten Grünpflanzen der Gattung *Ficus Elastica* standen, versah er seinen Dienst. Anfangs war er junger Kriminalassistent, zwar noch grün hinter den Ohren, aber mit jeder Menge Ehrgeiz. Wie Jürgen Berger, der ihm gegenüber sitzt und mürrisch auf seinen Monitor starrt. Dann wurde er Kommissar, bis sie ihn vor fünfzehn Jahren zum Hauptkommissar machten. Ingo Klauke fragt sich, ob er diesen Ausblick in einem halben Jahr vermissen wird, wenn er dann in Pension geht. Sein Magengeschwür meldet sich und es ist der gleiche Schmerz, der ihn während der Ermittlungen im Mordfall van Bourgé heimsuchte - Juwelier auf der Leopold-Straße - alles schien klar, die Indizien überzeugend, doch vor Gericht endete es für die Anklage in einer kläglichen Blamage.

Hätte es nicht ein simpler, ganz banaler, alltäglicher Raubmord oder ein Familiendrama mit klarer Motivlage sein können, zum Ende seiner Laufbahn bei der Mordkommission, einer, der ein, vielleicht zwei oder maximal drei Tage die Schlagzeilen der Boulevardpresse beherrscht und dann auf Seite drei oder vier versickert? Er seufzt, lautlos, tief im Inneren.

Er wendet sich an Jürgen Berger.

«Hab das Buch gelesen ...» Der Mittelfinger seiner rechten Hand klopft hektisch auf die rote Rose zwischen Liliana Lorenz und INTIMITÄTEN - goldene Lettern, Prägedruck.

«Welches Buch?», fragt Berger abwesend und hebt seinen Blick vom Monitor.

«Wie soll ich sagen ...», Ingo Klauke macht eine Pause, beendet das nervöse Trommeln und kratzt sich am Kinn, «... alles Schweinkram, wäre mir peinlich gewesen, wenn meine Frau gemerkt hätte, was ich da lese!»

Während der Lektüre hatte er sich ein paar Mal sehnsüchtig gewünscht seine Margit wäre wenigstens einmal im Leben so schamlos gewesen, wie diese Frau. Es wäre wieder mehr Erotik in seine Ehe eingezogen und vielleicht wäre dann nicht der Alltag so sehr in sein Haus eingekehrt.

Ein Stelle war ihm im Gedächtnis geblieben und seine Gedanken driften ab:

… Ich führe sie mit ihren süßen Trippelschritten vor den Bock. «Eine Bestrafung besteht aus drei Teilen. Die Vorbereitung mit der Hand. Eine gemäßigte, wie gestern Abend. Und eine dritte, mit der Peitsche.»

Sie will etwas sagen, aber durch den Ball in ihrem Mund kann ich es beim besten Willen nicht verstehen. Will es auch nicht.

Ich sehe ihre entsetzten Augen, hebe ihren Rock hinten hoch bis zu ihren Schultern und schlage auf den nackten Po.

Es ist schwierig, sie über den Bock richtig zu beugen und ihre Arme und Beine zu befestigen.

Als ich sie aber trotz aller Gegenwehr endlich bewegungsunfähig festgeschnallt habe, knie ich vor ihrem Kopf und zeige ihr die einen Meter lange geflochtene schwarze Peitsche, die ich aufgerollt in der Hand halte.

«Meine liebe Marion. Schau mich an. Ich werde dich jetzt den dritten und wichtigsten Teil einer Bestrafung spüren lassen. Sieh, was ich in der Hand habe. Das ist eine einsträngige Peitsche, eine Singletail SM Lederpeitsche, 90 cm lang, 12-fach geflochten aus feinsten Leder. Eine hochwertig verarbeitete Premium-Singletail, sie besitzt eine besonders feine Flechtung mit einer wunderbar geschmeidigen Oberfläche und begeistert, da sie sich gut führen und gezielt einsetzen lässt. Ich werde dir jetzt eine Kostprobe geben und dich dann fragen, wie du darüber denkst.»

Marion schüttelt heftig ihren Kopf, aber ich stelle mich neben sie und setze den ersten Hieb.

Der Hieb sitzt, genau und richtig und sie versucht, wie am Spieß zu schreien, aber ich höre nur entsetzte gutturale Laute.

Ich löse den Riemen ihres Gagballs, sodass ich ihn aus ihrem Mund ziehen kann. Es macht mir mehr Spaß, ihre Schreie zu hören.

«Mach mich los. Mach mich sofort los. Du bist ein Ungeheuer», schreit sie.

Ich streichle ihre Muschi und versuche sie zu beruhigen. Ich setze den nächsten Hieb. Ich höre ihren erbärmlichen Schrei.

«So habe ich es gewollt», sage ich betont ruhig zu ihr. «Vollkommen unvorbereitet sollst du die Peitsche schmerzhaft spüren. Nur dann ist es eine nachhaltige Bestrafung.»

Sie windet sich, sie schreit: «Mach mich los.»

Sie muss es kennenlernen. Zwei kräftige Peitschenhiebe folgen. Sie schreit und keucht. Tränen tropfen aus ihren Augen. Ich gebe ihr zwei weitere Hiebe. Die Schreie sind unüberhörbar. Sie zerrt an den Manschetten. Ich muss es tun, weil ich nachher von ihr eine Entscheidung will.

Ich schlage wieder zu. Drei gesetzte Hiebe, die laut und brennend auf ihren Po einschlagen. Ich bin sehr zufrieden mit mir, als ich sehe, wie sich die Striemen rot färben. …

und so weiter, und so weiter. Würde ins Bild

passen … die Frau ist regelrecht sexbesessen …

«Was hat denn die Auswertung ihres Laptops gebracht?»

Berger räuspert sich, die Räder seines Drehstuhls quietschen, als er ein wenig zurückrollt, «Vielleicht sollte ich das auch mal lesen, so als Anregung sozusagen …», er grinst anzüglich, «Der Laptop!? Nichts besonderes … lauter Kram … jede Menge Fotos, meist die Lorenz selbst, scheint 'ne ausgesprochen eitle Frau zu sein … aber nichts Anstößiges, wenn Sie das meinen … sie hat uns das Passwort gegeben … die Jungs haben natürlich noch nicht alle Dateien gesichtet, kann noch 'ne Weile dauern … auf alle Fälle nichts, was auf den ersten Blick mit der Straftat zu tun hat.»

«Und Neumann, hat man auf dessen Rechner was gefunden?» Klauke runzelt die Stirn.

«Das Passwort haben wir geknackt … Decamerone, kennen Sie bestimmt, von Boccaccio, aber Marquis de Sade wäre treffender, seine Bildergalerie und die Videos haben's nämlich in sich, können Sie sich nicht vorstellen, hat er wohl gebraucht, damit's noch klappt, Viagra allein bringt's wohl doch nicht!»

Berger erhebt sich, der Drehstuhl ächzt, und geht zu der knallroten Kaffeemaschine, einziger Farbfleck im tristen Einerlei schlichter Büromöbel und grauer Aktenschränke und füllt seinen Becher mit schwarzem Kaffee. Er meidet Milch und Zucker, muss auf seine Figur achten, denn trotz seiner erst siebenundzwanzig Lenze ist er um die Taille etwas füllig.

«Mensch Berger, lassen Sie sich nicht jedes Wort aus der Nase ziehen … ist ja furchtbar mit Ihnen, was ist nun mit den Fotos?» Sein rechter Mittelfinger traktiert die Rose mit einem Marsch.

«Wie ich schon sagte …», Berger lehnt lässig am Aktenschrank, die Beine überkreuz, «… abartiges Zeug, jede Menge Bondage …»

Klauke hebt die buschigen Augenbrauen.

«Sie wissen schon, fesseln, knebeln und so, einfach sehr exotisch.» Er schlürft geräuschvoll seinen Kaffee. «Aber der Hammer … Sie werden's nicht glauben … hätte ich auch nicht für möglich gehalten … haben Sie schon mal was von Natursekt gehört?»

«Mann Berger, wir sind hier nicht bei irgend so einer bekloppten Quizsendung …»

«Schon gut, Chef … pervers diese Clips … also da pinkelt 'ne Tussi in ein Sektglas und der Kerl trinkt es aus … abartig … und dann noch so'n Gang-Bang Scheiß, 'n Haufen vermummter Typen in weißen Kapuzenmänteln treiben's mit einer Frau, die hat auch 'n weißes Gewand an, einer nach dem anderen hat sich über die Frau hergemacht, dazu wurde gesungen, wie bei einer Messe, überall Kerzen … widerlich, und sehr mystisch. Ach und schwule Handlungen waren auch dabei. Das andere, eher belangloses Zeug, chirurgisches Fachchinesisch ... die sind noch bei der Auswertung.»

«Kann durchaus sein, dass die Lorenz dahintergekommen ist, was der feine Societyknabe so treibt ... wahrscheinlich hat sie ihn damit erpresst, wäre doch bestimmt nicht angenehm, wenn das an die Öffentlichkeit dringt und dann ist es zum Streit gekommen. Wie steht's denn um die Finanzen der Lorenz?»

«Nichts Spektakuläres, scheint gerade so rumzukommen, zurzeit ist ihr Dispo ausgeschöpft, da ist auch immer mal 'ne Überweisung von ihrem Verlag ... wie ich schon sagte, nichts Spektakuläres. Na ja, ich glaube nicht, dass der Mord was mit Erpressung zu tun hat, außer ...»

«Außer, man will uns auf eine falsche Spur locken ...», knurrt Ingo Klauke, «... das wollten Sie doch sagen ... oder!?»

«Genau, dieses Mördergeschmiere und an der Lorenz keine wirkliche Spur von Blut, nicht mal am Griff der Tatwaffe ...»

«Haben wir schon die Patientendaten überprüft, ob da mal was war, Todesfall oder üble Verstümmelung!?»

«Wir warten noch auf die richterliche Genehmigung.»

«Die Lorenz muss 'nen Komplizen haben, anders ist das nicht möglich. Ich kann mir nicht helfen, an der Geschichte ist was faul, oberfaul, sage ich.»

«Die Lorenz behauptet jedenfalls, dass ihr jemand den Mord unterschieben will und dass sie den Dolch im Reflex aufgehoben hat. Sie macht allerdings keinerlei Angaben, wer das sein könnte … also das mit dem Anruf stimmt, Neumann oder wer auch immer es war, hat sie gegen sieben Uhr aus dessen Wohnung angerufen.» Berger sitzt wieder auf seinem Drehstuhl und stellt seinen Becher neben die Tastatur seines PCs.

«Mag ja sein, aber selbst wenn jemand die Lorenz in die Falle locken wollte … müsst's schon 'ne Person sein, die es auf sie und Neumann abgesehen hat … geben denn die Emails was her?»

Klauke schüttelt den Kopf. «Ich bleibe dabei, die Lorenz war's und sie hatte einen Komplizen, der die Spuren beseitigt hat … was ist mit der Stimmanalyse des anonymen Anrufs?»

«Absolute Fehlanzeige, die können noch nicht mal sagen, ob's 'n Mann oder 'ne Frau war, war 'ne anonyme Prepaid-Sim, übrigens, in der gleichen Funkzelle liegt Neumanns Appartement. Ach und die Mails der Lorenz, meistens mit irgendwelchen Frauen, mehr oder weniger esoterisches Zeug, Binsenweisheiten, liest sich ganz so, als wäre die Lorenz auch als so 'ne Art Liebes- und Lebensberaterin unterwegs und von ihrem Verleger, er wäre schon höchst gespannt auf das Exposé ihres nächsten Buches, woraufhin sie geschrieben hat, mit dem Exposé wäre das so 'ne Sache, sie würde ihm lieber die ersten zwei Kapitel schicken, dann werde er schon sehen … keine Spur, dass sie was Konspiratives geplant hat … Okay, könnte schon sein, dass da was verschlüsselt ist, müssen wir alles noch prüfen.»

«Von Blucher ist total nervös, kann ich verstehen, der hat die Presse im Nacken … der Kerl macht mich noch verrückt …» Ingo Klauke steht auf, kratzt sich am Kopf und geht langsam auf und ab. «Im Grunde genommen sind wir noch keinen Schritt weiter …»

«Und wenn's doch stimmt, was die Lorenz uns erzählt, dass er schon tot war … immerhin, ihr Regenmantel war noch nass …» Berger hallen die Worte in den Ohren, als stünde er in einer riesigen menschenleeren Bahnhofshalle.

Ingo Klauke starrt seinen Assistenten aus weit aufgerissenen Augen an, als wäre der eine Erscheinung, kein Mensch aus Fleisch Blut.

«Was reden Sie, Berger? Die war's, ich sag's Ihnen, ich hab das im Urin, ich erkenne einen Mörder, wenn er vor mir sitzt … aber wie sie's gedreht hat? … das Überwachungsvideo … wir müssen irgendwas übersehen haben! Berger, schalten Sie ein!»

'0 Uhr 45, eine Person im schwarzen Kapuzenmantel, vermutlich eine Frau, das Gesicht verborgen, steht vor der Eingangstür des Appartementhauses, verschwindet im Haus.

1 Uhr 03, ein Pärchen in Abendgarderobe.'

«Die Mieter aus dem zweiten Stock. Ehepaar Lanski. Er ist Anlageberater, sie Rechtsanwältin, Spezialgebiet … dreimal dürfen sie raten … Wirtschaftsrecht. Normalerweise betreten die Mieter das Haus durch den Zugang zur Tiefgarage», murmelt Berger.

'1 Uhr 53, die Kapuzenperson verlässt das Haus.

1 Uhr 57, wieder eine Person im Kapuzenmantel, sie hebt den Arm, verschwindet im Haus.

Schneegestöber auf dem Bildschirm.

3 Uhr 23, zwei Streifenbeamte stehen vor der Tür.'

«Spulen Sie zurück, bis vor der Störung … ich glaub, ich hab da was gesehen …» Klauke starrt gebannt auf den Monitor. «Auf Standbild, wenn die Frau den Arm hebt … da, ja genau da.»

Berger zeigt keine Reaktion.

«Da sehen Sie … im Ärmel blitzt was Weißes … war vorhin nicht zu sehen, muss jemand anders sein als eben, die Lorenz!?»

Was soll's, denkt Berger und sagt in einem Ton, als habe ihn ein Erkenntnisblitz getroffen, «Ja, ganz genau, jetzt hab ich's auch gesehen. Aber wir haben keinen Kapuzenmantel in der Wohnung gefunden. Übrigens, sieht aus, wie der Kapuzenmantel von den Kerlen, die sich über die Frau hergemacht haben … bloß schwarz.»

«Was wollen Sie damit sagen, Berger?»

«Na ja, der ganze perverse Kram, die Kutten …»

«Und die Lorenz als Hohepriesterin der Rache!?» Klauke verzieht den Mund zu einem ironischen Grinsen.

Stillstand

Der Flur ist leer und das Geräusch seiner Schritte scheint ihm unnatürlich laut. Behördengeruch, das gleiche Aroma, wie in den Gängen der Staatsanwaltschaft, diese unverkennbare Mixtur aus Reinigungsmitteln, dem Staub ungezählter Aktenberge und menschlicher Ausdünstungen.

«313», murmelt Hasso von Blucher und in seinem Kopf spukt seine Frau Marianna, kein wirklich fassbarer Gedanke, eher ein Schleier, der seine Sinne trübt.

«317» Er bleibt stehen, korrigiert den Sitz seiner dunkelblauen Krawatte, zupft erst die linke, dann die rechte Manschette seines hellblauen Hemdes aus den Ärmeln des dunkelgrauen Jacketts und öffnet die Tür, ohne anzuklopfen.

Sein Blick huscht durch den Raum: zwei Männer, die hinter ihren Schreibtischen vor Flachbildschirmen sitzen, träge, beinahe teilnahmslos, eine Pinnwand mit vergrößerten Tatort Fotos, auf den Fensterbänken zwei Gummibäume.

Er räuspert sich, sein rechter Daumen hakt sich in die Uhrentasche seiner Weste.

Berger murmelt kaum hörbar, «Tag, Herr

Staatsanwalt.»

«Herr Staatsanwalt ...», sagt Klauke gedehnt und unter seinen Worten schwingt Erstaunen, Distanz und eine gehörige Portion Geringschätzung mit, «ich muss Ihr Klopfen überhört haben.»

Von Blucher überhört die Spitze, zieht mit der linken Hand den schlichten Stahlstuhl über den Boden, setzt sich in die runzlige Kuhle des Polsters und starrt Klauke an, noch immer den Daumen in der Uhrentasche.

«Hat die, ääh, Lorenz gestanden?» Es bereitet ihm Unbehagen diesen Namen auszusprechen – Pseudonym, verleugnen der eigenen Herkunft, Identitätswechsel, wer das macht, hat etwas zu verbergen. «Ihnen ist klar, ohne Geständnis stehen wir faktisch mit leeren Händen da?»

«Was schlagen Sie vor, Herr Staatsanwalt? Folter?» Ingo Klauke grinst breit, unverschämt.

«Reden Sie keinen Unsinn, Klauke», schnarrt von Blucher und die Zornesröte steigt seine Wangen hoch. «Was ist mit dem Motiv, dem Umfeld des Toten, der ...» wieder dieses Zögern, «... ääh Beschuldigten?» Und über allem schwebt, *Marianna! Marianna! Marianna!*, sein eigenes, ganz persönliches Echo.

«Wir arbeiten dran ...», knurrt Ingo Klauke, «ist nicht leicht, ziemlich verworren ...»

«Sehe ich, wie hart Sie arbeiten ...», frotzelt Blucher. «Wenn Sie dem Fall nicht gewachsen sind, brauchen wir eine Sonderkommission!»

«Der Fall ist vielschichtiger, als es auf den ersten Blick scheint, könnten noch mehr Prominente verwickelt sein … vielleicht eine Erpressung, wir verfolgen da eine heiße Spur …» Ingo Klaukes nervöser Zeigefinger bearbeitet die Rose, «Sonderkommission … wie Sie meinen …» Er beendet das Stakkato. «Haben Sie das gelesen?» Er wedelt mit dem Buch vor von Bluchers Gesicht. «Von der Lorenz, da gehen Ihnen die Augen über!»

Von Blucher nimmt das Buch und meint: «Die Dambach drängt auf Haftprüfung.»

Bohnerwachs, der verdammte Bohnerwachsgeruch bringt mich um, ich muss hier raus. Schnell!

«Mann, Klauke, Sie wissen, was das heißt. Ergebnisse! Wir brauchen Ergebnisse! Keine Vermutungen, wenigstens Verdunklungsgefahr muss drin sein … sonst läuft die Lorenz wieder frei rum!»

Diesmal rollt ihr Name über seine Zunge, ohne Zaudern, Stocken oder Stottern. Der Daumen verlässt seinen Unterschlupf.

«Na, na, immerhin war sie am Tatort, mit der Waffe in der Hand, aber sie muss einen Komplizen haben, könnte auch eine Frau sein. Es könnte aber auch von Vorteil sein, wenn sie wieder draußen ist. Wir setzen sie unter Druck, dann macht sie Fehler!»

Ingo Klauke lehnt sich zurück, faltet die Hände über dem Bauch, verdreht kaum sichtbar die Augen, als sende er ein stummes Stoßgebet gen Himmel.

«Könnte was dran sein …», murmelt von Blucher, kräuselt die Stirn, schiebt den Stuhl ein wenig zurück, steht auf und klopft mit dem Buch gegen seinen Oberschenkel. «Sie muss ständig überwacht werden, nicht, dass uns das Vöglein davonfliegt … und Auflagen, jede Woche auf der zuständigen Polizeiwache melden. Ich denke, sie wird nicht so dumm sein, ihren Komplizen sofort zu kontaktieren.»

Berger sitzt einfach nur da und wundert sich, dass sein Chef so gelassen bleibt, dann fällt ihm ein, dass der demnächst pensioniert wird und ihm eigentlich alles am Arsch vorbeigehen kann und wenn sie tatsächlich was vermasseln, er derjenige sein wird, der die Konsequenzen spüren wird.

«Also, wie gesagt, das Umfeld, Kontakte, Lebensgewohnheiten; ich will alles über diesen Neumann wissen, selbst, wann er auf 's Klo gegangen ist!»

Die Stimme des Staatsanwaltes dröhnt in Ingo Klaukes Ohren.

«Also, meine Herren, keine Müdigkeit vorschützen, an die Arbeit, ich erwarte Ergebnisse und zwar umgehend! Apropos, ehe ich es vergesse, zeigen Sie mir doch noch mal die Fotos vom Tatort, die vergrößerten!»

«Aber gerne. Berger! Zeigen Sie dem Herrn Staatsanwalt unser Fotoalbum.»

Berger fischt eine Mappe aus dem Stapel

Papier vor seinem Monitor, klappt sie auf und legt sie vor von Blucher.

«Das sieht übel aus ...mmmh ... Berger, haben Sie gesehen? Da, schauen Sie genau hin! Auf dem Bauch des Opfers! Sieht das nicht aus wie eine ...? Hmmm ... eine Sonne? Eingeritzt mit einem Messer oder dem Dolch? Der Gerichtsmediziner soll sich das noch mal ansehen!» Er bemerkt den unsicheren Blick von Berger.

«Schauen Sie, direkt neben dem abgetrennten Penis. Was das wohl bedeutet? Vielleicht gehörte der zu einer Vereinigung oder Sekte oder so.»

Erwartungsvoll blickt von Blucher zu Berger, der nun seinerseits seine Brille zurechtrückt und das Foto genauer betrachtet.

«Sie könnten Recht haben, bei dem vielen Blut ist mir das noch gar nicht aufgefallen, ja, wirklich, jetzt kann ich es auch genau erkennen. Vielleicht war es keine Beziehungstat, sondern ein Ritualmord?»

Ingo Klauke kräuselt seine Stirn und denkt nach. «Dann ist die Lorenz ..., nein, nein, nein, das kann nicht sein, das ist reiner Zufall. Die Lorenz war's und sonst niemand. Da bin ich mir ganz sicher! Die Lorenz hatte einen Komplizen und den heißt es jetzt zu finden.»

Hasso von Blucher richtet sich auf: «Gut, meine Herren, geben Sie ihr Bestes, wir brauchen Ergebnisse.»

Dann schnappt das Schloss der Tür und Ingo

Klauke ist wieder mit Jürgen Berger allein und erstaunt stellt Berger fest, dass er bis zu diesem Moment nie wirklich realisiert hat, was für ein alter verbrauchter Mann der Klauke ist.

«Sie haben gehört, was der Staatsanwalt gesagt hat. Sie nehmen sich den Neumann vor, ich kümmere mich um die Lorenz.» Ingo Klauke greift zum Telefon.

***

Seine Schritte sind fest, der Körper aufrecht, als habe er den sprichwörtlichen Stock verschluckt, das Kinn ein wenig nach vorn gedrückt, der Blick, starr geradeaus gerichtet, ein unsichtbares Ziel fixierend, unnahbar, arrogant. Schutzschirm gegen die feindliche Welt. Wie sehr hatte er seinem ersten großen Fall entgegengefiebert und jetzt quält ihn die Angst, die Sache könnte ihm aus den Händen gleiten.

Der Summer tönt, die gläserne Flügeltür öffnet sich, dann fällt sie krachend hinter ihm ins Schloss.

Seelenqual und Scala

Sabrina Jansen ist froh, allein zu sein, allein in ihrer Insel des Friedens, ihrem Rückzugsort nach den anstrengenden psychlogischen Gesprächen mit ihren Klienten. Sie lässt sich auf das Sofa fallen, legt ihre Füße auf den Tisch, macht es sich bequem und drückt die Starttaste ihres Aufnahmegerätes, um sich das Gespräch mit Liliana Lorenz noch einmal anzuhören.

«... abgetrieben, jaaaa, verdammt noch mal, ich habe abgetrieben, na und?», die Stimme überschlägt sich, «ich war achtzehn, hatte das Leben noch vor mir, noch nichts von der Welt gesehen, dann war ich schwanger! Starren Sie mich nicht so an, als wäre ich eine Verbrecherin und … schon vergessen, ich wusste wirklich nicht, wer der Vater war … Mein Freund oder sein Vater! Na ja, Heide, der Ort meiner Kindheit, die Leute waren damals so was von bigott und ich bin sicher, so sind die heute auch noch, das hätte einen Riesenskandal gegeben, gar nicht auszudenken und ich war naiv, ja, ja, Sie haben richtig gehört, Frau Psychologin, ich war ein Naivchen … ich hab später im Leben immer mal wieder gedacht, wäre ich seinerzeit cleverer gewesen, hätte ich aus der Sache Kapital schlagen können, aber ich bin einfach abgehauen, geflohen!»

Mit einen Druck auf die Stoptaste des Diktiergerätes bringt Sabrina Jansen die aufgebrachte Liliana Lorenz zum Schweigen. Sie presst den linken Ellenbogen in das Sitzpolster der bordeauxroten Ledercouch, ein wuchtiges Stück Möbel, das sie vor ein paar Jahren auf einer Antikmöbel-Auktion ersteigert hatte, richtet sich auf und setzt die nackten Füße auf die lackierten Holzbohlen ihres Arbeitszimmers. Das muss etwa zur gleichen Zeit gewesen sein, als sie selbst noch wohlbehütet bei ihren Eltern lebte, mehr oder weniger eifrig der im nächsten Jahr anstehenden Abschlussprüfung entgegenlernte.

Sie steht auf, geht, noch immer in Gedanken versunken, zur Balkontür, öffnet sie und tritt an die schmiedeeiserne Brüstung.

Es muss ein einschneidendes, wenn nicht sogar traumatisches Erleben für diese junge Frau mit den hochfliegenden Plänen gewesen sein, denn sie war die kleine Marika Mertens, die schwangere, von Daheim geflohene Marika Mertens, allein in Hamburg. Ausgeträumt der Traum von einer Karriere als Opernsängerin, wie er in ihren Vorstellungen existierte. So zu sein, wie Maria Callas, gefeiert und umjubelt.

Es folgten Reeperbahn, Junkies, Dealer, Prostituierte und dubiose Wohngemeinschaften in Altona, später lebte sie im Schanzenviertel, wo von zu Hause und aus Heimen abgehauene, minderjährige Mädchen Unterschlupf suchten. Dann war da natürlich noch die Abtreibung, die ihr dieser Dealer, den sie in der Szene den Pfälzer nannten, finanziert hatte und die sie bis heute nicht überwunden zu haben schien. Immerhin, der Kerl hatte nicht von ihr verlangt, dass sie die Summe auf die eine oder andere Art abarbeiten musste.

Sabrina streckt sich, atmet tief durch und lauscht dem sanften Rauschen des Windes im dichten Grün der mächtigen Linde im Hinterhof und einen pflichtvergessenen Moment liebäugelt sie mit der Idee in den Englischen Garten zu fahren, den Nachmittag zwischen sommerlich gutgelaunten Menschen zu verbringen und die Seele baumeln zu lassen.

Ohne Zweifel, Marika Mertens war eine mutige junge Frau, aber auch eine Getriebene und weiß der Teufel, ob ihr Kindheitstraum eine Operndiva zu werden, ihr Ehrgeiz, Ansporn genug gewesen wären, Heide zu verlassen. So sehr sie sich auch in blumigen Erzählungen verliert, Anekdoten, Szenen, Details, bis hin zu der Farbe ihrer Schuhe, Accessoires zum gerade getragenem Kleid, das alles scheint nur einem Zweck zu dienen, die wahre Person dahinter zu verbergen. Es blieb seltsam vage, wie sie es geschafft hatte, nach Mailand zu kommen, immerhin war sie erst achtzehn und an den Grenzen gab es Passkontrollen oder wie sie Ilona kennengelernt hatte. *Kann mich nicht wirklich daran erinnern'*, hatte sie gesagt, *aber wir hatten eine tolle Zeit*, und es folgte die euphorische Schilderung ihrer gemeinsamen kleinen Wohnung, in einer verwinkelten Gasse und da fehlte wirklich nichts, es gab plärrende Kleinkinder, im Wind flatternde Windeln und vielfältiges, akustisches Zeugnis überbordender menschlicher Emotionen, Lachen, Weinen, Schreien und unverhohlenes, intimes Raunen leidenschaftlicher Liebe. Immerhin, sie hatte es geschafft, wie?, eine Stimme im Chor der Scala zu werden. Gesangsunterricht. Welcher Lehrer? Unklar.

Sabrina drückt wieder auf den Knopf und die Stimme der Lorenz nimmt sie gefangen.

... ergatterte ich eine Mitfahrgelegenheit, mir war es egal, wohin und so verschlug mich das Schicksal nach Italien. Dort lernte ich Ilona, eine rassige Italienerin kennen und hab mich sofort in sie verliebt. Nach meinem Probesingen bekam ich die Erlaubnis im Chor der Mailänder Scala zu singen. Hatte mich einfach beworben und wurde genommen. Jetzt konnte ich mir auch einen

Gesangslehrer leisten. Jeden Abend sang ich im Hintergrund und beneidete die Hauptdarsteller. Ich war ganz sicher, dass ich eines Tages auch dort oben auf der Bühne stehen würde.

Ilona und ich wohnten in einer kleinen Hinterhofwohnung, die nicht viel kostete, mittags roch es nach Spagetti und abends nach gewaschenen Windeln. Und nachts hörten wir die Geräusche des Lebens in der Dunkelheit. Hier ein Stöhnen, dort das Knarren der Bettfedern und manchmal auch den Lustschrei einer Frau, abgelöst durch den eines Säuglings.

Wir hielten tapfer durch, schließlich wollte ich eine berühmte Opernsängerin werden. Ilona arbeitete im St. Guiseppe Krankenhaus in Mailand und so führten wir ein recht komfortables Leben.

Eines Abends bin ich nicht nach Hause gegangen. Ich fand Ilona später weinend vor dem Bett. Sie wurde wach, als ich auf leisen Sohlen hereinschlich.

Sie war furchtbar betrunken und schrie mich an, wo ich gewesen wäre. Ich eilte zu ihr, nahm sie in den Arm und wiegte sie hin und her - sie muss wohl die ganze Flasche Lambrusco alleine ausgetrunken haben - dabei erzählte ich ihr: «Ich musste noch mit dem Intendanten schlafen, damit ich eine bessere Rolle bekomme!»

«Was hast du gemacht? Nein, das glaub' ich nicht,» sie schrie mich einfach an. Ich versuchte sie zu beruhigen.

«Das hat doch nichts mit unserer Liebe zu tun, ich musste es einfach machen.»

Ilona schluchzte, weinte, die Tränen flossen und benetzten meine Hände.

Am nächsten Tag bekam ich die Kündigung. Ich war fassungslos, starrte das Stück Papier an, es war durch einen Boten geschickt worden, man benötige meine Mitarbeit in der Oper nicht mehr. Die Kündigung war fristlos. Ilona lachte und lachte. Sie konnte gar nicht mehr aufhören und immer wieder rief sie: «Ja, das hast du nun davon, vögelst mit dem Indendanten und wirst rausgeschmissen.»

«Halt die Klappe!», brüllte ich sie an, holte aus und schlug ihr mitten ins Gesicht.

«Du kleine Schlampe!» Ilona stürzte sich auf mich. Wir fielen zu Boden, rangelten und dann küsste ich sie einfach auf den Mund. Sie ließ es geschehen und als ich ihren Körper massierte und streichelte, wurde sie langsam wieder ruhiger und wir küssten uns leidenschaftlich. Sie hat dann einen geilen Orgasmus bekommen und als ich sie fragte: «Alles wieder gut?», bat sie mich: «Bitte, tu das nie wieder, die Männer sind das nicht wert. Wir beide lieben uns doch und ich will niemals eine andere als dich.»

Ilona kuschelte sich dann ganz eng an mich und schlief ein. Ich grübelte noch eine Weile, was ich jetzt machen sollte, mein Traum hatte sich gerade aufgelöst, bis ich einschlief.

Sabrina stoppt das Band und die Gedanken wirbeln durch ihren Kopf.

Überhaupt erwähnte Liliana es lapidar, wie eine Nebensächlichkeit, als hätte sie zu der Zeit schon ihren Traum, ihr Ziel aus den Augen verloren. Wie sie sich wohl gefühlt haben mag, nachdem sie mit dem Intendanten geschlafen hatte, im Kampf um das Privileg der ersten Stimme und sich der erwünschte Erfolg nicht einstellte? Im Gegenteil, dass das Prostituieren zum Bumerang wurde und man sie aus dem Chor feuerte? Erstaunlich offen, kühl, ohne sichtbare Regung hatte sie darüber berichtet. Das Leben scheint sie überrollt zu haben in dieser Phase. Auch die Beziehung zu ihrer Freundin Ilona scheint vielschichtig und nicht eindeutig. Immerhin hatte die ihren Job als Krankenschwester aufgegeben, um mit ihr so eine Art Hippieleben auf den Straßen von Neapel zu führen, Marika trällerte munter Arien und Ilona sammelte die Spenden ein.

Sabrina setzt das Band wieder in Bewegung.

Wir zogen durch Mailand, später durch Rom und liebten uns unter dem dunklen Sternenhimmel am Strand von Pisa. Es war ein heißes, unstetes und leidenschaftliches Jahr, voll sinnlicher Stunden, voller vertrauter Leidenschaft und grenzenloser Liebe. Ilona und ich vergaßen Zeit und Raum, gingen keiner Arbeit nach und in Neapel waren wir pleite. Wir boten unsere Dienste als Fremdenführerinnen an und verdienten uns ein paar Lira für die täglichen Mahlzeiten. Viel benötigten wir nicht. Abends tingelten wir durch die Bars. Ich sang Opernarien und stachelte die Männer an, ein paar Lira zu spendieren.

Wieder stoppt sie das Band.

«Jammerschade, dass wir diese Ilona nicht gefunden haben», murmelt sie.

De facto sieht es aus, als wäre Frau Mertens-Lorenz nicht gerade eine erhabene Fackelträgerin unbedingter Wahrhaftigkeit, allein die Geschichte, wie sie dem Tenor Enrico Möller begegnet war, ihrem Papageno, wie sie nicht müde wurde zu betonen und dabei klang ihre Stimme weich, beinahe ein Anflug von Wehmut. Operngala, es soll während einer Operngala gewesen sein, aber wie sollen diese beiden Mädels, die quasi auf der Straße von der Hand in den Mund lebten, an feierliche Garderobe und die heiß begehrten Einladungen gekommen sein? Wahrscheinlicher ist da schon, dass sie ihm bei einem ihrer *Open-Air-Konzerte* aufgefallen war.

Sabrina löst ihren Blick vom grünen Dickicht

der Linde, dreht sich um und geht zurück in ihr Arbeitszimmer.

«Und sie war hoffnungslos romantisch, auf der Jagd nach ihrem Prinzen», murmelt Sabrina und findet sich in der Küche vor der blau beschichteten Arbeitsplatte wieder, auf der eine angebrochene Flasche Rotwein steht. Sie zögert einen Augenblick, erliegt der Versuchung, öffnet die Tür des Hängeschrankes und nimmt das Glas mit dem hohen, roséfarbenen Stiel heraus. Sie ist nicht sicher, ob sie jemals selbst nach diesem Prinzen suchte, unterbewusst vielleicht, geprägt durch Märchen und Sagen, aber im wirklichen Leben? Sabrina schüttelt den Kopf, stellt das volle Glas auf das niedrige achteckige Bambustischchen neben der Couch, setzt sich und legt die Beine hoch. Nein, wirklich nicht, außerdem suchen Prinzen Prinzessinnen oder jedenfalls das, was sie dafür halten.

Für Lili Mertens aus Heide schien sich dieser Traum, zumindest im ersten Augenschein erfüllt zu haben, als ihr Papageno, nicht ohne den einem Operntenor zustehenden Pathos, sollte man ihrer Schilderung glauben, die entscheidende Frage in ihr Ohr hauchte. Geheiratet wurde in San Franzisko und wenn man es genau nimmt, hatte sie es tatsächlich nicht besser getroffen, als die meisten ihrer Klassenkameradinnen, die bedeutungslos in der Provinz vor sich hindämmerten, unter

Umständen schwanger mit dem dritten Kind sind und sich Sorgen machen, ob ihr Mann im Angesicht der Unförmigkeit des eigenen Weibes in andere Höschen steigen will.

«So wird sie gedacht haben und dabei hat sie sich sicherlich prächtig gefühlt.» Sabrina richtet sich auf, trinkt einen Schluck und sinkt zurück, sie schnappt sich das Diktiergerät und spult vor. Wortfetzen, Fragmente eines Satzes, noch etwas weiter.

«… wohl die glücklichste Zeit …»

Sabrina drückt den Rücklauf, nur ein wenig: Kreischende Verstümmelung einer weiblichen Stimme. Stopp. Noch ein Schluck Wein, entspannte Haltung, bereit zuzuhören.

«… enn ich es genau bedenke, so in der Rückschau, war es wohl die glücklichste Zeit in meinem Leben, außer vielleicht …» Pause, Bandrauschen. «… als mein erstes Buch erschien, es war wie eine Befreiung. Es war phantastisch, ich meine, die Geschichte mit Enrico, damals fühlte ich mich im siebten Himmel. Wir besuchten die schönsten Städte der Welt, residierten in den besten Hotels, flogen First Class und wir hatten Sex wie im Rausch, überall, an jedem Ort, zu jeder Zeit. Haben Sie's schon mal in 10.000 Meter Höhe getrieben, dem Himmel so nah?»

Sabrina richtet sich auf, wieder ein Schluck Wein, den Daumen auf der Pausetaste. Das war reine Provokation und wie die Lorenz sie angesehen hatte, spöttisch, als wolle sie sagen: *Ich sehe schon, davon hast du keine Ahnung, Mädchen.*

Und in diesem Augenblick, den Bruchteilen von Sekunden und dem blitzschnellen Abgleich der eigenen sexualemotionalen Historie, musste sie sich eingestehen, dass die Frau irgendwie Recht hat. Aktuell ist sie Single und über der Rückschau ihrer Beziehungen nicht ein Hauch hemmungsloser oder gar animalischer Leidenschaft. Erotik und Sex gehörten halt dazu, man schlief miteinander, es machte Spaß, eher einem Ritual gleich, um Nähe zu demonstrieren, zur festen Zeit, am immer gleichen Ort, dem Schlafzimmer. Ein Seufzer, ein Schluck Wein, der Daumen erschlafft.

«… haben wir in der Villa in Grünwald gelebt. Es war einfach wunderbar, der Whirlpool, sensationell, dieses Prickeln auf der Haut, überall, erregend. Stimulierend und Enrico war immer zärtlich, aufmerksam, las mir jeden Wunsch von den Lippen ab. Wir waren das perfekte junge Ehepaar. Nur ein Beispiel, weil es mir so bezeichnend erscheint … nein … ich will Sie nicht langweilen …»

«Keineswegs, keineswegs», hört Sabrina sich sagen und ihre Stimme klingt ihr fremd, als würde sie nicht zu ihr gehören, «erzählen Sie, was Ihnen wichtig scheint.»

«Wie Sie meinen, es ist lediglich eine Anekdote, im Grunde belanglos, aber wie ich schon sagte, typisch. Also, wir hatten einen alten schwarzweiß Film gesehen, einen Liebesfilm und es gab da eine Szene, ein Picknick auf einer Wiese mit blühenden Blumen, die Schauspielerin, ich weiß nicht mehr, wer es war, eine dieser Amerikanerinnen, die nur eingefleischte Cineasten kennen, also, sie lag unter einem blühenden Baum in den starken Armen ihres Liebhabers, so ein Clark Gable Typ, vielleicht war es tatsächlich Clark Gable und ich erinnere mich auch nur an diesen an sich belanglosen Film, wegen der Ereignisse danach, also ich bemerkte, beiläufig, einfach so dahergesagt: *Wie romantisch!*

Etwa vier Wochen später oder waren es fünf, egal, entführte mich Enrico, na ja, es war eine Entführung mit Ansage. Er verband mir die Augen, setzte mich in unseren Sportwagen, ein Mercedes 280 SL. An der Straßenbeschaffenheit, dem gleichmäßigen Rauschen der Alleebäume merkte ich, dass wir aufs Land fuhren und als er mir nach einem kurzen holperigen Marsch, wir stapften über eine Wiese, Gräser kitzelten an meinen Knöcheln und die Absätze meiner Pumps versanken in der feuchten Erde, die Augenbinde abnahm, blickte ich auf ein perfekt vorbereitetes Picknick. Auf einer großen weißen Seidendecke stand einer dieser Weidenkörbe, daneben ein silberner Sektkühler aus dem der Hals einer Champagnerflasche ragte, sogar einen siebenarmigen Leuchter hatte er besorgt. Es war wunderbar, das Abendrot … hoffnungslos romantisch. Wir küssten uns, er streichelte mich, bedeckte mein Gesicht, meinen Hals, mein Dekolleté mit leidenschaftlichen Küssen und bevor seine kräftigen liebkosenden Hände meinen Slip streichelten, war ich feucht … mein Gott, was rede ich da, ich war schon klitschnass, als er meine Oberschenkel berührte …» Die Worte folgen schneller, die Stimme höher, bis nur noch ein schrilles Schnattern zu hören ist. Nein, die erotischen Details will sie sich nicht noch einmal antun. Und doch, sie drückt den Rücklauf ...

«…ne Zunge liebkos ...», auf verstärkten Daumendruck folgt hektisches Schnattern. Sabrina trinkt einen Schluck Wein.

«... ein Zungenspiel voller Verlangen und noch nicht erfüllter Wünsche begann. Enricos rechte Hand fuhr mir durch mein langes schwarzes Haar, wanderte an meinem Gesicht entlang über meinen Hals bis zu meinem Busen. Meine Hand wanderte zu seinem Bein, ich fuhr mit meinen Händen hinauf, wo seine Erregung glühte. Er küsste meinen ganzen Körper. Ich seufzte, als ich seine Berührung spürte. Seine Hand wanderte über meine Hüfte, meinem Bein entlang bis zu den Füßen. Er löste seine Lippen von meinen

Knospen und küsste mich wieder auf den Mund. Das wilde Zungenspiel begann erneut. Aber deutlich fordernder, heißer. Seine Hand fühlte meine warmen weichen Schenkel. Er streichelte meine Haut nur kurz und ließ die Hand dann über meinen roten Slip wandern. Feucht und heiß fand er meine Liebeshöhle vor, als er mich vorsichtig zu streicheln begann. Ich wand mich unter ihm und mir wurde heiß, wir lagen nun aufeinander. Umklammert. Unsere Leidenschaft ließ uns alles um uns herum vergessen …, aber ich will Sie nicht mit Einzelheiten langweilen. Es war ein unbeschreiblich geiler, schöner Tag und ich wünschte, dass er nie enden sollte.»

Sabrina spürte noch einmal Lilianas Blick und meinte, das syphisante Lächeln zu sehen.

«Sie wollen bestimmt wissen, was schiefgelaufen ist. Wie es zur Vertreibung aus dem Paradies kam? Ja, wenn ich es jetzt, hier in diesem Moment bedenke, fühlt es sich so an, als wäre es das reine Paradies gewesen.» Es folgt ein Seufzer, eine Pause von dramatischer Länge und Sabrina glaubt schweres Atmen zu hören. «Wie soll ich sagen … heute … na ja, wäre ich heute in der gleichen Situation würde ich sicher nicht genau so handeln, was soll's, ich war damals eben rigoroser … also die Sache spielte sich folgendermaßen ab, ich mache es kurz, kann mir nicht helfen, fühlt sich immer noch ekelig an, wenn ich daran denke. Also ich komme aus der Stadt, bester Laune, nichts Böses ahnend und dann schaue ich durch den Spalt der halboffenen Tür ins Musikzimmer, schon eine Begrüßung auf den Lippen und was sehe ich? Mein Göttergatte sitzt auf dem roten Samt der Klavierbank, den Oberkörper zurückgelehnt, die Ellenbogen auf dem Deckel des weißen Flügels, die Augen geschlossen, seine Hose auf den Knöcheln und vor ihm, auf den Knien, eine Schlampe, die ich vorher noch nie gesehen hatte und die lutscht seinen Schwanz, ihre Titten hängen aus der Bluse und ich weiß nicht, warum, aber wenn ich die Augen schließe, sehe ich heute noch ihre steifen Nippel.»

Wieder die unvermeintliche Unterbrechung. Reine Inszenierung, Sabrina glaubt noch immer den Blick aus Lilianas zusammengekniffenen Augen zu spüren, als versuche sie ein Loch in ihren Schädel zu fräsen, um die Gedanken zu lesen. «Liliana, verdammt noch mal, ich habe sie Liliana genannt, das heißt Frau Lorenz, ich darf die Distanz nicht verlieren.»

«Sie war ein blutjunges Ding und im ersten Moment hätte ich sie umbringen können, … oooh, das war dumm von mir, das hätte ich nicht sagen sollen, ich meine natürlich nicht wirklich töten … ich fühlte mich zutiefst verletzt, es war ein unheilvoller Cocktail von Empfindungen,

Demütigung, Kränkung und ein Gespenst der Bedrohung, ja wirklich, ich fühlte mich bedroht. Das Schlimmste, das Unverschämteste, ja Erniedrigendste an dieser Geschichte war, dass er es in unserem Haus getrieben hat, nicht irgendwo in einem lausigen Stundenhotel, wo ihn jedes schäbige Detail der billigen, versifften Einrichtung daran erinnert, was er da gerade treibt. Verstehen Sie, in unserem Heim, unserem Paradies, dieser Insel der Harmonie, der Liebe und des Vertrauens, mit einem Schlag hatte er alles in den Schmutz gezogen, regelrecht entweiht. Dem Mädchen, mal ehrlich, dem kann ich beim besten Willen nicht wirklich einen Vorwurf machen, es hat seine Schwäche erkannt, und wahrscheinlich hatte es sich einen Vorteil ausgerechnet, wenn es ihm einen bläst. Bestimmt war sie eine unbedeutende Stimme aus der dritten Reihe, jederzeit austauschbar, wie bei diesem Blow Job. Ehrlich, ich wollte zu keiner Zeit wissen, wie sie heißt, damit hätte ich ihr zu viel Bedeutung geschenkt, ihr ein Gesicht gegeben, sie zu einer wirklichen Person gemacht, mit Geschichte und Familie und Gefühlen, aber wie gesagt, sie war austauschbar, eine X-beliebige.»

Sabrina unterbricht die Aufzeichnung. Es muss wie ein Deja Vu für sie gewesen sein, nur aus einer anderen Perspektive, die Frau, die sie gesehen hat, diese junge Frau, kniend, den Penis eines älteren Mannes im Mund, das war sie selbst, damals, in Mailand.

«Nicht, was Sie denken, ich bekam keinen hysterischen Anfall, ich habe einfach nur dagestanden, wie gelähmt, von den Beiden unbemerkt und als er kam, grunzte er wie ein Schwein. Mir war das früher nie aufgefallen. Ich habe ihm später nicht mal eine Szene gemacht, nur ein paar persönliche Sachen eingepackt und bin ausgezogen. Da stand ich nun und wusste nicht wohin. Ilona hat mich aufgenommen.»

Wieder diese Ilona und sie ist zur Stelle, im richtigen Augenblick, wie Kai aus der Kiste, kein Wort darüber, wie sie plötzlich nach München gekommen ist, ob sie auch während ihrer Ehe den Kontakt nicht abreißen ließen.

«Ohne Ilona wäre ich untergegangen, ertrunken in Verzweiflung und Selbstmitleid. Bei ihr fühlte ich mich geborgen, sie gab mir Halt und Zuversicht. Und Enrico, der wollte einfach nicht wahrhaben, dass ich ihn für immer verlassen hatte, ich glaube, das sprengte sein Vorstellungsvermögen, ihn, den Heldentenor, als Zugabe etwas Luxus und ein wenig Abglanz von seinem Ruhm, verlässt keine Frau der Welt. Unterschwellig war dies auch die Botschaft seiner ersten Anbahnungsversuche. Als er merkte, dass es mir ernst war, wurde sein Ton liebenswürdig, ja flehentlich, er schickte Rosen, beinahe jeden Tag, beteuerte ungezählte Male die Aufrichtigkeit seiner Liebe, heute würde man sagen, er benahm sich wie ein Stalker. Und oft genug wurde ich wankelmütig, war versucht seinen Beteuerungen zu glauben, doch Ilona stärkte meinem wahren Selbst den Rücken und ich reichte die Scheidung wegen erwiesener Untreue ein. Er wird sich selbst verflucht haben, als er bemerkte, dass ich seine schriftlichen Versuche, meine Absolution zu erlangen, als Beweismittel eingereicht hatte. Ja, ja, Ilona habe ich viel zu verdanken. Aber soviel Fürsorge, betuliche Nähe, so hilfreich und Trost spendend sie im Moment der Niederlage auch sein mag, ist auf Dauer beklemmend, eine Art seelische Zwangsjacke. Anfangs war es fast wie damals in Mailand, wir liebten uns leidenschaftlich, doch die Illusion wurde von der bitteren Realität verschlungen, die ganze Situation, die Umgebung, das ganze Ambiente, wie wir lebten, war zutiefst kleinbürgerlich, wie ein erstarrtes Ehepaar. Ich drohte förmlich zu ersticken, draußen drehte sich die Welt unerbittlich weiter, ohne mich. Mittlerweile war ich geschieden und Enrico musste zahlen.

Ich suchte mir die Wohnung in der Nymphenburger Straße. Weiß nicht, wie mein Leben gelaufen wäre, wenn dieser verheerende Nachmittag nicht gewesen wäre, wahrscheinlich würde ich nicht hier sitzen, unter Mordverdacht und Ihnen meine Lebensgeschichte beichten. Ist schon seltsam, wie solch ein Ereignis dem Leben eine ganz andere Richtung geben kann. Nur so ganz nebenbei, nachdem es definitiv aus war zwischen Enrico und mir, hat er ein Angebot aus Toronto angenommen oder war es Montreal, weiß nicht mehr genau, hatte mir eine Freundin erzählt. Er konnte einfach nicht in der gleichen Stadt leben wie ich, warum auch immer. Ich habe nie wieder etwas von ihm gehört, in den Schlagzeilen war er jedenfalls nicht, vielleicht drüben in Kanada, ich weiß es nicht.»

Bandrauschen, Knacken.

Sabrina richtet sich auf, füllt Wein in das leere Glas und geht hinaus auf den Balkon, setzt sich auf den Stuhl, in der Ecke, links neben der Tür, sie schlägt die Beine übereinander und blinzelt in das durchs dichte Blattwerk schimmernde Abendrot.

Quälende Gedanken

Es ist einer dieser perfekten Sommertage, an denen frühmorgens graue Dunstschleier über dem See schweben, bevor die Sonne sie verschlingt und sich der azurblaue Himmel wie eine weiche, warme Kuppel über die Landschaft wölbt, dezente Aufforderung, sich am nahe gelegenem Ufer ein ruhiges Plätzchen zu suchen und seinen Gedanken nachzugehen.

Ein froschgrüner Lieferwagen rauscht vorbei. Viel zu schnell, findet Enya. Der Mann am Lenkrad schenkt ihr ein Mundlächeln, die Augen verborgen hinter undurchdringlichen Sonnengläsern.

Jetzt ist sie auf dem Weg zu Diana, will mit ihr sprechen. Sie fühlt sich Diana nahe, reine Intuition, energetischer Gleichklang, wie damals bei Liliana und sie glaubt, dass Diana sie verstehen wird, den Zwiespalt, den inneren Druck, etwas unternehmen zu müssen, denn sie quält die böse Ahnung, dass niemand, auch nicht die Mordkommission oder Lilianas Anwältin wirklich Interesse haben, die ganze Wahrheit herauszufinden.

Das Ortsschild verschwindet aus ihrem Blickfeld. Zweite Straße rechts, die nächste links, dann ist sie im Narzissenweg. Enya setzt den Blinker.

Tillmann Ressel

Das Motorengeräusch kommt näher, wird immer lauter, doch statt nach Erreichen des maximalen Geräuschpegels leiser zu werden und in der Ferne zu verklingen, verharrt der im Leerlauf hämmernde Diesel direkt vor dem Haus.

Tillmann Ressel dreht sich auf die andere Seite und presst sein Gesicht in die stilisierten gelben Blütenblätter auf dem Kopfkissen.

Hydraulikschnaufen, zwei heftige Schläge, Kunststoff gegen Metall, gefolgt vom hohlen Klang sich schließender Deckel, ratternde Plastikrollen auf dem Bürgersteig.

Dienstag. Müllabfuhr.

Seine rechte Hand streicht über die verwaiste Hälfte des breiten Doppelbettes und verschwindet unter dem zurückgeschlagenen Oberbett.

Die Müllmänner lärmen vor dem nächsten Hauseingang.

Er rollt auf den Rücken und starrt eine ganze Weile an die Decke, schließlich stemmt er sich hoch und seine Hände drücken flache Dellen in die Schaumstoffmatratze unter dem zartlila Bettlaken. Es ist jedes Mal ein seltsames Gefühl, wenn er aufwacht und Aiko ist nicht da. Eine tiefe Melancholie überfällt ihn, Furcht, dass sie ihn verlassen könnte, für immer und er wieder einsam wäre, wie damals, bevor sie in sein Leben trat. Er schwingt seine Beine über den Bettrand. Wenige Minuten später sitzt er in der winzigen Küche auf einem der beiden harten Küchenstühle, an dem winzigen Küchentisch, schlichtes Modell, grauweiß gemusterte Resopalplatte, gestützt von dünnen Aluminiumbeinen. Seine linke Schulter berührt die hohe Gefrierkombination, die in der Enge des Raumschlauches seltsam deplatziert wirkt.

Er starrt in den tristen Hinterhof, schlürft schwarzen Kaffee und denkt, weiß Gott nicht zum ersten Mal, dass sie, wenn sie das verdammte Haus da drüben endlich abreißen würden, hier unten im Erdgeschoss wenigstens die späte Nachmittagsonne genießen könnten. Allmählich schwinden die letzten Schleier übermäßigen Alkoholkonsums. Gestern Abend, nachdem er Aiko zum Bahnhof gebracht hatte - sie besucht eine Freundin in Augsburg - begab er sich umgehend auf Informationsscouting, so nennt er seine Tour durch Kneipen und Bars, in denen sich die Münchner Halbwelt trifft und in der Tat, immer wieder schnappt er etwas auf, was den Ermittlern der Kripo im Rotlichtmilieu von Nutzen ist und seinem Konto bei der Gefälligkeitsbank gutgeschrieben wird.

Und letzte Nacht, da hat er was gehört, das irgendwie mit dem Mord an diesem Neumann zu tun hat und zu dem passt, was ihm Aiko vor ein paar Tagen berichtet hatte. Aber so sehr er sich auch müht, er kann sich nicht erinnern. Er nimmt sich vor, Aiko anzurufen, damit sie ihm die Geschichte noch mal erzählt, in der Hoffnung, dass dann bei ihm der Groschen fällt.

Die Kaffeemaschine röchelt und er nimmt sich vor, sie demnächst zu entkalken. Schnöde Überlebensnotwendigkeiten übernehmen die Regie, kaum angenehmer als seine nervige *Sie-wird-mich-verlassen-Phobie*. Die Miete ist fällig und in zwei Wochen dürfte die Stromrechnung im Briefkasten stecken. Aikos Verdienst in der Sushi-Bar deckt gerade mal die Miete und dann? Tillmann Ressel seufzt, ein Seufzer aus tiefstem Herzen. Eigentlich ist es nichts Neues, jeden Monat das Gleiche und keine Chance, dass sich das in absehbarer Zeit ändern könnte. Es wird ihm wohl nichts anderes übrig bleiben, als Gerlands Vorschlag anzunehmen, den Käufer bei einem geplanten Deal zu mimen, um einen albanischen Drogenhändler auffliegen zu lassen.

Heikle Geschichte, wenn die Bullen 'nen Fehler machen, kann's um Kopf und Kragen gehen, um seinen Kopf. Der Gedanke daran treibt ihm Schweißperlen auf die Stirn.

Tja, so spielt das Leben ...» Wieder ein Seufzer, Ausdruck resignierter Schicksalsergebenheit. Er entschließt sich, später seine Anwältin zu besuchen, letzter Strohhalm sozusagen, vielleicht hat die ja was für ihn, kleine Scheidung oder so.

Justine Dambach

Also meine Damen, ich finde es wirklich bemerkenswert, wie sie sich für Frau Lorenz einsetzen ...» Justine Dambach legt beide Hände auf den Schreibtisch, lehnt sich zurück, bis ihr Kopf die hohe Rückenlehne des schwarzen Ledersessels berührt und linst über den Rand ihrer Lesebrille.

Enya starrt die Anwältin an, versucht die Frau zu erspüren, doch sie dringt nicht durch, als halte sich die wahre Justine Dambach verborgen, hinter einer undurchdringlichen Maske.

Diana zählt unterdessen die prall gefüllten rosa Schnellhefter, die scheinbar achtlos übereinandergestapelt auf der Fensterbank liegen und sie fragt sich, ob Liliana nicht auch bald zu einem dieser abgelegten Schicksale wird und ob diese vielbeschäftigte Frau dem brisanten Fall die nötige Aufmerksamkeit schenkt.

«Verstehen Sie mich bitte nicht falsch, aber ich darf Ihnen keine Details erzählen. Es ist ein schwebendes Verfahren und ich bin der Verschwiegenheit verpflichtet.» Justine Dambach macht eine Pause und zieht hörbar die Luft ein. «Das ist eine äußerst heikle Angelegenheit, komplizierter, als es der Anschein vermuten lässt. Mag sein, Frau

Lorenz war zur falschen Zeit am falschen Ort und wir haben es mit einem psychopathischen Killer zu tun. Nicht auszudenken, wenn der glaubt, Frau Lorenz hätte den eigentlich ihm zustehenden Ruhm gestohlen. Ich will den Gedanken gar nicht weiterspinnen …»

«Und wenn es nun jemand war, der von diesem Dr. Neumann verunstaltet wurde? Liest man doch immer wieder, dass bei Schönheitsoperationen was schief geht!», wirft Diana ein.

«Wie gesagt …» Die Anwältin beugt sich nach vorn, faltet ihre Hände auf der Schreibunterlage und lächelt milde, beinahe gütig, wie ein Seelsorger, der die Verfehlungen der ihm anvertrauten Schäfchen mit weiser Nachsicht betrachtet. «Es ist ein schwebendes Verfahren, die Mordkommission ermittelt noch und es wurde noch keine Anklage erhoben, doch unleugbar ist Frau Lorenz die Hauptverdächtige.» Wieder eine Unterbrechung, diesmal etwas länger, dramaturgischer Kniff, um der folgenden Pointe die ihr zustehende Beachtung zu sichern. «Aber wenn Sie etwas für Frau Lorenz tun wollen … über Besuch würde sie sich sicher freuen. Für einen inhaftierten Menschen ist es immer wichtig zu spüren, dass er für die da draußen noch existiert. Ich kann, wenn Sie wollen, eine Besuchserlaubnis für Sie beantragen.» Ihre Stimme klingt wie ein verschmitztes Lächeln.

«Wie lange dauert denn so was?», fragt Enya

und wie sie die Worte herauspresst, spürt jeder im Raum ihr Unbehagen und dass sie sich zu diesem Satz genötigt fühlt.

Justine Dambach hat ein Einsehen mit Enya und Diana, deren Mienen verraten, dass ihnen alles andere angenehmer wäre, als ein hautnahes Erlebnis hinter den sprichwörtlichen schwedischen Gardinen. Sie schüttelt den Kopf, hebt die linke Hand, korrigiert den Sitz ihrer Brille und bemerkt: «Wie dumm von mir! Ich bin sicher, das mit der Besuchserlaubnis können wir uns sparen. Ich habe einen Haftprüfungstermin beantragt, selbst wenn die Staatsanwaltschaft sich sträubt, daran kommen sie nicht vorbei! Dann ist Frau Lorenz wieder auf freiem Fuß.»

Enya räuspert sich. «Jedenfalls vielen Dank, dass Sie uns zugehört haben und wenn das nicht klappen sollte, ich meine mit der Haftentlassung, dann hätte ich gern eine Besuchserlaubnis. Du sicherlich auch!?» Sie legt ihre Hand auf Dianas Unterarm, der auf der schmalen Lehne des dunkelblauen Ledersessel ruht.

«Sicher, unbedingt und wenn Sie mir eine Liste besorgen könnten, was man Liliana ins Gefängnis mitbringen darf?!» Diana entzieht sich Enyas vertraulicher Geste, ihre Hand streicht über ihren quittengelben, weiten Sommerrock, zu dem sie eine locker geschnittene schilfgrüne Bluse trägt – die einzig angenehme Kleidung bei diesen Temperaturen – und plötzlich fühlt sie sich eingeengt, regelrecht gefangen in diesem Fauteuil, dessen Rücken und Armlehne die Sitzfläche in einem Bogen umschließt und sie dazu zwingt gerade zu sitzen, als habe sie einen Stock verschluckt.

«Selbstverständlich. Geben Sie mir Ihre Email Adresse.»

Diana bückt sich, kramt aus den Tiefen ihrer fliederfarbenen Umhängetasche eine Visitenkarte und reicht sie Justine Dambach. Sie ist mittlerweile aufgestanden, ein Signal, dass sie das Gespräch als beendet betrachtet.

«Tut mir leid, dass ich so kurz angebunden bin, aber mein nächster Klient wartet schon.»

«Sie brauchen sich nicht zu entschuldigen, ich finde es großartig, dass wir so schnell mit Ihnen sprechen konnten.» Enya steht auf und drückt die ausgestreckte Hand der Anwältin.

Im Wartezimmer sitzt ein Mann im grauen Anzug, er nestelt nervös an seinem blau-weiß gestreiftem Schlips, sein schütteres braunes Haar ist aus dem Schnitt gewachsen und wuchert über den Kragen seines weißen Hemdes. An den lindgrünen Wänden hängen in schlichten Rahmen mit schmalem schwarzen Rand Tuschezeichnungen auf Reispapier.

Die Luft im Treppenhaus ist angenehm kühl, es riecht nach frischer Farbe.

«Was hast du für ein Gefühl bei dieser Sache?» Enyas linke Hand umklammert die Bügel der hellbraunen Ledertasche, während die Finger der Linken nervös am Revers des Jacketts ihres sandfarbenen Leinenanzugs nestelt. «Weiß nicht … irgendwie gar nicht …», murmelt Diana.

«Siehst du, mir geht es genauso, ich kann die Frau einfach nicht einschätzen …»

Der Aufzug rumpelt sich in seinem Gitterkäfig in den zweiten Stock, kreischend öffnet sich die Scherengittertür.

«Ich kann mir nicht helfen …»

Ein schmächtiger Mann drängelt sich an ihnen vorbei.

«Neumann ist des Rätsels Lösung … der Mörder kommt aus seinem Umfeld und damit meine ich keinesfalls Liliana.»

Der Mann verhält im Schritt, dreht sich um, eine Strähne dunkelblonden Haares rutscht über sein rechtes Auge, Schweißperlen schimmern auf der Stirn.

«Verzeihung, meine Damen, wenn ich mich einmische, reden Sie vom Mordfall Dr. Neumann?»

«Ja … unsere Freundin …» Diana spürt einen Knuff im Rücken und zuckt zusammen.

Enya mustert den Fremden, der in seinem aus der Façon geratenen beigen Sommeranzug wenig vertrauenerweckend aussieht. Er trägt eine protzige Kette um den Hals, die aus dem bis zum dritten Knopf geöffneten schwarzen Hemd, dessen gewaltiger Kragen an die siebziger Jahre erinnert, golden schimmert.

«Liege ich richtig, wenn ich vermute, dass es sich bei besagter Freundin um eine gewisse Liliana Lorenz handelt?» Er wartet die Antwort nicht ab, greift in die Innentasche seines Jacketts, macht einen raschen Schritt nach vorn und drückt Diana eine Visitenkarte in die Hand. «Verzeihung, ich habe mich noch gar nicht vorgestellt. Ressel, Tillmann Ressel, private Ermittlungen.» Er deutet eine Verbeugung an, dabei neigt sich sein Kopf ein wenig nach unten, wobei seine Augen weiterhin Diana im Blick behalten. «Ich verfüge da über Informationen, bezüglich Amadeus Neumann, die selbst der Polizei noch unbekannt sind. Ich will nur soviel sagen, da war noch eine andere Frau im Spiel.»

Er mustert erst Diana, dann Enya, die ihn ansieht, durchdringend, als wolle sie seine geheimsten Gedanken lesen, dann wieder Diana. «Rufen Sie mich an, wenn Sie mehr wissen wollen. Ich empfehle mich, hab einen wichtigen Termin!» Er dreht sich abrupt um und öffnet die hohe, braune Holztür neben dem Bronzeschild, *Justine Dambach, Rechtsanwältin, Termine nach Vereinbarung*.

«Komischer Kauz», murmelt Enya.

«Und wenn das stimmt, was er sagt!?» Diana

betrachtet nachdenklich die Visitenkarte.

«Lass uns die Treppe nehmen, der Fahrstuhl ist mir nicht geheuer.»

Coque au Vin

Dünne Grillrauchfähnchen schlängeln sich durch die blickdichten Büsche, die Klaukes Grundstück gegen die Welt da draußen abschirmen. An den beiden Eckpunkten des Grünschlauches stehen, wie überdimensionierte Grenzpfähle, zwei hochgewachsene Koniferen. Zwischen den Bäumen vor einem Ginsterstrauch, schimmert ein kleiner, ovaler Zierteich, in dem fünf Goldfische ihr Dasein fristen. Die Wintersaison verbringen sie beengt in einem Aquarium, das auf einer Kommode in Ingo Klaukes Arbeitszimmer steht. Das ist seine Scholle, die er hingebungsvoll pflegt. Den Rasenkanten widmet er besondere Aufmerksamkeit und er rutscht stundenlang auf den Knien herum. Nach Beendigung seiner rückgradmordenden Plackerei rappelt er sich auf und geht in die Küche. Dann kehrt er zurück, eine Flasche Bier in der Hand, und mit selbstzufriedener Miene betrachtet er das Ergebnis.

Seine Frau würde es vorziehen mit ihrem Gatten, während seiner ohnehin knappen Freizeit, etwas außer Haus zu unternehmen. Ein Bummel über die Leopoldstraße, ein Spaziergang durch den Nymphenburger Park oder auf ein Weißbier in den englischen Garten. Aber nein, dieser Garten ist sein Ein und Alles, sein Refugium, seine Insel, in einem Leben, das von Mord und Totschlag bestimmt wird und sobald der kurzgeschorene, dichte Rasenteppich seine nackten Fußsohlen massiert, er die friedlich im Wasser schwebenden roten Fische betrachtet, rückt sein deprimierender Broterwerb in den Hintergrund und ein Gefühl friedlicher Gelassenheit durchflutet ihn.

«Immer diese Grillerei, furchtbar, können die nicht ein Mal Rücksicht nehmen? Das verdirbt den ganzen Geschmack und ich hab mir solche Mühe gegeben!», nörgelt Margit, seine Frau.

«Was hast du denn diesmal gekocht? Ich geh mir 'n Bier holen.»

Ingo Klauke erhebt sich aus dem Stuhl, Teakholz, die Garnitur - Tisch, vier Stühle, nebst Gartenbank - hat er letztes Jahr im Baumarkt erstanden, zum Schnäppchenpreis. *Viel stilvoller als der Plastikmüll*, hatte er gebrummt, als Margit meinte, die alten Gartenmöbel wären doch noch recht ansehnlich.

«Coque au Vin!», ruft sie ihm hinterher, «Eine französische Spezialität!»

Vor einiger Zeit, er vermag nicht zu sagen, wann es geschah und was der Auslöser war, entwickelte Margit ein Faible für die internationale Küche, seither, so scheint es ihm jedenfalls, kochte sie sich ein Mal um den Globus. Anfangs überraschte sie ihn nur hin und wieder mit einer exotischen Kreation, doch dann kamen immer häufiger seltsame Gerichte auf den Tisch und manchmal war er nicht sicher, ob der eigenartige Geschmack Ergebnis der fremdländischen Zutaten oder schlichtweg Zeugnis Margits miserabler Kochkünste war. Heute sehnt er sie zurück, die Zeiten von Leberkäse, Haxen, Brathähnchen und Wiener Schnitzel.

Aber sie hatte auch noch eine Leidenschaft entwickelt. Es hatte ihn dermaßen überrascht, dass er unfähig war, sich zu bewegen. Margit hatte ihn ins Schlafzimmer geführt, ihm die Augen verbunden und dann hörte er es nur noch rascheln. Dann entfernte sie die Augenbinde und baute sich vor ihm auf.

«Wow!», war das Einzige, was er herausbrachte.

«Nicht nur in der Küche möchte ich neue Dinge ausprobieren!», sie lächelte ihn liebevoll an. «Ich möchte auch noch Dinge mit dir erleben, die wir bisher nicht erlebt haben. Früher waren es die Kinder und die viele Arbeit, die uns immer nur im Alltagstrott haben leben lassen. Jetzt ist Zeit für Neues, nicht nur auf dem Tisch!»

«Du siehst Hammer aus, diese Korsage steht dir ungemein gut, darf ich dich anfassen?»

«Ich bitte darum.»

Was dann folgte, war so geil, dass er kaum Luft bekam, und so ekstatisch hatte er seine

Frau noch nie erlebt. Sie saugte an seinem Glied, massierte seine Eier und ihre Hände waren irgendwie überall. Sie küssten sich leidenschaftlich und er fühlte sich plötzlich wieder, wie ein junger Hengst. Dreimal ist er in dieser Nacht gekommen.

Bei den Gedanken an diese Nacht wird sein Schwanz ganz hart.

Margit entzündet die Kerzen in dem dreiarmigen Leuchter, kurz bevor die Dämmerung hereinbricht und der Himmel glüht rotviolett. Ingo nimmt sich vor, den heutigen Abend erotisch ausklingen zu lassen. Der Gedanke daran erregt ihn. Margit findet, dass Kerzen einfach dazugehören, wenn man sich soviel Mühe gegeben hat, eine lukullische Mahlzeit auf den Tisch zu bringen und sie wundert sich ein ums andere Mal, dass Ingo ihren Bemühungen, ihr bescheidenes Dasein mit ein wenig gehobenen Lebensstil aufzuwerten, so gar nichts abzugewinnen vermag.

«Bier, wie kannst du nur Bier trinken? Zu Coque au Vin trinkt man einen trockenen Weißwein. Bier passt besser zu dem, was die sich da drüben zusammenbruzzeln. Sag bloß, dir wäre das lieber!?»

«Nein, nein, mein Schatz», murmelt er, «Wo denkst du hin, du kochst einfach phantastisch, ich bin bloß durstig, fühle mich ausgedörrt, na ja, mit Wein wäre ich im Nu betrunken.»

Er genehmigt sich einen kräftigen Schluck Bier aus der Flasche.

Der blöde Neumann Mord lässt ihn nicht los, selbst das minutenlange Starren auf die Goldfische hatte nicht vermocht ihn auf andere Gedanken zu bringen. Nicht nur, dass Neumann, so wie es aussieht, ein regelrechtes Doppelleben geführt haben muss, auch diese Marika Mertens alias Liliana Lorenz hat eine schillernde Biografie und ist dabei strafrechtlich noch nie in Erscheinung getreten. Vor ein paar Jahren gab es eine Betrugsanzeige, die allerdings später zurück gezogen wurde.

«Voilà!» Margit steht in der Terrassentür, stolz den großen Topf in den Händen und sie sieht glücklich aus.

Der Vogel schmeckt gut. Ingo Klauke nippt an seinem Glas Wein und Margit lobt die vielfältigen Möglichkeiten des Internet, die sie jetzt erst schätzen gelernt hat. «Wie hätte ich sonst an die Rezepte aus aller Welt kommen können? Und nächste Woche gibt es Sushi.»

Ingo Klauke überlegt, ob er Margit von den beiden Frauen erzählen soll, die ihn am Nachmittag in seinem Büro aufgesucht hatten. Die Marple Zwillinge nannte er sie später im Stillen. Ob er denn auch allen Spuren nachgehen würde, hatten sie gefragt, auch denen, die zu einer Entlastung Liliana Lorenzs führen würden und schnippisch behauptet, sie hätten aus sicherer

Quelle gehört, dass in der Mordnacht noch eine andere Frau im Spiel gewesen sein soll. Selbstredend wies er den Verdacht der doppelten Miss Marple entrüstet zurück, obwohl er um der Wahrheit Willen hätte eingestehen müssen, dass er zutiefst davon überzeugt ist, dass diese Lorenz die Mörderin ist und jeder Hinweis auf andere Verdächtige die Geschichte nur unnötig verkompliziert. Stattdessen sagt er: «Ich habe gerade an die Zeit nach meiner Pensionierung gedacht! Übrigens, es schmeckt ganz ausgezeichnet …»

Die Kerzen flackern in der auffrischenden Brise.

Margit lächelt, ihre Augen blitzen und in ihrer Phantasie unternehmen sie und ihr Ingo Städtereisen, bewundern Sehenswürdigkeiten, besuchen Museen, gehen ins Theater oder genießen stille Zweisamkeit in der Natur.

Ingo Klauke denkt daran den Fischteich zu vergrößern, andere Arten anzusiedeln und sich endlich ein veritables Aquarium zuzulegen.

«Dauert ja nicht mehr lange», antwortet Margit, «Wie geht es denn voran mit deinem Fall? Man liest da ja allerhand. Soll ein richtiger Lebemann gewesen sein, dieser Neumann. Wenn du mich fragst, die Frau war's nicht.»

Sie macht eine Pause, holt tief Luft und starrt auf die gefurchte Stirn ihres Gatten. «Ich weiß nicht warum, aber ich kann mir das einfach nicht vorstellen … so blutig … ich meine, wenn sie ihn einfach erstochen hätte oder ein Giftmord, nein, ich kann mir nicht helfen, da steckt was anderes dahinter! Rein intuitiv!»

«Lass uns von was anderem reden. Du weißt, ich spreche nicht gern über laufende Ermittlungen. Nur soviel, alles spricht gegen die Frau. Lass es mich mal so auszudrücken: Auch in der Kriminalität schreitet die Emanzipation munter voran.»

Zweifelt denn jeder, außer ihm selbst, an der Schuld dieser Frau? Selbst seinen Assistenten Berger zählt er mittlerweile zu den Wackelkandidaten und von Blucher, der hat überhaupt keine Meinung. Dann auch noch diese Bekennermail, er will gar nicht darüber nachdenken. Wahrscheinlich ein Trittbrettfahrer, einer dieser psychopathischen Wichtigtuer, die immer dann aus ihren Löchern kriechen, wenn ein Fall richtig Schlagzeilen macht. Wie dem auch sei, sie müssen der Sache nachgehen, macht alles nur komplizierter.

«Du erinnerst dich doch an die Hoffmanns, die haben ihr Haus verkauft und sich so ein altengerechtes Appartement zugelegt. Du erinnerst dich bestimmt! Er ist so ein korpulenter, gemütlicher Mann und sie schwingt immer das große Wort. Sie sind ein bisschen arrogant, muss ich schon sagen … mit allem Luxus, auch so einen Müllschlucker und das Ding ist immer verstopft, was für ein Ärger, die geben ein

Heidengeld aus und dann … muss wohl jemand zuviel reingestopft haben oder etwas, was nicht da rein gehört.»

Klauke horcht auf, stutzt. «Sag das noch mal!»

«Was?»,

«Wiederhole bitte, was du eben gesagt hast!»

«Was meinst du, dass die Hoffmanns nur Ärger haben mit ihrem klotzig teuren Appartement oder dass jemand den Müllschlucker verstopft hat?»

Ihm fällt es wie Schuppen von den Augen. «Das ist es, so hat sie's gemacht … Du bist ein Schatz!»

Margit schüttelt den Kopf und fragt sich, was sie gesagt haben könnte, das ihren Mann so aus der Fassung bringt.

Ingo Klauke steht auf, er hat sich entschieden Hasso von Blucher den Abend zu verderben und sein erotischer Abend rückt in weite Ferne.

«Das Essen war wirklich phantastisch, du hast dich wieder einmal selbst übertroffen. Muss mal eben telefonieren.»

Bekennermail

Mal wieder haben sie gestritten und wieder keinen Sex für Hasso von Blucher.

Das Klingeln des Telefons ist eine Erlösung, Lebenszeichen der Welt da draußen, Befreiung, Rechtfertigung, den Kokon des vorwurfsvollen Schweigens zu verlassen, ohne das Gesicht zu verlieren.

Er räuspert sich, verschwendet nicht einen Gedanken daran, wer es sein könnte, der um diese Uhrzeit mit ihm sprechen will, geschweige denn zieht er es in Betracht, dass der Adressat des Anrufes Marianna sein könnte, erhebt sich, langsam, fast wie in Zeitlupe und schreitet, wie er meint, würdevoll ins Licht des Wohnzimmers.

Als sich Klauke meldet, am sprichwörtlich anderem Ende der Leitung, runzelt er die Stirn und nachdem der ihm - wie von Blucher meint, mit gehässig süffisantem Unterton in der Stimme – von der Unbekannten am Tatort berichtet - Klauke erweckt den Eindruck, die Vermutung ist Realität - und zu allem Überfluss den Schluss zieht, die Bekennermail könne darauf hindeuten, dass es sich um einen psychopathischen Killer handelt, dass es aber auch eine

Finte von Lorenzs Komplizen sein kann oder ein stinknormaler Trittbrettfahrer, haben sich sanfte Überraschungsfalten in tiefe Kummerfurchen verwandelt und seine Ohren glühen.

Ingo Klauke entschuldigt sich wortreich für die Störung, betont, dass er die neuen Erkenntnisse als so gravierend erachtet, dass es ihm unerlässlich schien, den Herrn Staatsanwalt über den neuesten Stand der Ermittlungen, selbst zu dieser ungewöhnlichen Stunde, in Kenntnis zu setzen. Dann verabschiedet er sich mit den besten Empfehlungen an die werte Gattin.

Von Blucher ahnt höhnisches Grinsen.

Einen Augenblick steht er da, wie erstarrt. Sollte es sich etwa schon bis ins Präsidium herumgesprochen haben, dass mit seiner Frau was nicht stimmt? Weiß der Teufel, wer sie bei einem dieser dubiosen Selbstfindungsseminare gesehen hat. Nicht auszudenken, wenn das durchsickert, jetzt, wo er im Rampenlicht steht.

Ohne Hast geht er zurück auf die Terrasse, räuspert sich, es klingt ihm unnatürlich laut und sagt: «Tut mir leid, mein Schatz. Das war Klauke, es hat im Fall Neumann neue Entwicklungen gegeben. Kommen halt ohne mich nicht weiter. Du hast doch nichts dagegen, wenn ich mich in die Bibliothek zurückziehe!? Muss alles überdenken, es kann später werden und warte nicht auf mich!»

Marianna zeigt keine Reaktion.

Als wäre sie tot, denkt von Blucher und das wäre vielleicht die beste Lösung.

Später, verschanzt hinter seinem wuchtigen Schreibtisch, stellt er fest, dass es eigentlich wunderbar läuft, denn alles deutet daraufhin, dass das mehr ist, als ein Mord in der Schickeria. Er glaubt nicht, will nicht glauben, dass es eine Finte sein könnte, wie Klauke vermutet. Es ist ein perverser Killer, dessen ist er sicher und er wird ihn zur Strecke bringen, das ist sein Hauptgewinn, der Fahrstuhl auf dem Weg nach oben.

Er steht auf, geht zu der gläsernen Biedermeier Vitrine, öffnet die Tür, schnappt sich die Flasche Martell und einen bauchigen Kognakschwenker. Im selbstgefälligen Überschwang kommenden Erfolges stolziert er mit geschwollenem Kamm zu dem schweren Klubsessel vor dem Bücherregal, das bis zur Decke reicht und von einer Wand zur anderen, und stellt Flasche und Glas auf die stilisierte Blütenintarsie des Beistelltischchens. Das Leder knarzt unter seinem Gewicht, er streckt die Beine aus, schenkt ein, schwenkt das Glas auf Augenhöhe und betrachtet nachdenklich die ölig braune Flüssigkeit.

Nach diesem Erfolg können sie gar nicht anders, sie müssen ihn zum Oberstaatsanwalt ernennen.

Der erste Schluck brennt sich durch seine Speiseröhre.

Es sei denn, ja, es sei denn, er wäre in einen üblen Skandal verwickelt.

Der zweite Schluck wärmt wohlig seinen Magen und sein Ärger beginnt sich aufzulösen.

Paternoster

Schwabing ist auch nicht mehr das, was es mal war, denkt Diana und fühlt sich auf dem zierlichen weißen Kaffeehausstuhl zwischen sorgfältig gestylten Menschen fremd. Sie sitzt an einem runden weißen Tischchen unter einer blau-weiß gestreiften Markise.

Sie schaut auf ihre Armbanduhr, trinkt einen Schluck Weißwein, leichter französischer Landwein, und streicht gleich darauf einen imaginären Fussel von ihrem fliederfarbenen Sommerrock. Normalerweise trinkt sie am Nachmittag keinen Alkohol und jeden, der das gewohnheitsmäßig tut, würde sie als alkoholgefährdet betrachten. Sie vermochte nicht zu deuten, ob das missbilligende Zucken der Mundwinkel, das sie bei dem smarten jungen Kellner während ihrer Bestellung zu entdecken glaubte, der Preisklasse des Weines oder schlichtweg ihrer vermuteten Trinkgewohnheit galt.

Doch heute ist ein besonderer Tag! Nicht, weil sie gleich Enya treffen und mit ihr diese ominöse Sushi-Bar aufsuchen wird, um dort diese geheimnisvolle Frau zu finden, die angeblich in der Nacht des Mordes an Neumann bei ihm war, das ist lediglich eine Zugabe, die abenteuerliche Fortsetzung eines äußerst erfolgreichen Vormittags.

Noch einmal glaubt sie die gespannte Erregung zu spüren und das euphorische Hochgefühl, welches sie erfasste, als sie die Druckfahnen ihres ersten Bildbandes begutachtete. Nun gut, das Blau war noch etwas flach und das Gelb könnte ein wenig wärmer sein. Und als ihr die Verlegerin mitteilte, dass sie eine Ausstellung mit ihren Werken in etwa vier Wochen plant und das ausgerechnet in der Galerie, in der diese unsägliche Gesine Schwakowsky ihre Machwerke präsentierte, wäre sie am liebsten aufgesprungen und ihr um den Hals gefallen. Sie ist endlich angekommen, nicht gerade im Olymp der Museen, aber zumindest auf einer Stufe mit arrivierten Künstlern wie der Schwakowsky. Aber der eigentliche Höhepunkt des Tages war diese beinahe magische Begegnung.

Sie schwebte noch ganz im siebten Himmel des kommenden Erfolges im Paternoster dem Erdgeschoss entgegen, vor ihrem inneren Auge gewann eine Villa am Comer See Kontur, da schob sich vor ihren Füßen der Kopf eines Mannes ins Blickfeld. Blitzartig verschwand der Prachtbau am See und machte der Erkenntnis Platz, dass es sehr vernünftig war einen Rock anzuziehen, der ihre Knie bedeckt.

Sie vermag nicht mehr zu sagen, was es genau war, das diesen unwiderstehlichen Impuls auslöste. Sein sanftes Lächeln, die schlaksige Figur oder die braunen Augen, die selbst in dem unglaublich kurzen Augenblick des ineinander Verhakens, seelische Tiefe und Warmherzigkeit suggerierten.

Schon lange hatte sie nicht mehr daran gedacht und möglicherweise hatte sie unbewusst die Hoffnung bereits aufgegeben, noch einmal im Leben ein Gefühl zu durchleben, welches sie an das emotionale Erbeben jugendlicher Verliebtheit erinnern konnte.

Es erschien ihr intensiver als damals - wahrscheinlich weil ewig nicht gespürt - ernster, nicht ungeduldig beschwingt und es war nicht der vielbeschworene Stich ins Herz, den man in ihrem Alter leicht für den unseligen Vorboten eines nahenden Herzinfarkts halten konnte. Es war eher ein sanftes Beben, durch und durch, ein Innehalten, als verzögere sich der Atemrhythmus für einen Augenblick und das alles in Sekundenbruchteilen, an einem Ort, an dem man wirklich nicht damit rechnet, einem Klischee aus Hollywood-Screwball-Komödien gleich, untauglich für das normale Leben.

Während sie noch überlegt, ob es klug wäre Enya einzuweihen, hört sie diese sagen: «Tut mir leid, dass ich mich etwas verspätet habe, aber die Parkplätze ..., du weißt ja.» Enya setzt sich auf den freien Stuhl und schaut Diana in die Augen.

«Du siehst zufrieden aus, wie eine Katze, die gerade am Sahnetopf geschleckt hat.»

Mit der linken Hand macht sie eine abwehrende Geste und bremst damit den Elan des eilfertig herbeigeeilten Kellners. «Wir gehen gleich, ich will nur meine Freundin abholen.»

Der junge Kerl deutet eine leichte Verbeugung an. Diana wirft alle Bedenken, die sie gehabt haben könnte über Bord und sprudelt los und wie es aus ihr herausbricht, welches Glück ihr an einem sonnigen Sommertag widerfahren ist, scheint es ihr, als werde es erst jetzt real, in dem sie es einem anderen Menschen mitteilt.

Aiko

Unschlüssig stehen sie am Bordstein und beobachten über die Dächer der eng geparkter Autos hinweg den Eingang des *Honshu Inn*. Schließlich fasst sich Diana ein Herz und stupst Enya mit dem Ellenbogen in die Seite.

«Auf geht's, wer A sagt, muss auch B sagen! Immerhin haben wir diesem schmierigen Kerl zweihundertundfünfzig Euro gezahlt, damit er uns sagt, wo wir die Frau finden können.»

Dass dieser Tillmann Ressel eine zwielichtige Person ist, dessen waren sie sich schnell einig, ein Blickkontakt genügte und sie wussten, was die andere dachte. Ressels Augen huschten während des ganzen Gesprächs nervös von links nach rechts und sein rechter Fuß wippte auf und nieder, die ganze Zeit, als wäre er ein hyperaktives Kind, dabei gab er sich verbindlich, beinahe unterwürfig, nur einmal wirkte er wie ein energischer Mann, der genau weiß, was er will, als er seine Honorarforderung stellte, sein Blick wurde von einem auf den anderen Moment hart, unnachgiebig und der Klang seiner Stimme fordernd.

Und wären sie nicht so verdutzt, ob des plötzlichen Wandels gewesen, verunsichert, wer weiß, ob sie die Information gekauft hätten.

Die Sushi-Bar ist wie ein Diners in den fünfziger Jahren eingerichtet oder besser, das, was man in amerikanischen Filmen über diese Ära so sieht, viel Rot, viel Plastik, jede Menge Chrom, alle Kanten sanft abgerundet. Einzig der Name und ein paar Lampions mit bunten Tuschezeichnungen und kleinen roten Quasten an roten Kordeln, lassen einen Hauch von Japan ahnen. Die Damen vom Service stecken in knappen Kitteln, deren Ränder an Kragen, Ärmeln und Revers mit roter Borde umnäht sind, schräg auf dem Kopf sitzende Schiffchen vervollständigen die Uniformen.

Diana und Enya suchen sich einen Fensterplatz, von dem sie sowohl den Eingang, als auch die gläserne Theke im Auge behalten können.

Eine hübsche junge Frau tritt an ihren Tisch, das verchromte Namensschild über der linken Brust sagt, dass sie Aiko ist, Ressels Freundin.

«Haben Sie schon gewählt?»

Ihr linkes Augenlid zuckt, Ausdruck des Erkennens. «Ich werde Ihnen ein Zeichen geben, sobald die bewusste Person das Lokal betritt. Mehr nicht, sprechen Sie mich nicht an. Soll keiner was merken!», flüstert sie, die Stimme wie ein Hauch.

Diana und Enya bestellen nach den Fotos auf der Speisekarte, ohne zu wissen, was sie da essen werden.

«Kommt sofort, dazu ein Weißwein und für Sie ein Glas Wasser.» Aiko deutet eine leichte Verbeugung an, dreht sich um und verschwindet.

Enya rätselt, was diese attraktive Frau an dem unappetitlichen Kerl anziehend findet. «Tja, mit der Liebe ist das so eine Sache», murmelt sie.

«Was hast du gesagt?», fragt Diana, sie fühlt sich ertappt, argwöhnt, dass Enya Gedanken lesen kann, denn just in diesem Moment spukten die braunen Augen in ihrem Kopf.

«Äh, nichts weiter, hab nur laut gedacht. Aber sag mal, wie fühlst du dich eigentlich? Wenn ich mir das vorstelle, Vernissage und Buchvorstellung! Bestimmt kommt die Presse, vielleicht sogar das Fernsehen, ein Bericht in einem dieser Kulturmagazine, selbst wenn's im Dritten läuft, wäre Gold wert.»

«Weiß nicht, das ist alles noch so fern, so unwirklich. Ich meine, ich verkaufe jetzt schon recht gut, kann nicht klagen, aber du hast recht! Öffentlichkeit kann nicht schaden! Wenn Liliana auch kommt, berichten auch die Klatschmagazine, dann hätte sie auch mal was für einen anderen getan, wenn auch unbeabsichtigt.» Diana lacht, es klingt bitter, nicht als hätte sie soeben einen Scherz gemacht.

Unbemerkt auf leisen Sohlen weißer Gesundheitssandalen hat sich Aiko genähert und stellt Speisen und Getränke auf den Tisch. Wieder ein Hauch von kaum hörbaren Worten. «Besser Sie bezahlen gleich, falls Sie die Frau verfolgen wollen.» Dezent platziert sie einen kleinen Teller mit Kassenbon.

Diana, die meint, sie habe etwas zu feiern, begleicht die Rechnung und protestiert heftig, als Enya Anstalten macht, ihre Geldbörse aus der Tasche zu kramen.

Die verschiedenen Sushi Röllchen schmecken ausgezeichnet und beinahe hätten sie es übersehen, Aikos angedeutetes Nicken, den raschen Blick zu der Frau in dem kurzen, schwarzen Kleid, unter dem sie unmöglich Wäsche tragen kann, so scharf zeichnet es die Konturen ihres Körpers. Das Gesicht ist feingeschnitten, die schwarzen Haare sind zu einer modernen Variante eines Bubikopfs frisiert. An den Fersen offene, hochhackige Pumps lassen sie größer erscheinen. Alles in allem, eine überaus anziehende Frau.

Diana überlegt, was Neumann wohl veranlasst haben mag, dieses Weib vor der Welt zu verbergen. Denn er muss sie, wenn es stimmt, was dieser Ressel behauptet, heimlich getroffen haben, sonst wäre ihr Bild, wie das der anderen Grazien, mit denen er sich zu schmücken wusste, längst durch die Boulevardblätter gegeistert.

Enya überlegt fieberhaft, was sie tun sollen. Sollen sie die Fremde einfach ansprechen, hier im Lokal vor aller Augen oder besser draußen vor der Tür oder ihr heimlich folgen, sie beschatten, wie in einem drittklassigen Krimi.

Aiko schielt zu ihnen herüber, lässt sich Zeit und täuscht ein Problem mit dem Kreditkartenlesegerät vor.

Enya und Diana sitzen da, unentschlossen, wie gelähmt und sehen einfach zu, wie sich die Frau die weiße Plastiktüte schnappt, sich umdreht und durch die Eingangstür des *Honshu Inn* in die laue Sommernacht entkommt.

Diskrete Ermittlungen

Es regnet in Strömen und über Nacht ist die Temperatur unter 20 Grad gefallen. Von Blucher starrt durch die Frontscheibe seiner Limousine. Das ist nicht sein München da draußen und es liegt beileibe nicht nur an dem lausigen Wetter. Was er sieht, ist ein x-beliebiges, heruntergekommenes Viertel – die Fassaden der Häuser sind grau und renovierungsbedürftig, auf den Bürgersteigen liegen nachlässig entsorgte Zigarettenschachteln und zerknüllte Werbezettel, im Rinnstein treiben leere Plastiktüten und über verstopften Gullydeckeln wabern übel riechende Brackwasserpfützen - wie in einer x-beliebigen Stadt, irgendwo in Deutschland, absolut austauschbar. Ihn fröstelt, obwohl die Klimaanlage angenehme 23 Grad säuselt.

Nummer 74, hatte Ressel gesagt, durch die Einfahrt im Hinterhof, erster Eingang links, unterste Klingel.

Und wem hat er den ganzen Schlamassel zu verdanken? Seiner Frau Marianna, ihrer verdammten Geheimniskrämerei. Vielleicht ist der ganze esoterische Klimbim, dieses Selbstfindungsgerede nur ausgemachter Schwindel und dahinter steckt die ganz banale

Affäre einer frustrierten Hausfrau. Er könnte sich heute noch ohrfeigen, wenn er daran denkt, dass er sie damals noch ermuntert hatte, etwas für ihr Selbstbewusstsein zu tun, wahrscheinlich hatte er nicht richtig zugehört. Vermutlich macht sie sich keinerlei Gedanken, was sie ihm damit antut.

Unerträglich diese Ungewissheit. Was bleibt ihm anderes übrig, er muss handeln, darf sich nicht weiter zum Narren halten lassen. An eine große Detektei kann er sich nicht wenden, da gibt es immer undichte Stellen. Es wäre ein gefundenes Fressen für die Aasgeier von der Presse, gerade jetzt, wo er vor dem größten Fall seiner Karriere steht, der ihn, wenn alles gut geht, unweigerlich in das Büro des Oberstaatsanwalts tragen wird. Dieser Tillmann Ressel scheint genau der richtige Mann für solch eine heikle Aufgabe zu sein. Ein windiger Kerl, zugegeben, aber einige Male war er der Anklage schon behilflich gewesen und das Wichtigste, da ist von Blucher sicher, den kann er im Griff behalten, der wird sich hüten, was auszuplaudern. Ressel weiß genau, dass er ihm das Leben zur Hölle machen, ihn zerquetschen kann, wie lästiges Ungeziefer.

Die Vision von Aufstieg und Macht gefällt ihm, er atmet tief durch und öffnet die Wagentür. Mit hochgestelltem Kragen hastet er über die Straße. Im Schutz des Torbogens hält er inne, schüttelt Wassertropfen von seinen polierten schwarzen Schuhen, korrigiert den Sitz seines grauen Anzugs, wischt Regentropfen aus dem Gesicht und streicht die Haare zurück. Er nimmt Haltung an, wünscht sich einen Cognac und schreitet voran.

Das wird er sein, schießt es Tillmann Ressel durch den Kopf, das ist von Blucher! Es fällt ihm schwer sich zu beherrschen, nicht gleich aufzuspringen und zur Tür zu hetzen. Lass ihn warten, nicht lange, nur ein wenig, von Blucher soll denken, er wäre noch beschäftigt, keineswegs so lang, dass es ihn verärgern könnte und er sich die Sache noch mal anders überlegt.

Im ersten Moment fehlten ihm die Worte, als von Blucher anrief. Ein heftiger Adrenalinkick jagte durch seinen Körper, keiner der angenehmen Sorte, eher der Art, wenn man gerade irgendeinen Mist gebaut hat und glaubt, ertappt worden zu sein.

Seine Gedanken überschlugen sich, während er mit bemüht forscher Stimme fragte, worum es denn ginge. Erst allmählich, nachdem von Blucher bemerkenswerten Unsinn absonderte, so lapidare Dinge fragte, wie die Geschäfte gingen und ob er zur Zeit für die Drogenfahndung unterwegs sei, obwohl der doch genau wissen müsste, dass, wenn es so wäre, er zur absoluten Geheimhaltung verpflichtet ist, dämmerte ihm, dass von Blucher dieses Gespräch unangenehm, wenn nicht sogar hochpeinlich war und als der schließlich damit herausrückte, dass er ihn wegen einer Angelegenheit sprechen musste, die äußerster Diskretion bedürfe, sorgte sein Adrenalinüberschuss für sanfte Euphorie.

Die Klingel schrillt erneut. Langsam, beinahe träge, erhebt er sich von seinem Bürostuhl hinter dem schlichten Schreibtisch in dem winzigen Arbeitszimmer, dem Halben hinter der zwei der Zimmerangabe in der Wohnungsanzeige, das früher einmal ein Kinderzimmer gewesen sein musste.

Der Mann, der ihm die Tür öffnet, ist einen halben Kopf kleiner und lächelt einladend. Von Blucher denkt, dass heute wohl so was wie der Tag der grauen Anzüge sein muss, ein durch und durch grauer Tag. Allerdings ist Tillmann Ressels Garderobe von der Stange, sieht man sofort und er trägt darunter ein schwarzes T-Shirt.

«Guten Tag, Herr Staatsanwalt, schön, dass Sie da sind.» Tönt es aus dessen Mund, der Ton ist verbindlich, doch von Blucher ist auf der Hut, war da nicht ein lauernder Unterton?

«Tag, Herr Ressel», murmelt er, macht einen Schritt vorwärts und behält die Hand bei sich.

Tillmann Ressel dreht sich um und geht voran.

Von Blucher schließt die Tür und folgt der kahlen Stelle auf Ressels Hinterkopf durch den kurzen, schmalen Flur ins Wohnzimmer. Es riecht würzig, irgendwie orientalisch, ein wenig nach Vanille.

«Nehmen Sie Platz, Herr Staatsanwalt.» Ressel setzt sich ziemlich genau in die Mitte der wuchtigen Couch, die in dem relativ kleinen Raum überdimensioniert wirkt.

Von Blucher zögert einen Augenblick, dann sinkt er in den Sessel, der ihm am nächsten steht. Er fühlt sich unbehaglich, eingeschlossen zwischen der Schrankwand hinter ihm und dem Couchtisch, so nah vor seiner Kniescheibe, dass er befürchtet dagegen zu stoßen, falls er abrupt aufstehen sollte.

«Kann ich Ihnen was anbieten? Kaffee, Tee oder vielleicht was Stärkeres?» Ressel beugt sich vor, hebt den Hintern, nur ein wenig, Zeichen seiner Bereitschaft aufzustehen.

«Nein, danke», antwortet von Blucher, obwohl er immer noch einen Cognac brauchen könnte. Er räuspert sich verhalten.

Ressel sinkt zurück und fragt: «Was kann ich für Sie tun, Herr Staatsanwalt?»

«Nun ja, wie ich schon sagte, eine diskrete Angelegenheit. Ich kann mich doch auf Ihre Verschwiegenheit verlassen!?» Von Blucher nestelt an seiner Krawatte. Er glaubt Schweißperlen auf der Stirn zu fühlen.

«Selbstverständlich, Herr Staatsanwalt. Es sei denn ...» Ressel macht eine Pause, die Stirn in Falten, der Mund verzieht sich, soll wohl so was wie ein Grinsen sein und seine schmalen Lippen entblößen Nikotin-Zähne. «... es sei denn, Sie haben eine Leiche im Keller.»

Von Blucher richtet sich steil auf, seine Miene spiegelt sprachlose Entrüstung und warum nennt der Blödmann ihn nicht bei seinem Namen? Dieses verdammte: Herr Staatsanwalt, Herr Staatsanwalt, klingt ja wie blanker Hohn.

«War 'n Scherz, wollte die Situation was auflockern, nehm'ses mir nicht übel ...» Ressel kichert. «Aber mal im Ernst ... worum geht es denn ... und seien Sie versichert, über diese Lippen kommt kein Wort!» Er legt den rechten Zeigefinger auf den Mund.

Von Blucher bereut es längst, dass er hier in diesem geschmacklosen, bonbonfarbenen, Velours bezogenen Sessel sitzt, aber irgendwie muss er da durch, es gibt keine Alternative.

«Nun gut», er schluckt, seine rechte Hand wischt imaginäre Schweißperlen von der Stirn. «Ich will, dass Sie meine Frau beschatten!» Jetzt ist es raus, jetzt gibt es kein Zurück.

Ressel räuspert sich. «Sie glauben, Ihre Frau ...»

«Nicht, was Sie denken, ich glaube nicht, dass sie mich mit einem anderen Mann betrügt. Ich habe die Befürchtung ...» Er nestelt an seiner Krawatte. «Na ja, könnte sein, dass meine Frau ... mmmmh ... wie soll ich sagen, dass sie unter dem Einfluss eines dieser dubiosen, ich weiß nicht, wie ich ihn bezeichnen soll, könnte ein Guru sein oder ein Wunderheiler mit 'ner Psychomasche, was weiß ich?!»

«Wissen Sie, wie der Kerl heißt?»

«Natürlich nicht, sonst würde ich nicht hier sitzen!»

«Und Sie wollen tatsächlich nichts … ich mein 'n Bier oder so?»

«Nein, danke, wirklich nicht!»

«Ich für meinen Teil hol mir jedenfalls eins.»

Ressel zuckt mit den Schultern, schiebt den Tisch noch ein wenig näher an von Bluchers Knie, steht auf, grinst und schlängelt sich in Richtung Tür durch.

Von Blucher starrt auf das Bild in dem goldenen Rahmen über der Couch, ein Berg, schneebedeckter Gipfel, könnte der Fujiyama sein. Das ist nicht wirklich, das ist nicht er selbst, der hier sitzt, in diesem winzigen mit Möbeln vollgestopften Zimmer, in dem man kaum Raum zum Atmen hat, das muss ein grässlicher Albtraum sein, gleich wird der Wecker klingeln und ihn erlösen.

Aber es lärmt kein Wecker, da ist lediglich Ressels sonore Stimme hinter seinem Rücken.

«Ich soll also herausfinden, wer der Kerl ist und was er so treibt. Und dann …?»

Von Blucher dreht den Kopf nach rechts, sein Blick folgt Ressel, bis der wieder Platz auf der Couch nimmt, ziemlich genau in der Mitte, eine offene Flasche Bier in der Hand.

«Was und dann? Nichts und dann! Dann ist Ihr Auftrag erledigt.»

«Wie Sie meinen, Herr Staatsanwalt. Sie sind selbstverständlich der Boss!»

Tillmann Ressel hebt die Flasche an den Mund und neigt den Kopf in den Nacken, sein Adamsapfel hüpft auf und nieder.

«Ist aber nicht ganz billig.»

«Wie viel verlangen Sie?»

«500, das ist mein Tagessatz. Wenn's länger als zehn Tage dauert, 350 pro Tag und sie kriegen für jeden Tag 'nen detaillierten Bericht - plus Spesen versteht sich. Haben Sie 'n Foto von Ihrer Frau?»

Von Blucher schluckt, innerlich, will sich aber nicht dazu herablassen mit diesem unappetitlichen Kerl zu feilschen, das käme einem Gesichtsverlust gleich.

«Ich habe mir schon gedacht, dass Sie danach fragen werden.»

Von Bluchers linke Hand verschwindet unter dem Revers seines Jacketts, er holt eine postkartengroße Farbfotografie heraus und überreicht sie Ressel.

Der betrachtet die lächelnde Frau nachdenklich und überlegt, ob er seinem Klienten, denn das ist er jetzt, sein Klient, der Herr Staatsanwalt, von der Frau bei Neumann erzählen soll, schüttelt kaum merklich den Kopf und findet, dass diese Information eigentlich mehr Wert ist als die lausigen 250, die er den exaltierten Weibern abgenommen hat.

Eine Viertelstunde später sitzt von Blucher in seinem Wagen, es hat aufgehört zu regnen und über den Dächern der Mietskasernen glaubt er den Hauch eines Regensbogens auszumachen. Noch immer ist er nicht wirklich bei sich, startet den Motor und rollt davon, seinem München entgegen.

Schon wieder Sushi

Sushi, immer wieder Sushi, drei Abende hintereinander. Enya spült den letzten Happen mit einem Schluck Chablis hinunter. Nur weil sie vergangene Woche unaufmerksam waren und nicht schnell genug reagiert hatten. Diesmal wollen sie, wie man so schön sagt, auf Nummer sicher gehen und das *Honshu Inn* verlassen, sobald die Unbekannte auftaucht und vor der Tür auf sie warten. Sie blickt durch das Regentropfen gesprenkelte Fenster. Im Schein der Straßenlaterne glitzern filigrane Schleier Nieselregen, ein Auto rollt vorbei, die Scheibenwischer zucken nervös.

«Neumond und bedeckter Himmel, man könnte meinen, wir hätten schon Oktober …»

«Du brauchst heute Abend nicht mehr zu dir raus fahren. Wenn du willst, kannst du bei mir schlafen.» Diana beugt sich über den Tisch und flüstert, «Ich hoffe, unsere Geheimnisvolle lässt sich überhaupt sehen, noch einen Abend Sushi und ich rühr das Zeug im Leben nicht mehr an!»

Sie nimmt ihre Ausgangsposition wieder ein, das Rückgrat gegen die Stuhllehne gedrückt und fährt in normaler Lautstärke fort: «Übrigens, was glaubst du, wird Liliana tun, wenn sie heil aus der Geschichte herauskommen sollte?»

Enya zögert einen Augenblick und macht ein Gesicht, als würde sie angestrengt nachdenken. «Soll ich dir ehrlich sagen, was ich denke?»

Diana nickt und führt die Tasse zum Mund. Der Jasmin-Tee ist lauwarm und schmeckt ein wenig bitter.

«Nun ja, so wie ich Liliana einschätze, wird sie mit der Kraft gehen, die fremden Energien für sich nutzen. Sie wird versuchen, ihre neu gewonnene Popularität in klingende Münze zu verwandeln, immerhin wäre sie dann beinahe ein Opfer der Justiz geworden, todsicher wird sie versuchen, ihr Buch noch einmal ins Gespräch zu bringen oder sie wird ein Buch schreiben über ihre Beziehung zu Neumann, sie kennt da bestimmt einige pikante Details und ob das alles der Wahrheit entspricht, wer will das schon wissen … heute war wieder ein Artikel über Neumann in der Zeitung … kann mir schon denken, wie die das aufziehen … das geheime Leben des Professor Dr. med. …»

«Verstehe nicht, warum dieser Ressel seine Information nicht an die Presse verkauft hat.» Diana schüttelt den Kopf.

«Keine Ahnung … vielleicht kommt das noch … der ist doch Detektiv … könnte sein, dass da noch mehr hintersteckt, die haben auch geschrieben, Neumann hätte Kokain geschnupft … Lass uns von was anderem reden … Warst du schon in der Neo Rauch Ausstellung in der Pinakothek?»

«Um ehrlich zu sein, nein. Ich hab zu viel um die Ohren, du weißt, in ein paar Wochen ist Buchpräsentation und ich muss die Bilder für die Vernissage aussuchen und außerdem, jetzt bei dem Andrang, ist das wirklich nicht der reine Genuss.»

«Ist dir schon aufgefallen, dass wir über alles mögliche reden, hauptsächlich natürlich über Liliana, nicht aber über uns, was wir denken und fühlen, was uns innerlich bewegt und das war eigentlich immer so, wenn wir uns getroffen haben!?»

Diana horcht auf und als habe Enya einen verborgenen Knopf gedrückt, beginnt Diana zu erzählen. Davon, wie glücklich sie ist, in der Malerei endlich das Medium gefunden zu haben, in der sie ihr Innerstes nach außen tragen kann, in gewisser Weise natürlich verschlüsselt und dass sie glaubt, auch den Betrachtern ihrer Bilder, wenn sie offen genug sind, einen Weg zu sich selbst zu weisen. Sie betont, dass dies eine ganz andere Art von Kunst ist, als die eines Neo Rauch, der, so sieht sie es jedenfalls, in seinen Werken immer aufs Neue die Gesellschaft kommentiert und betont, dass dies zwar seine Haltung spiegelt, aber nicht zeigt, was für ein Mensch er eigentlich ist.

Enya lauscht gespannt und fast wäre es wieder

geschehen und sie hätte beinahe die Frau in dem schwarzen Regencape übersehen.

Die langen Beine in schwarzen Strümpfen, die unter dem weiten Umhang noch schlanker aussehen und die schwarzen Pumps mit den hohen Stiletto-Absätzen, die so überhaupt nicht zu diesem Schmuddelwetter passen wollen, machen sie stutzig und als die Frau ihre Kapuze zurückstreift, berührt Enya Dianas Hand und unterbricht deren Ausführungen, welche Inspiration ihr Ruhe und Muße im eigenen Garten sind, selbst im Winter, wenn dort alles auf den ersten Blick kahl und leblos erscheint.

«Entschuldige, aber ich glaube, wir müssen gehen.»

Keine zwei Minuten später stehen Diana und Enya eng aneinander gedrückt, als wollten sie sich gegenseitig Wärme spenden, auf der Straße und der Nieselregen senkt sich nahezu lautlos auf ihren Regenschirm. Plötzlich geht alles ganz schnell, die Tür des *Honshu Inn* öffnet sich und die Unbekannte tritt hinaus. In der linken Hand trägt sie eine weiße Plastiktüte, die rechte zieht die Kapuze über den Kopf, bis deren Rand die Augenbrauen verdeckt.

Synchron, als hätten sie auf ein Zeichen gewartet, machen Diana und Enya einen Schritt nach rechts und versperren der Frau den Weg. Die bleibt stehen, starrt die beiden ungläubig an und öffnet den Mund, doch bevor sie etwas sagen kann, krächzt Enya, sie glaubt einen Kloß im Hals zu spüren: «Verzeihen Sie, dass wir uns Ihnen so aufdrängen, aber kennen Sie einen Dr. Neumann?»

Die Frau scheint für einen Moment sprachlos, regelrecht konsterniert.

Diana glaubt heftiges Atmen zu hören.

Dann antwortet sie, sichtlich um Fassung bemüht: «Dr. Neumann, meinen Sie den, der ermordet wurde? Selbstverständlich kenne ich den, aber nur aus der Zeitung.»

Die Frau macht Anstalten sich an Diana vorbeizuschlängeln. Diese reagiert mit einem Sidestep und verstellt ihr den Weg. «Da haben wir aber ganz andere Informationen!»

«Ihre sogenannten Informationen interessieren mich einen feuchten Dreck. Lassen Sie mich jetzt endlich vorbei!» Die Stimme klingt ungehalten, aggressiv.

Als hätten sie sich vorher abgesprochen, setzt Enya nach.

«Sie sollten warten bis die Polizei hier ist, dann können Sie denen erklären, was Sie in der Nacht, als Neumann umgebracht wurde, bei ihm zu suchen hatten.» Enya zieht das Mobiltelefon aus der Tasche ihrer roten Allwetterjacke und klappt es auf.

Die Kapuzenfrau zögert und selbst in diesem trüben Zwielicht glitzern ihre Augen angriffslustig. «Verdammt noch mal, was wollen Sie von mir? Ich hab mit seinem Tod nicht das Geringste zu tun.»

«Nichts, was Ihnen schaden könnte. Wir wollen nur wissen, wie Ihr Verhältnis zu Neumann war und was Sie über ihn wissen und wir meinen nicht das, was man in den Zeitungen so liest», säuselt Diana und sie denkt an die vielen Krimis, die sie gesehen hat, das *guter Cop, böser Cop Spiel* und allmählich bereitet ihr dieses Verhör Vergnügen, einen Wimpernschlag lang spielt sie mit der Idee, ihr Gegenüber könnte die wirkliche Mörderin sein und ein angenehm gruseliger Schauer durchfährt sie.

«Sind Sie von der Presse oder so?»

«Nein, um ehrlich zu sein, wir sind Freundinnen. Freundinnen von Liliana Lorenz und wir glauben nicht, dass sie es getan hat.»

«Und jetzt glauben Sie, ich hab den Kerl auf dem Gewissen?»

«Nein, nein, keineswegs», protestiert Enya, «also, ich glaube nicht, dass es eine Frau war. Frauen morden anders!»

«Was soll dann das Theater?» Die Frau macht einen entschiedenen Schritt auf Enya zu, als wolle sie diese beiseite schieben.

«Wie gesagt, wir wollen nur wissen, wie gut Sie Neumann kennen und was Sie über ihn wissen, aber Sie können das auch der Polizei erzählen, kein Problem …» Sie lässt den Satz unvollendet und wedelt mit dem Handy.

Ein tiefer Seufzer der Resignation entfährt dem rot geschminkten Mund unter der Kapuze.

«Na gut, Sie haben mich überzeugt.» In der Stimme schwingt eine Prise bitterer Sarkasmus mit. «Aber nicht hier im strömenden Regen, ein paar Schritte die Straße runter ist eine Kneipe, da können wir uns unterhalten.»

Schweigend laufen sie nebeneinander, die noch immer Namenlose flankiert von Enya und Diana.

In der Gaststätte scheint die Zeit so vor etwa 50 Jahren stehen geblieben zu sein. Die Einrichtung ist rustikal, an blank gescheuerten Holztischen stehen einfache, aber robuste Stühle, die Zapfanlage am Tresen hat bronzene Hähne und darüber hängt an zwei dünnen Stangen ein Leuchtkasten mit dem elegant geschwungenen Schriftzug eines Magenbitter, den heutzutage kein Mensch mehr kennt. Der dicke, kahlköpfige Kerl hinter dem Tresen trägt über seinem blau-rot karierten Holzfällerhemd eine dunkelbraune Lederschürze. Und die Handvoll Männer auf den harten Sitzflächen der hohen Hocker sehen aus, als gehörten sie zum Inventar.

Die Frauen setzen sich an einen freien Tisch, direkt unter einem der Fenster mit gelb getönten Butzenscheiben.

Einer der Männer an der Theke dreht sich um und mustert sie neugierig, dann wendet er sich ab und scheint seinem Nachbarn rechter Hand etwas zuzuflüstern, denn auch der verdreht seinen Hals, starrt zu ihnen herüber und verzieht abschätzig seinen Mund - durch den Raum flüstert so was wie: verdammte Lesben - dann widmet er sich wieder seinem Bier.

Die drei Frauen sehen sich an, ihre Blicke kreuzen sich und unversehens ist da ein Gefühl der Verbundenheit, als wären sie eine verschworene Gemeinschaft und die Kapuzenfrau eröffnet den Vorstellungsreigen.

Der glatzköpfige Wirt trennt sich von seinen Zapfhähnen und watschelt zu ihrem Tisch.

«Tut mir leid, was der Depp da eben gesagt hat. Der ist nicht mehr recht bei Sinnen, seit ihm vor drei Wochen seine Frau abhanden gekommen ist. Was wollen Sie trinken?»

Enya bestellt einen Weißwein, der Wirt rümpft die Nase und kratzt sich an derselben, um sein Missfallen zu kaschieren, Diana entscheidet sich für Wasser und als Frieda Hackland meint, ein Weißbier wäre jetzt genau das Richtige, huscht ein zufriedenes Lächeln über das Gesicht des Dicken.

«Sie wollen sicher wissen, was für eine Beziehung ich zu Neumann gehabt habe? Hab ich recht!?»

Enya und Diana nicken. «Wir sind Enya und Diana!», sagt Diana und deutet dabei auf Enya und sich selbst. Und wie heißen Sie?»

«Frieda. Frieda Hackland!», hebt ihr Glas zum Anstoßen und fährt fort. «Wie soll ich sagen …, er war mein Klient!»

«Wie, ihr Klient!? Sie sind …» Diana sucht nach möglichst unverfänglichen Worten, um Friedas vermutete Dienstleistung zu umschreiben.

Die massige Figur des Wirtes, in den Händen ein Tablett mit den Getränken, befreit sie aus ihrem Dilemma und nachdem sich der Berg aus Fleisch, Muskeln und Knochen entfernt hat, fährt Frieda lächelnd fort.

«Na ja, wie gesagt, er war mein Klient.» Sie trinkt einen Schluck Weißbier und wischt sich, nachdem sie das Glas krachend auf den Tisch gesetzt hat, ungeniert mit dem Handrücken über den Mund. «Ich arbeite als Domina, da muss ich nicht mit den Kerlen vögeln und hab alles unter Kontrolle.» Sie schaut Diana fest in die Augen, dann Enya, dann wieder Diana, ohne das geringste Anzeichen von Missbilligung oder gar Geringschätzung zu entdecken. «Er hatte auf meine Kleinanzeige geantwortet. Neumann war schon ein seltsamer Kauz, ... eigenartig in der Vergangenheitsform über ihn zu reden. Klar hab ich von dem Mord gelesen, waren ja alle Blätter voll damit, aber so richtig begreif ich das erst jetzt, wo ich mit Ihnen rede.»

Frieda Hackland macht eine Pause, trinkt einen Schluck Bier, diesmal ohne sich den Mund abzuwischen.

Diana und Enya schweigen.

«Wissen Sie, er wollte, dass wir so tun, als würden wir uns zufällig kennenlernen und ineinander verlieben. Ich habe das *Honshu* als Ort der ersten Begegnung vorgeschlagen, ich wohne hier nämlich ganz in der Nähe. Ich glaube, er konnte sich nicht eingestehen, dass er nicht mehr attraktiv genug war, schließlich war er schon ein wenig in die Jahre gekommen, charmant ausgedrückt und nun für Vergnügen zahlen muss, die er früher für lau genossen hat. Wissen Sie, ich studiere Psychologie, siebtes Semester und glauben Sie mir, was ich im wirklichen Leben lerne, das bietet mir kein noch so hochkarätiges Studium. Aber zurück zu Amadeus Neumann. Ich denke schon, dass er regelrecht ein Getriebener war. Ich bin sicher, er war bisexuell unterwegs, er brauchte beides.»

«Wie kommen Sie darauf?» Enya versucht sich Frieda als Therapeutin hinter einem wuchtigen Schreibtisch vorzustellen oder auf einem Stuhl, neben ihr, hingestreckt auf der obligatorischen Couch, ihr Klient, der ihr seine sexuellen Phantasien beichtet, Erfahrungen, die sie längst gelebt hatte.

«Einmal wurden wir gestört, er war äußerst erbost und schickte mich ins Nebenzimmer. War schon seltsam, wie rasch er die devote Rolle ablegte. Die Tür war nur angelehnt und ich habe einige Wortfetzen mitbekommen. Ich kann das nicht mehr wörtlich wiederholen, was ich da gehört habe, aber da fielen schon Worte wie *das kannst du nicht tun* und *du kannst uns nicht verlassen* und da bin ich vollkommen sicher, der Mann, es war eindeutig eine Männerstimme, sagte *Uns* und ich weiß noch genau, was ich dachte, eine *Menage a trois*, so einer bist du also. Ach ja und ein Namen ist gefallen, Marcel, Markus, Macario oder so. Außerdem hat er gekokst … jede Menge … und an dem bewussten Abend war ich bei ihm, das ist richtig, aber das können Sie mir glauben, als ich gegangen bin, war er bestens gelaunt und quicklebendig.»

Sie schaut Diana und Enya erwartungsvoll an, als lauere sie auf einen Kommentar.

«Danke für Ihre Offenheit», murmelt Diana.

Frieda Hackland leert ihr Glas. «Ach, wissen Sie, mir hat es ganz gut getan mal darüber zu reden.» Sie macht Anstalten vom Tisch aufzustehen.

«Nur noch eine Frage, haben Sie jemanden ins Haus gehen sehen, als Sie rausgekommen sind oder jemanden, der sich dem Haus genähert hat?», fragt Enya.

«Warten Sie, darüber habe ich noch gar nicht nachgedacht, aber so weit ich mich erinnere, war da niemand. Es war ein regnerische Nacht, so wie heute … Moment, ich glaube, da ist ein Wagen in die Tiefgarage gefahren, aber beschwören kann ich das nicht.»

«Trotzdem, vielen Dank, Sie haben uns sehr

geholfen!» Enya drückt Friedas ausgestreckte Hand.

«Kein Problem, ich wünsche Ihrer Freundin viel Glück, dass sie heil aus der Sache raus kommt und ich glaube, Sie haben recht: so mordet keine Frau.»

Als Frieda Hackland verschwunden ist, stellt Enya lapidar fest, «Sie könnte es auch gewesen sein. Übrigens, danke, dass ich bei dir übernachten kann, hab wirklich schon zuviel getrunken.»

Eine Dame, ihr Anwalt und allerlei Spekulationen

Schlagzeile der Morgenzeitung, **Wer ist diese Frau? Komplizin oder Zeuge?**

Daneben das pixelige Foto der Videoüberwachung - und das, bevor er den ersten Schluck Kaffee getrunken hatte – erschütterte ihn zutiefst und wäre da nicht seine Frau gewesen, hätte er lauthals geflucht und den dafür verantwortlichen Kerl zum Teufel gewünscht. Ingo Klauke hielt sich mühsam im Zaum und präsentierte ein steinernes Gesicht. Auf die Frage seiner Frau, warum er denn so wortkarg sei, meinte er, dass ihn Kopfschmerzen plagten und das läge wohl an dem Mistwetter, dabei kam er sich vor, wie eine dieser Frauen, die Migräne vorschützen, um dem ehelichen Pflichtsex zu entgehen.

Die Fahrt ins Büro durch den allmorgendlichen Stau trieb ihm Schweißperlen auf die Stirn und als ihn Berger mit triumphalem Grinsen im Gesicht, wie Ingo Klauke meinte, mitteilte, ein neues Bekennerschreiben sei eingetroffen, winkte er verärgert ab. Es schien, als habe sich die ganze Welt gegen ihn verschworen und er hätte sich am liebsten in einem Mauseloch verkrochen.

Berger, dem schwante, dass es wohl klüger sei, den Chef erst mal nicht weiter zu behelligen, wenn er nicht Opfer einer Missmutattacke werden wollte, vertiefte sich in seine Notizen.

Zwei Becher Kaffee weiter im Tag - ungesüßt, ohne Milch, ein Schuss Weinbrand wäre nicht schlecht gewesen – hat Ingo Klauke die emotionale Schockstarre überwunden. Er steht auf, räuspert sich und sagt, seine Stimme klingt brüchig: «Habe ich da eben richtig gehört, da ist noch so eine verdammte Mail gekommen?»

Berger blickt kurz auf und nickt.

«Und …? Lassen Sie sich nicht jedes Wort aus der Nase ziehen! Wo kommt die Mail her, wer ist der Absender?»

«Na ja, das ist nicht so einfach …»

«Mann, Berger …!»

«Ja, ja, ich mache es kurz … Also die Mail wurde aus einem Internet Café versendet, hier in München … von einem Hot Mail Account, also der Inhaber ist ein gewisser Heribert Stoiber aus der Türkenstraße … da gibt es bloß einen Haken …», er macht eine Pause und seufzt, «diesen Heribert Stoiber gibt es nicht, weder in der Türkenstraße, noch in München, nicht in Bayern oder der ganzen Bundesrepublik … aber ich denke, das war zu erwarten.»

Ingo Klauke wandert langsam auf und ab, schlurft schließlich zum Fenster und sein Blick folgt einem Streifenwagen, der durch eine Pfütze rollt, bevor er aus seinem Blickfeld verschwindet.

«Berger … Berger … Berger, da versucht uns jemand zu verarschen. Wenn mich nicht alles täuscht, werden noch mehr von diesen ominösen Mails auftauchen …»

Er dreht sich abrupt um und starrt seinen Assistenten an.

«Möchte zu gern wissen, welcher Idiot der Presse das mit der anderen Frau gesteckt hat. Sie wissen nicht zufällig, wer das gewesen sein kann?»

«Keine Ahnung, wer das war», murmelt Berger und Ingo Klauke glaubt ein verdächtiges Zucken in dessen Mundwinkeln zu erkennen. «Aber bevor ich es vergesse, ein Rechtsanwalt Hellberg hat angerufen, seine Mandantin, eine Frau Wegener, will eine Aussage im Fall Neumann machen … vielleicht hängt das ja mit dem Artikel zusammen … Ach ja und er hat um äußerste Diskretion gebeten.»

«Soooo, sooo …» Kriminalhauptkommissar Klauke dehnt das O bis er wieder auf seinem Drehstuhl sitzt. «Äußerste Diskretion also … ist ja interessant … und wissen wir was über die Frau?»

«Ich hab mich mal kundig gemacht. Die Wegener ist eine dieser munteren Society Witwen … sie bringt das Vermögen ihres verstorbenen Mannes unter die Leute. Die ist bei jeder Gala präsent und hält ihr Gesicht in die Kameras.

Nicht eine Falte im Gesicht, war bestimmt Stammkundin beim Neumann, aber schon komisch, dass die gleich mit einem Anwalt hier auftaucht.»

«Abwarten, was die zu sagen hat, ich denk mal, es könnte sein, dass die mit dem Wunderknaben ein Verhältnis hatte … apropos, was gibt das Privatleben des Verblichenen so her?»

«Klassischer Typ von Lebemann, tanzte nahezu auf allen Hochzeiten, ähnlich wie die Wegener, gehobene Kreise, das *who is who* der Münchner Schickeria. Mitglied im Tennisclub *Rot-Weiß* und im angesagtesten Golf Klub, alles Rotarier, wie er selbst, also wenn Sie mich fragen, passt die Lorenz in diese illustre Runde, wie eine Weißwurst zu Austern und Kaviar.»

Berger stößt sich vom Schreibtisch ab und rollt zum Aktenschrank, den niedrigen mit den Rolltüren auf dem die Kaffeemaschine steht und füllt seinen Becher.

«Sie könnten recht haben, Berger. Seit der Scheidung von diesem Opernsänger ist sie mehr und mehr im gesellschaftlichen Niemandsland verschwunden. Muss damals ein herber Schlag für sie gewesen sein, bei den Premieren nicht mehr in der ersten Reihe zu stehen und nur noch einfach Publikum zu sein. Mit ihrem Buch hat sie es auch nicht zurück in den Dunstkreis der Reichen und Schönen geschafft, vermutlich war Neumann ihre einzige Möglichkeit noch mal im

Leben Höhenluft zu schnuppern. Vermutlich wollte er einen Schlussstrich ziehen, wie immer diese Beziehung auch ausgesehen haben mag. Sie können sagen, was Sie wollen, die wusste was von ihm, wahrscheinlich liegt das schon Ewigkeiten zurück … weiß der Teufel. Die Beweisstücke hat sie gleich nach der Tat im Müllschlucker entsorgt und wir haben es vermasselt, schlichtweg vermasselt. Kein Mensch hat an diesen idiotischen Müllschlucker gedacht und jetzt ist es garantiert zu spät, schicken Sie noch mal die Spusi hin, sollen sich das Ding trotzdem vornehmen, vielleicht finden die ein paar Blutspuren oder Fingerabdrücke von der Lorenz oder einen verdammten Fussel von ihren Klamotten.»

«Alles klar …» Berger greift zum Telefonhörer. «Ach, der Staatsanwalt hat auch angerufen, wir sollen in alle Richtungen ermitteln.»

War ja nicht anders zu erwarten …, ätzt es in Ingo Klauke, … der hätte am liebsten einen bestialischen Mörder, wittert die Chance sein Konterfei auf den Titelblättern bewundern zu können, eitler Fatzke … «Sagen Sie mal, Berger, wann wollte die Wegener denn hier antanzen?»

Berger schaut auf seine Armbanduhr. «Vor zehn Minuten etwa.»

Das letzte Wort ist gerade verklungen, da senkt sich die Klinke und die Tür öffnet sich. Erst einen Spalt, dann wird sie förmlich aufgestoßen.

«Sind wir hier richtig im Büro der Mordkommission?», fragt die wohlklingende, sonore Stimme des dunkelgrauen Maßanzuges mit den friedhofsblonden, perfekt frisierten Haaren.

«Kommen Sie herein. Ich vermute mal, Frau Wegener und Rechtsbeistand!?»

Ingo Klauke mustert die Frau in dem perfekt geschnittenem Leinenkostüm, dessen Farbe ihn an das Wasser vor karibischen Stränden erinnert und er fragt sich, wie seine Frau Margit darin aussehen würde.

Natalie Wegener setzt sich auf den Stuhl direkt vor Ingo Klaukes Schreibtisch, ohne eine Aufforderung abzuwarten. Ihr vornehmer Anwalt tritt neben sie und streckt Klauke die Hand entgegen.

«Darf ich mich vorstellen, Hellmann, ich vertrete Frau Wegeners Interessen.»

Der Händedruck ist fest, energisch, jedoch ohne einen Anflug, sein Gegenüber schon bei der Begrüßung niederringen zu wollen.

Ingo Klauke lächelt unverbindlich.

Hellmann baut sich ein wenig nach links versetzt hinter seiner Klientin auf.

«Ich möchte noch einmal ausdrücklich darauf hinweisen, dass meine Mandantin aus freien Stücken hier ist. Sie möchte eine Aussage bezüglich des Abends machen, an dem der unglückliche Dr. Neumann ermordet wurde. Und ich wiederhole, äußerste Diskretion, meine Mandantin möchte sich nicht auf einer Titelseite wiederfinden.» Seine rechte Hand schwebt über

Frau Wegeners linker Schulter.

Klauke räuspert sich, «Nun denn, was haben Sie uns zu berichten?»

«Ich weiß gar nicht, wo ich anfangen soll ...», sagt die Frau.

«Am besten damit, wann und wo Sie Neumann an dem bewussten Abend gesehen haben.»

Frau Wegener schlägt die Beine übereinander, das rechte über das linke und ihre knochigen Hände, die in einem seltsamen Kontrast zu dem nahezu makellos glatten Gesicht stehen, zupfen am Rocksaum.

Ingo Klauke vermutet, dass sie längst bei einem neuen Botox-Doktor in Behandlung ist.

«Dr. Neumann war ein phantastischer Arzt und Mensch. An jenem verhängnisvollen Abend war er meine Begleitung beim Empfang des Ministerpräsidenten, später sind wir noch auf einen Cocktail ins Broadway gegangen. Es war ein rundum gelungener Abend. Gegen 24 Uhr, das kann ich aber nicht mit Bestimmtheit sagen ... also ich würde nicht beschwören, dass es exakt 24 Uhr war, ich führte gerade ein anregendes Gespräch, ist er plötzlich verschwunden. Ich ärgerte mich, dass er sich einfach so sang- und klanglos aus dem Staub gemacht hat, ohne sich von mir zu verabschieden, also bin ich später in der Nacht, so gegen zwei Uhr noch bei ihm vorbeigefahren, um ihm zu sagen, was ich von solch einem Benehmen halte. In dieser Nacht hat es in Strömen geregnet und wie ich so im Wagen sitze und darüber nachdenke, dass es eigentlich albern ist, was ich da vorhabe, er könnte schließlich schon schlafen und was muss er denken, wenn ich mitten in der Nacht bei ihm auftauche?» Die Wegener blinzelt Klauke an, der nickt verständnisvoll und stellt fest, dass ihr Gesicht offensichtlich noch nicht vollständig gelähmt zu sein scheint.

Berger fühlt sich übergangen, wie das fünfte Rad am Wagen.

«Da geht plötzlich eine dunkle Gestalt auf das Haus zu, richtig unheimlich, sage ich Ihnen …»

Ingo Klauke beugt sich nach vorn und faltet die Hände, als wolle er beten. «Was war denn an der Person so unheimlich?»

«Na hören Sie mal!» Ihre Stimme klingt entrüstet. «Wer treibt sich denn nachts, um diese Uhrzeit, auf der Straße herum und das bei diesem Wetter!? Und wie der angezogen war … wie ein Mönch, Sie wissen schon, so eine lange Kutte, mein Chauffeur kann alles bestätigen, was ich sage.»

Ingo Klauke ist irritiert, just in diesem Augenblick ist seine Theorie, die eigentlich noch keine richtige war, zum Teufel.

Berger, der aufmerksam zuhört, grinst in sich hinein.

«Wie meinen Sie das? Sie haben eben *Er* gesagt, warum glauben Sie, dass es ein Mann war?»

«Wenn Sie mich so fragen … Sie wollen es aber ganz genau wissen», jetzt klingt sie pikiert, als würde sie annehmen, man wolle ihr eine Lüge unterstellen. «Es war stockfinstere Nacht und der Regen, ich könnte es nicht beschwören … aber ich meine schon, dass es ein Mann war …» Sie macht eine Pause, scheint zu grübeln, das Gesicht weiterhin ohne Leben, «Jetzt, wo ich darüber nachdenke, bin ich eigentlich sicher, dass es ein Mann war, aber wie gesagt, ich würde darauf keinen Eid ablegen.»

Ingo Klauke lehnt sich in seinem Stuhl zurück und seufzt lautlos. Der Tag ist für ihn gelaufen, endgültig.

Auen-Garten

Endlich hat die Staatsanwaltschaft den Widerstand aufgegeben, in zwei Tagen ist Haftprüfungstermin und wenn die nicht mit spektakulären neuen Erkenntnissen aufwarten, muss ihre Mandantin aus der Untersuchungshaft entlassen werden.

Justine Dambach blinzelt in die Sonne und trinkt einen Schluck Maracuja-Saft, während ihre rechte Hand in der voluminösen Umhängetasche nach der Sonnenbrille sucht. Hier in dem kleinen Biergarten unweit der Isar-Auen lässt es sich aushalten. Sie genießt den Blick auf eine sattgrüne, vom letzten Schauer dampfende Wiese, hinter rostigem Draht, gespannt zwischen von Wind und Wetter gebleichten Holzpfählen. Und wenn sie ganz still ist, den Atem anhält und die Augen schließt, hört sie das ferne Rauschen der Isar. Es war nicht nur eine gute Idee, es war schlichtweg ein Genialschlag, Sabrina Jansen spontan vorzuschlagen, sich im *Auen-Garten* zu treffen. Sie atmet tief ein und schmeckt die würzige Luft, die ihr nach dem tagelangen Regen rein und klar scheint, als wären auch die letzten Feinstaubpartikel herausgewaschen. Ein wenig entspannen, wann hat sie schon mal die Gelegenheit dazu?.

«Tut mir leid, dass ich mich etwas verspätet habe, immer diese Staus», reißt sie Sabrina Jansens Stimme aus ihrer Entspannung. «Wirklich schön hier. War 'ne gute Idee.» Sie besetzt den freien Stuhl und lächelt ihr Gegenüber an.

«Ich hatte einfach das Gefühl, ich bräuchte natürliches Grün», murmelt Justine.

Die Schritte der Kellnerin knirschen auf dem Kies.

Sabrina Jansen bestellt Stilles Wasser, Justine Dambach einen weiteren Maracuja-Saft.

«Es ist eigentlich viel zu idyllisch, um über berufliche Dinge zu sprechen, aber, was sein muss, muss sein ...» Ein Seufzer und Justine denkt, dass die Jansen eine Auszeit mindestens genauso dringend braucht, wie sie selbst.

Die Kellnerin, gekleidet in enge Jeans und weiße Bluse, um den Hals trägt sie ein rotes Halstuch mit weißen Punkten, stellt die Getränke auf den Tisch, den Bon legt sie neben Justines Glas.

«Ich will gleich zur Sache kommen. ... tut mir leid, dass ich es so eilig habe, aber ich habe nachher noch einen Klienten ...» Sabrina Jansen schaut auf ihre Uhr.

Justine Dambach hebt erstaunt die Augenbrauen, schließlich war es Sabrina, die unbedingt etwas besprechen wollte, persönlich, nicht am Telefon. «Tut mir leid, wenn ich das gewusst hätte, hätte ich natürlich nicht so einen abgelegenen Treffpunkt vorgeschlagen.»

«Nein, nein, mach dir keine Gedanken, passt schon.» erwidert Sabrina. «Ich will bloß schnell zur Sache kommen, um dann noch ein bisschen zu relaxen.» Sie trinkt einen Schluck Wasser. «Was hältst du von deiner Mandantin, glaubst du, sie ist unschuldig?»

Justine starrt Sabrina ungläubig an, wie ein Atheist, der glaubt, soeben Zeuge einer Marienerscheinung gewesen zu sein.

«Ich dachte, du wärst mir bei der Klärung dieser Frage behilflich!»

«Eigentlich ist es ein Armutszeugnis, das ich mir selbst ausstellen muss, aber um die Wahrheit zu sagen, ich komme dieser Frau einfach nicht nahe.» Wieder ein Schluck Wasser. «Obwohl sie während unserer Sitzungen die intimsten Dinge preisgibt, wirkt sie distanziert, als spräche sie über das Leben eines anderen Menschen, ich darf keine Details erzählen, lediglich über Schlussfolgerungen sprechen. Mein Urteil schien bis vergangene Woche festzustehen, eine exaltierte Frau, einem romantischen Liebesideal fast verfallen, dem sie trotz einer langen Kette von Enttäuschungen noch immer nachhängt, weit verbreitet, wenn auch bei ihr in extremer Ausprägung, wenn auch nicht weiter beängstigend. Dann erzählte sie mir von dieser Beziehung zu einem Kerl, den sie immer nur *den Mann* nannte. Es war schon verblüffend, denn alle anderen verflossenen Partner nannte sie mit

Namen, überhaupt scheinen die Beziehungen zu Männern alle anderen Lebensbereiche zu dominieren, sogar ihre berufliche Entwicklung, wenn ich es mal so nennen darf, steht weit dahinter zurück, wird eher beiläufig gestreift. Was sie mit diesem Mann durchlebte, war ein überaus traumatisches Erlebnis und sie berichtete darüber mit einer bemerkenswerten Detailversessenheit, dass mir der Atem stockte. Aber dabei, wie ich schon erwähnte, distanziert, als wäre das alles einer anderen Frau passiert.» Sie macht eine Pause und leert das Glas in einem Zug. «So ein Erlebnis kann einen Menschen entscheidend verändern.»

«Willst du damit sagen, dass sie es getan haben könnte…?»

«Tja, das ist es eben. Ich kann gar nichts sicher sagen, meine Begegnungen mit ihr hinterlassen bei mir den Eindruck, als wäre von ihr alles exakt geplant, Teil einer Inszenierung, in deren Mittelpunkt sie steht, sie ganz allein, Hauptdarsteller und Regisseur in einer Person. Nun, das sagt eigentlich nicht viel, sonst müssten alle egomanisch Veranlagten potentielle Mörder sein, was mir wirklich Sorgen macht, ist dieses traumatische Erlebnis, über das sie mit soviel Distanz berichtet. Es könnte natürlich sein, dass sie es auf eine andere Person übertragen hat, die sie selbst geschaffen hat, eine Person die nichts mehr mit ihr, Liliana Lorenz, zu tun hat.»

«Du redest von Schizophrenie, wenn mich

nicht alles täuscht und dieses andere *Ich* könnte natürlich auch den Mord begangen haben, liege ich da richtig?»

«Um ehrlich zu sein, ich weiß es wirklich nicht, sie zeigt keinerlei Symptome einer klassischen Schizophrenie.»

«Kann sein, dass ich deine Aussage vor Gericht gar nicht brauche, die Beweislage ist dünn, ich würde sogar sagen, äußerst dürftig, fraglich, ob es überhaupt zur Anklage kommt und unter uns gesagt, ich traue Frau Lorenz nicht zu, das perfekte Verbrechen begangen zu haben.»

«Täusch dich da mal nicht. Wie dem auch sei, ich wollte dich nur über den Stand der Dinge informieren. So, und nun ein wenig Entspannung.» Sabrina Jansen lehnt sich zurück und schließt die Augen. Auch Justine Dambach genießt die Sonnenstrahlen und sitzt entspannt auf ihrem Stuhl.

«Tut mir leid, ich muss los. Danke, dass du das übernimmst!» Sie deutet auf das leere Glas, ihre Autoschlüssel klimpern.

Justine Dambach nickt. «Wir telefonieren, muss das erstmal sacken lassen und wenn es doch zum Prozess kommen sollte, muss ich dich von der Schweigepflicht befreien.»

Dann ist Justine Dambach wieder allein in diesem idyllischen Biergarten unweit der Isar-Auen, allein mit ihren Gedanken und sie wundert sich, dass sie Sabrina Jansens Schritte im Kies nicht gehört hat, weder als sie kam, noch als sie ging.

Was diese Frau so alles treibt

Es ist ein reines Wohngebiet, verkehrsberuhigte Zone, rot gepflastert, Häuser zusammengewachsen wie siamesische Zwillinge, links und rechts flankiert von Carports mit spitzgiebeligen Dächern, auf braun gebeizten Kanthölzern, handtuchschmale Vorgärten, der Rasen kurz geschoren, sattes Grün, als wäre es künstlich.

Unmöglich hier jemanden zu beschatten, ohne aufzufallen, spätestens nach einer halben Stunde würde irgendeiner die Bullen rufen und denen stecken, dass da ein verdächtig aussehender Kerl herumlungert. Zum Glück ist es eine Sackgasse und so parkt Tillmann Ressel, die Motorhaube Richtung Innenstadt, auf der Hauptstraße, wenige Meter vor der Kreuzung, sodass er, wenn der rote Mini seiner Zielperson am Stoppschild hält, mühelos in den fließenden Verkehr einfädeln kann. Und sollte sie die andere Richtung einschlagen, was er nicht für sehr wahrscheinlich hält – denn, wer hier draußen, in diesem Mittelklasseghetto lebt, den zieht es zwangsläufig in die Stadt - muss er eben ein halsbrecherisches Wendemanöver riskieren.

Die Hitze ist zurück, feucht und drückend. Ressel wischt sich den Schweiß von der Stirn und setzt sich die Wasserflasche an den Hals, die in die Ritze zwischen Rückenlehne und Sitzfläche des Beifahrersitzes gerollt ist - aus den Lautsprechern in den Türen plätschert nostalgischer Pop der 80iger Jahre.

Dürfte eine eher langweilige Angelegenheit werden, dafür leicht verdientes Geld und der Auftrag kam im richtigen Augenblick, er konnte spüren wie Aiko innerlich aufatmete, als er den Vorschuss auf den Tisch blätterte. Sie lächelte ihn an und er konnte in ihren Augen lesen, dass er ein wenig ihres Respekts zurückgewonnen hatte. Nachdenklich betrachtet er das Blumengeschäft auf der anderen Seite. Das Haus steht etwas zurückgesetzt, sodass vor dem Eingang und den Schaufenstern ein kleiner Vorplatz Raum bietet für eine alte Parkbank, die sorgfältig aufgearbeitet wurde - das Metallgestell ist schwarz gestrichen und das Holz frisch gebeizt – und zwei hohe weiße Stehtische auf denen allerlei bunte Sträuße und Topfpflanzen dekoriert sind. Er spielt mit dem Gedanken Aiko einen Strauß roter Rosen zu kaufen, was anderes fällt ihm nicht ein. Frauen, denen man sich nahe fühlt, schenkt man eben rote Rosen. *Nah fühlen*, das ist es, was er zulässt, maximal, er meidet das Wort *Liebe*, weigert sich, es zu denken oder gar auszusprechen, es hat so etwas Endgültiges, als würde er sich ausliefern, nicht mehr er selbst sein, ja, es würde gar drohen, ihn zu verschlingen. Mit Blumen kennt er sich sowieso nicht aus, Tulpen, klar oder eine Orchidee, die würde er noch erkennen, aber sonst? Weiß der Teufel, wie lange er hier noch warten muss, vielleicht passiert auch gar nichts und die Frau bewegt sich den ganzen Tag nicht aus dem Haus, dann lassen die Rosen garantiert die Köpfe hängen und Aiko wird annehmen, er hätte sie irgendwo an der Kasse eines Supermarktes gekauft.

Also bleibt er in seinem Glutofen auf vier Rädern sitzen und wartet, wischt sich den Schweiß von der Stirn, trinkt lauwarmes Mineralwasser und raucht, was den Mund trocken werden lässt und das Verlangen nach immer mehr Wasser steigert. Was, wenn er pinkeln muss? Etwas weiter die Straße hinunter hat er eine Kneipe gesehen und was, wenn just in diesem Moment die Frau des Staatsanwalts an ihm vorbeirauscht?

«Quatsch ...», brummt er, «...ich muss nicht pinkeln, schwitz ich alles aus ...»

Seine Gedanken kreisen. *Wäre doch echt cool, wenn ich mein Dasein als Einzelkämpfer beenden und bei einer der großen Sicherheitsfirmen anheuern würde oder,* die Idee überfiel ihn heute Morgen, beim prüfenden Blick in den Spiegel, nach der Rasur: *warum nicht als Angestellter für den Justizapparat arbeiten?* Hier kommt von Blucher ins Spiel und

Ressel weiß, dass er den Job so perfekt, so diskret abwickeln muss, dass der sich ihm verpflichtet fühlt. Und was wird er schon vermissen im Dienste der Rechtspflege, seine Freiheit und ein Leben voller Spannung, Abenteuer und Luxus?

Er grinst, wirft die leere Plastikflasche auf den Boden und steckt sich eine neue Zigarette an.

Madonna trällert 'Material Girl'.

Der rote Mini rollt an die Kreuzung und der Kopf einer dunkelhaarigen Frau, das Gesicht, durch eine riesige Sonnenbrille reduziert auf ihre zierliche Nase und den rotlackierten Mund, dreht sich langsam von links nach rechts.

Tillmann Ressel startet den Wagen und legt den ersten Gang ein.

Der rote Mini schlüpft in die Lücke in der wartenden Reihe zwischen einem anthrazitfarbenem Golf und einem silbernen Opel Astra. Dahinter Tillmann Ressel in seinem grauen Audi A4, Diesel, altes Modell, 186.000 Kilometer.

Der Fahrtwind erfrischt ihn und überrascht stellt er fest, dass nervöse Unruhe, so etwas wie Jagdfieber, von ihm Besitz ergreift. Er folgt der Frau durch den dichten Verkehr und es scheint, als würde sie ihn führen, und wenn er fürchtet, sie zu verlieren, stoppt sie bei Gelb an der Ampel und gibt ihm die Chance wieder aufzuschließen. Eine Weile folgt sie dem Verlauf der Bundesstraße, dann biegt sie links in eine enge Gasse ab und zwängt ihren Wagen in die letzte freie Lücke eines Kundenparkplatzes vor einem hässlichen Flachdach-Funktionsbau.

Ressel rollt vorbei, ignoriert das Halteverbot und hält hinter einem schwarzen BMW M5. Er eilt zurück, hofft, dass sich keine Politesse in die Nebenstraße verirrt und sieht gerade noch, wie die Frau in dem leichten Sommerkleid, die letzte Stufe der schmalen Freitreppe erreicht, die hinauf zur angebauten Laderampe führt und hinter der gläsernen Eingangstür unter dem kitschig geschwungenen, roséfarbenen Neonschriftzug *Body & Soul* verschwindet.

Seine Schritte werden langsamer, bis er schlendert und entsetzt stellt er fest, dass die lausigen fünfzig Meter forciertes Tempo Herz und Puls in Rage versetzt haben. Er knurrt: «Kein Wunder bei den Temperaturen ...», wischt den Schweiß von der Stirn und nimmt sich vor, in Zukunft etwas mehr auf seine Kondition zu achten. Abrupt macht er auf dem Absatz kehrt, trottet zu seinem Wagen zurück, öffnet die Beifahrertür und zerrt sein hellgraues Jackett von der Rückbank. Es hilft alles nichts, er muss sich den Laden aus der Nähe ansehen, könnte sein, dass sie sich hier mit dem Kerl trifft.

Tillmann Ressel ist perplex, regelrecht sprachlos, dieses beeindruckende, futuristische Schickimicki-Foyer hätte er nicht, hinter der tristen Fassade des Kartons aus Betonplatten, in dem früher bestimmt Druckmaschinen ratterten und Plakate, Werbeprospekte und ähnliches ausspuckten, erwartet. Weiß, alles weiß, raumlos und Spiegel, jede Menge Spiegel. Eine Couch, Dreisitzer, cremeweiß, zwei Sessel, ebenfalls cremeweiß, Leder oder Lederimitat, dazwischen ein einfacher quadratischer Tisch, elfenbeinfarben. Auf dem lichtgrau gekachelten Boden stehen drei prächtige Phoenixpalmen in weißen Übertöpfen. Hinter dem Empfangstresen, bis zum Bauchnabel verdeckt, wartet eine Blondine mit Hochfrisur, ganz in Schwarz, körpernahes Schwarz.

Unwillkürlich streicht er die Haare zurück, presst sie an den Schädel, mit beiden Händen. Die Blondine sagt nicht ein Wort, weder Hallo, Guten Tag oder Was kann ich für Sie tun. Zögernd geht er auf sie zu und ihm fällt auf, dass sie perfektes Make-Up trägt, die Wangen zart, wie ein frischer Pfirsich, der volle Mund kirschrote Aufforderung, öffnet sich ein wenig, entblößt perlweiße Zähne und als er vor ihr steht, sagt eine erstaunlich energische Stimme: «Hier haben nur Frauen Zutritt.»

«Schon gut, schon gut …», stammelt er und obwohl die Klimaanlage für erfrischende Kühle sorgt, sammeln sich Schweißtropfen zwischen seinen Stirnfalten.

Sie lässt ihn schwitzen, schaut ihn nur an, aus kristallblauen Augen.

«Wie soll ich sagen …, eine Freundin meiner Frau hat ihr das *Body & Soul* empfohlen … Nun ja, sie hat mich gebeten ihr einen Prospekt mitzubringen, wenn ich in der Nähe bin … ich bin doch richtig hier?»

Nicht der Anflug eines Mienenspiels, kein Heben der Augenbrauen oder Zucken der Mundwinkel verrät, ob sie ihm die Geschichte abnimmt, nur diese hübsche, unverbindlich freundliche Maske. Ihre manikürte rechte Hand verschwindet unter dem Tresen und taucht mit einer dünnen Broschüre wieder auf.

«Hier finden Sie alles Wissenswerte über unseren Club», sagt der rote Mund, sonst verzieht sie keine Miene. «Aber momentan sind alle Kurse ausgebucht und die Warteliste ist lang … sehr lang.» Jetzt lächelt sie und ihr Lächeln ist abschätzig.

Ressel verstaut den bunten Prospekt in der linken Brusttasche, knurrt, «Danke, ich weiß Bescheid …», dreht sich um, zögert einen Augenblick und fragt, «Sie verkaufen nicht zufällig kalte Getränke, nehme auch 'n Energy-Drink …»

«Nicht hier, zum Mitnehmen … aber in der Lounge … doch wie gesagt.»

«Schon klar, hab verstanden … Zutritt nur für Frauen.»

Am Himmel stauen sich Wolken, dunkelgraue fressen hellere und formieren sich zu einem düster drohenden Gebirge, das die Sonne unter sich begräbt.

Sicher wird sie wenigstens eine Stunde da drin bleiben. Die Blondine sagte was von Kursen, meist dauert so was 45 Minuten, obwohl sie es einem als Stunde verkaufen, dann wird sie duschen, nimmt er wenigstens an, aber vielleicht will sie auch nur in der Lounge eine Freundin treffen. Seine Schritte werden schneller, er ist durstig, muss seine Wasservorräte auffrischen. Zehn Minuten bleiben ihm bestimmt, selbst wenn die Frau Staatsanwalt in großer Eile ist. Mit jedem Meter, den er sich weiter vom Objekt der Observation entfernt, wächst sein Unbehagen. Was, wenn sie es sich anders überlegt, die Freundin nicht erschienen ist oder sie sich im Streit voneinander getrennt haben? Nicht auszudenken, wenn er sie verlieren würde. In der Hoffnung ein Geschäft zu finden, biegt er in die nächste Querstraße. Nun gut, er könnte irgendwas Unverfängliches in seinen Tagesbericht schreiben, doch was, wenn von Blucher seine Frau fragt, was sie den lieben langen Tag getrieben hat und in seinem Bericht liest er was ganz Anderes … peinlich, höchst peinlich und den Auftrag könnte er vergessen. Auf der anderen Straßenseite entdeckt er einen türkischen Lebensmittelladen. Er hastet über die Straße - in seinen Schläfen hämmert der Puls – und murmelt beim Überschreiten der Türschwelle ein flüchtiges: «Hallo.»

Sein Blick wieselt durch den Raum und

entdeckt neben einem Regal, gefüllt mit allerlei ordentlich übereinander gestapelten Konservendosen, Wasserflaschen im Sechser-Gebinde.

Die Frau vor ihm scheint alle Zeit der Welt zu haben, behutsam, als wären es kostbare Juwelen, hebt sie Tomaten, Zucchini, Auberginen, Zwiebeln und zwei Knollen prächtigen Knoblauch aus dem blauen Plastikkorb und legt sie auf den Verkaufstresen. Der junge Mann an der Kasse schiebt das Gemüse auf die Waage und kritzelt Zahlen auf einen Block, dann tippt er auf der Kasse herum. Die Frau verstaut die Einkäufe in einer grünen Plastiktüte und bezahlt 10 Euro 25.

Das Wasser für vier Euro fünfzig hängt wie Blei an seinem rechten Arm und schlägt beim Gehen immer wieder gegen sein Bein. Sein schwarzes T-Shirt klebt am Körper und unter den Achselhöhlen sammelt sich Schweiß.

Der BMW ist verschwunden, der rote Mini steht noch an seinem Platz. Er schiebt den Six-Pack auf den Beifahrersitz, klemmt sich hinters Steuer, wischt mit dem Jackenärmel die Stirn trocken, zerrt eine Flasche aus der Verpackung, schluckt hastig wie ein Verdurstender und richtet dabei den Rückspiegel so aus, dass er den Parkplatz im Auge behalten kann.

Er schaut auf die Uhr und ärgert sich, dass er keine Zeitung gekauft hat – ist eben aus der Übung, früher war er auf Beschattungen bestens vorbereitet, hatte im Winter sogar immer eine Thermoskanne mit heißem Tee dabei und natürlich ein Buch, denn die meiste Zeit verbringt man mit Warten, nervenzehrendem, nicht enden wollendem Warten. Meistens las er Kurzgeschichten, Detektivgeschichten, am liebsten die von Dash Hammett und Raymond Chandler und mitunter hat er sich gefragt, ob Hammett, der ja bekanntlich einige Jahre für Pinkerton gearbeitet hatte, auch eigene Erlebnisse in den Storys verarbeitet hat.

25 Minuten, jetzt ist sie 25 Minuten da drin, todsicher hat sie einen dieser Kurse gebucht und er überlegt, ob es seiner Aiko in so einem geschniegelten Club, exklusiv für Frauen, auch gefallen würde. Vielleicht wäre es von Vorteil, wenn sie dort auch einen Kurs buchen würde, als Maulwurf sozusagen, so was wie seine Mata Hari. Immerhin, könnte doch sein, dass der mysteriöse Kerl dort als Trainer arbeitet. Er fingert den Folder aus der Brusttasche.

Jede Menge zähnefletschende Models, perfekt gewachsen, blond, brünett, eine Rothaarige ist auch darunter, alle posieren an futuristischen Trainingsgeräten, dann ist da noch die Lounge; eine chromblitzende verspiegelte Bar und im eigenartigen Kontrast dazu plüschige Sessel und Kanapees, die niedrige, runde Couchtische umklammern und unten rechts, eingeklinkt, rot, Angebote für Kurse: Tai-Chi, Jiu-Jitsu, Kickboxen und individuelles Coaching, was immer das sein mag – Termine an der Rezeption.

Sicher, Aiko hätte ihren Spaß, aber natürlich muss er erst von Blucher überzeugen, schließlich wären das zusätzliche Kosten. Energisch stößt er die Wagentür auf, steigt aus und streckt sich, als hätte er gerade mehrere hundert Kilometer Autobahnfahrt hinter sich gebracht, dann schlendert er gemächlich zum Kundenparkplatz vor dem Fitness-Center, fischt seine Digitalkamera aus der Jackentasche und fotografiert die Fassade mit rotem Mini, den Wagen separat, dass man das Nummernschild lesen kann.

Plötzlich öffnet sich die Tür des Clubs und Tillmann Ressel stellt fest, dass diese Frau weiß Gott kein Fitnesstraining nötig hat. Noch immer verbirgt sie ihr Gesicht hinter der riesigen, dunklen Sonnenbrille und über ihrer rechten Schulter baumelt eine quietschgelbe Hängetasche. Sie dreht den Kopf ein wenig nach links, dann nach rechts, als wäre sie unschlüssig, wohin sie ihre Schritte führen sollen, obwohl nur ein Weg bleibt, die Treppe hinunter zu ihrem Auto.

Ressel kratzt sich am Kinn, seufzt und schüttelt den Kopf, als wäre ihm just im Moment eingefallen, dass er etwas Wichtiges vergessen hat. Er dreht sich um und geht gemessenen Schrittes zurück zu seinem Wagen.

Wohl doch kein Kurs … er startet den Motor,

sein Blick klebt am Rückspiegel. Verdammt, hat sie vergessen zu blinken oder blinkt sie links?

«Mist, muss es denn sein!» Er schlägt das Lenkrad scharf ein, rasiert bei seinem Wendemanöver den Bordstein und hofft inständig, dass seine Alufelgen nichts abbekommen haben. An der Kreuzung ist er drei Wagenlängen hinter ihr.

Sie führt ihn nach Schwabing in ein Parkhaus, dritte Etage.

Er hastet durch das Treppenhaus und als sie aus dem Fahrstuhl tritt, dreht er sich zum Ticketautomaten und kramt in seinen Hosentaschen nach Kleingeld.

Es herrscht dichter Nachmittagsverkehr und die Autos rollen kaum schneller über den heißen Asphalt, als hastig ihrem Ziel entgegen eilende Fußgänger, die große Mühe haben, den Parcours aus bummelnden Müßiggängern und Touristen ohne zeitraubende Zusammenstöße hinter sich zu bringen. Marianna von Blucher schwimmt mit, im Strom der Gehetzten und windet sich mit geschickten, elegant aussehenden Körperdrehungen an plötzlich auftauchenden Hindernissen vorbei.

Ressel folgt dem geblümten Kleid, dessen Saum bei jedem Schritt die Kniekehlen streichelt - das ovale Rückendekolleté, stellt einen Leberfleck auf dem rechten Schulterblatt zur Schau.

Vor einer Ampel versperrt ihm eine Gruppe Asiaten den Weg, er nimmt an, es seien Japaner. Sie starren, die Rücken gebeugt, auf einen Stadtplan und diskutieren anscheinend darüber, welchen Weg sie einschlagen sollen. Die von Blucher huscht beim letzten Schimmer Grün über die Straße. Ressel hastet los, trifft einen Japaner an der Hüfte, hofft, dass die Karenzsekunden reichen, um es unbeschadet über die Straße zu schaffen und entkommt in letzter Sekunde einer metallicblauen Kühlerhaube.

Vor einem Straßencafé werden ihre Schritte langsamer, sie zögert einen Moment, trödelt weiter, passiert ein paar Tische und sieht sich um, als würde sie nach einem bekannten Gesicht Ausschau halten. Ihre Suche scheint erfolglos, sie setzt sich an einen freien Tisch.

Tillmann Ressel findet seinen Platz im Schatten eines übergewichtigen Pärchens, beide sind mit einem gewaltigen Eisbecher und sich selbst beschäftigt.

Er bestellt einen Cappuccino und zahlt sofort.

Marianna von Blucher wirkt nervös, auch wenn er ihre Augen nicht sehen kann, er liest es aus der Körpersprache, dem verhaltenen Nippen an ihrem Glas, den kaum merklichen Kopfbewegungen. Immer wieder schaut sie auf die Uhr.

Plötzlich huscht erleichtertes Erkennen über ihr Gesicht, der Oberkörper richtet sich auf und signalisiert gespannte Erwartung.

Eine Frau tritt an ihren Tisch, die Haare dunkelblond, durchsetzt von einem Hauch Rot, nicht soviel, dass man sagen könnte, sie wäre rothaarig, eben nur ein schwacher Schimmer, sie trägt einen apfelgrünen Hosenanzug, der seidig glänzt, beugt sich hinunter und deutet einen Wangenkuss an, links und rechts, dann setzt sie sich auf den freien Stuhl und zeigt Ressel ihr Profil.

Sie wirken vertraut, wie alte Freundinnen, die sich auf einen Plausch verabredet haben. Dann sieht es so aus, als würde die Unbekannte eindringlich auf Marianna von Blucher einreden, wobei sie gestenreich mit den Händen herumfuchtelt, was die Bedeutung des Gesagten wohl unterstreichen soll.

Tillmann Ressel spielt mit seinem Handy und macht ein paar Fotos, man weiß ja nie …

Er stutzt, sein Daumen klebt auf dem Auslöser.

Die von Blucher holt einen weißen Umschlag aus der Tasche, schaut sich verstohlen um und schiebt ihn über den Tisch. Wie beiläufig senkt sich die Hand der Frau im Hosenanzug über das Kuvert, sie steht auf und bei Gott, Ressel kann es beschwören, dass er nicht eine Handbewegung gesehen hat, doch der Tisch ist leer, als wäre er soeben Opfer einer Sinnestäuschung geworden.

Küsschen links, Küsschen rechts.

Sah wie eine konspirative Geldübergabe aus. Er verstaut sein Handy in der Tasche. Die Aufnahmen könnten Gold wert sein. Vielleicht wird sie ja erpresst, die Frau Staatsanwalt und er ist einer wirklich dicken Sache auf der Spur. Und während er spekuliert, welch dunkle Geheimnisse Marianna von Blucher zu verbergen sucht, ist diese aufgestanden und geht zielstrebig auf den an der Straßenecke gelegenen Taxistand zu. Ressel schreckt hoch, eilt ihr nach und steigt in das nächste Taxi.

«Folgen Sie dem Wagen ...»

Der Fahrer dreht sich um und brummt: «Was glauben Sie, wie lange ich schon darauf warte, dass jemand so was zu mir sagt ...»

«Reden Sie nicht ... fahren Sie zu ...»

«Schon gut, schon gut ...»

Der Wagen rollt an.

«Sie sind doch kein Stalker oder so was? Nicht, dass ich mich strafbar mache ...»

«T'schuldigung. Verstehe, was Sie meinen», stammelt Ressel und stellt eine betroffene Miene zur Schau, falls der Fahrer in den Rückspiegel sehen sollte. «Bin noch ganz durcheinander ... meine Frau ...»

«Ach, so ist das ...», brummt der Taxifahrer, er spürt männliches Mitgefühl für seinen Fahrgast, der wie ein Häufchen Elend auf der Rückbank sitzt, «Sagen Sie nichts ... Ich weiß, ich weiß ...» er quält einen tiefen Seufzer aus der Brust. «Mit den Frauen ist es nicht immer einfach, manchmal führen die einen regelrecht an der Nase herum.» Die Finger seiner rechten Hand verkrallen sich in dem dunklen, krausen Haarpelz. «Lassen Sie sich nichts gefallen … etwa ein anderer Kerl?»

Ressel brabbelt was Unverständliches, keine Worte, lediglich gutturale Laute, einem Grunzen nicht unähnlich.

Der besorgte Fahrer deutet verschämte Zustimmung und hält den Mund, was soll er dem armen Mann auch raten, sieht ganz so aus, als habe der schlechte Karten.

Das beschattete Taxi stoppt vor einem Haus in der Adolph Kolping Straße. Ressels Taxifahrer hält drei Blocks weiter, er dreht sich um und sieht gerade noch, wie Marianna von Blucher in einem Hauseingang verschwindet.

Er belohnt die stumme Loyalität des Fahrers mit einem großzügigen Trinkgeld, der revanchiert sich mit einer noch großzügigeren Quittung und wünscht ihm viel Glück, dabei zwinkert er mit dem rechten Auge.

Nachdenklich studiert Ressel die Namen auf der Klingelleiste. Da gibt es eine Immobilienverwaltung R. Gerhardt, IT-Solutions (ohne Namen), Wahine Im- und Export, die True-Invest Vermögensverwaltung und Vita Novus, was immer sich auch dahinter verbergen mag.

Es ist eine dieser Klingeln und jemand hat sie hereingelassen. Der Im- und Export und IT-Solutions dürften ausscheiden, bleiben also noch die Immobilienverwaltung und die True-Invest und natürlich Vita Novus. Er holt tief Luft korrigiert den Sitz seines Jacketts und startet bei den Immobilien, keine Resonanz, auch die Finanzverwalter zeigen keinerlei Interesse an neuem Vermögen, aber vermutlich arbeiten die nur mit vorher vereinbarten Terminen. Er versucht sein Glück in der Computerbranche und wider erwarten ertönt der Summer. Ressel drückt gegen die Tür und ruft: «Fahrradkurier, glaub, die Klingel bei Gerhardt ist defekt.»

Das Treppenhaus ist eng und trist, graue, schwarz gesprenkelte Steinstufen und ein Geländer, das in seiner Schlichtheit seinesgleichen sucht – zwei schmale Stahlbänder, alle 15 cm verbunden durch schnörkellose, daumendicke Stahlstäbe, windet sich nach oben. Den Handlauf umklammert schwarzes PVC, welches an einigen Stellen bereits brüchig ist. Die Luft schmeckt kühl und ein wenig modrig, als würden Schimmel und Schwamm das Mauerwerk allmählich zersetzen. In der Tat, nicht die erste Adresse für eine Firma, die etwas auf sich hält.

Stufe für Stufe steigt er nach oben und seine Schritte erscheinen ihm unnatürlich laut in der Stille. Kein Laut dringt durch die braun lackierten Türen, selbst auf der Etage des Sprachlosen, der den Summer betätigte, Nachbar des Wahine Im- und Export, Todesstille. Ein Stockwerk höher steht er vor einer weißen Tür, in Augenhöhe ein silbernes Schild, darauf, in schwarz:

Vita Novus

darunter in kleineren Lettern:

Institut für Lebenshilfe und spirituelle Erweckung

Termine nach Vereinbarung

Er weiß, er ist angekommen, das war ihr Ziel und eigentlich bräuchte er nur auf dem elfenbeinfarbenen Knopf im Zentrum der Mulde aus Messing drücken und die Tür würde sich öffnen und er würde unter irgendeinem Vorwand nach dem Namen des Leiters fragen und sein Job wäre erledigt.

Verdammt, nur ein Tag, ein lausiger, ereignisloser Tag … dröhnt es in seinem Schädel … lächerliche Fünfhundert … und während er langsam die Treppe hinuntersteigt, beschließt er, dass es das einfach nicht gewesen sein darf, er muss das Ergebnis seiner Ermittlungen nur geschickt verpacken und als er zurück in die drückende Schwüle taucht und die Tür hinter ihm ins Schloss fällt, steht seine Strategie.

Ein Hauch von Hollywood

Irgendwer hat's dem Boulevard gesteckt. Das Aufgebot an Fotografen und Reportern vor dem Gericht ist beeindruckend, sogar Teams der einschlägigen TV-Formate sind vor Ort.

Ein Leben lang hatte sie warten müssen. Die Ansammlung der Medienmeute gilt Liliana Lorenz, ihr ganz allein, nicht wie damals, als sie noch Frau Lombardi hieß und lediglich schmückendes Beiwerk war, immer ein wenig im Hintergrund lächelnd, sexy und sprachlos. Sie genießt den Auftritt, die Inszenierung, ihre Inszenierung und in diesem Augenblick weltferner Glückseligkeit wird die Treppe vor dem Gerichtsgebäude zur Bühne und im gefühlten Blitzlichtgewitter der Kameras, auf die wartenden Mikrofone zuschreitend, rückt der Umstand, dass sie gerade aus der Untersuchungshaft entlassen wurde, in weite Ferne.

«Kein Kommentar», haucht sie immer wieder, «Kein Kommentar.» Dabei zupfen die Finger der linken Hand an der weiten Krempe ihres Hutes, einem duftigen, beinahe ätherischen Gebilde aus weißem Tüll und Spitze, passend zu dem zart cremigen Chiffonkleid, das ihren Busen betont und die Problemzonen gnädig kaschiert. Ihre Augen sind verborgen hinter einer rosa Sonnenbrille mit beinahe schwarzen Gläsern, deren Gestell an die gewagten Kreationen der Fünfziger Jahre erinnert. Locker um den Hals gewunden trägt sie einen leuchtend roten Schal, ebenfalls Chiffon.

«Unschuld und Leidenschaft …», hatte sie gesagt, als sie von ihrer Anwältin ungläubig angestarrt wurde. «Ich kann doch nicht in Klamotten, die nach Knast riechen, vor die Presse treten? Wie sähe das aus!? Nein, das ist schon richtig so, ein Symbol. Ich bin unschuldig und werde leidenschaftlich für meine Freiheit kämpfen ...» *Wie ich es mein ganzes Leben lang getan habe,* vollendete sie den Satz, aber sie hat es nicht ausgesprochen, nur gedacht.

«Haben Sie Geduld …», mahnt Justine Dambach die aufdringlichen Journalisten, ihre Stimme ist durchdringend, wenngleich gelassen, «Zu gegebener Zeit wird sich Frau Lorenz Ihren Fragen stellen.»

Sie schiebt ihre Mandantin mit sanfter Gewalt in Richtung der schwarzen Limousine, vor der bereits ein Chauffeur in gedecktem Grau wartet, um im richtigen Moment die Wagentür aufzureißen. Jedes Detail exakt geplant, auf den ausdrücklichen Wunsch ihrer Mandantin.

«Sie muss uns gesehen haben. Ihre doofe

Sonnenbrille hat direkt zu uns rüber gestiert.» Entrüstet stößt Diana Enya den Ellenbogen in die Seite.

«Was erwartest du, für Liliana Weltberühmt zählen nur die Fotografen», zischt Antje, «Du weißt doch, wie sie ist. Morgen kauft sie garantiert alle Zeitungen, schneidet die Artikel aus und klebt sie in ein Album. Und der protzige Wagen! Ob der auch auf Pump gemietet ist?»

Liliana hat es wieder mal geschafft und Diana ist sicher, dass bei ihrer Vernissage und Buchvorstellung nicht mal halb so viele Leute von der Presse auftauchen werden. Sie kommentiert: «Was soll's, das war er, ihr großer Auftritt. Reden wir von was anderem. Komm, wir fahren in den Englischen Garten. Ich lade euch zu 'nem Bier ein. Hab gestern ein Bild verkauft.»

Liliana

So muss sich Liz Taylor gefühlt haben oder Maria Callas. Liliana Lorenz verschmilzt mit dem sanften cremefarbenen Ton des Conolly-Leders, Justine Dambach in ihrem geschäftsmäßigen dunkelblauen Hosenanzug, die neben sie auf die Rückbank gerutscht ist, wirkt da schon eher wie ein Fremdkörper, im lichten Interieur des *Fünfhunderteuro-pro-Stunde-Autos,* inklusive Fahrer, versteht sich.

Maria Callas, hätte sie bloß jetzt nicht an diese Frau gedacht, das ist der Wermutstropfen, ihre Achillesferse und egal, was sie erreichen wird, welchen Triumph sie auch erringen mag, es wird lediglich ein Abglanz dessen sein, was sie sich vom Leben erhofft hatte. Und was wird sie bekommen? Diese Warholschen fünf Minuten oder war es sogar eine Viertelstunde, Berühmtheit für jedermann, so 'ne Art McDonald's Prominenz? Sie wundert sich, dass sie in diesem Augenblick des Triumphes solch trübe Gedanken heimsuchen und in der Tat, es ist ein Triumph, sie braucht nur an den entgeisterten Gesichtsausdruck des Staatsanwaltes denken.

«Sie sollten sich freuen, Frau Lorenz. Noch sind wir nicht durch, aber ich denke, da wird nicht mehr viel kommen … hörte sich heute ganz so an, als hätte die Staatsanwaltschaft ihr Pulver verschossen.»

«Ach, wissen Sie, ich war ganz in Gedanken, da drin …», sie macht eine ruckartige Bewegung mit dem Kopf nach hinten, entschieden, als wolle sie damit sagen, in der lausigen Vergangenheit, dem Leben, das ich Gott sei Dank hinter mir gelassen habe, «… da drin, da hat man jede Menge Zeit zum Nachdenken … Sie wissen schon … Sonst bin ich vor lauter Leben gar nicht zum Innehalten gekommen, außer vielleicht, während ich an meinem Buch gearbeitet habe. Aber da ging es um die Geschichte und wie ich sie erzähle, nicht so sehr um mich, obwohl ich nicht leugne, dass da einige biografische Elemente eine Rolle gespielt haben. Macht es Ihnen etwas aus, wenn ich Sie an Ihrer Kanzlei absetze? Ich muss ein wenig allein sein. Im Gefängnis war ich zwar auch allein … aber …»

«Kein Problem, Frau Lorenz, ich finde es äußerst großzügig von Ihnen, dass Sie mich …» Jetzt lässt Justine Dambach das Ende des Satzes offen und räuspert sich.

Das klang spitz, als wäre ihre Anwältin verärgert. Ungehörig, findet Liliana, für sie sind die Rollen klar verteilt, sie bezahlt die Dambach und folglich hat sie sich jede Unmutsäußerung, wenn auch unterschwellig, zu verkneifen. In der Folge wird's frostig im geräumigen Fond der

Stretchlimousine, man schweigt sich an, bis zum förmlich korrekten Abschied.

Natürlich hat sie die Frauen erkannt, Enya, Antje und Diana, aber was hätte sie tun sollen, zu ihnen gehen, die ganzen Fotografen im Schlepptau? Und dann, dann wären auch sie herausgetreten aus der Masse der Namenlosen, würden profitieren von ihrer, Lilianas Popularität, außerdem hätte man ihnen Fragen gestellt, woher sie sich kannten, was sie miteinander verbände.

Sie hält inne und genießt die Münchner Stadtansichten. Eigenartig, dieser sanft getönte Blick auf die Stadt, majestätisch über den Asphalt gleitend, prominent und anonym zugleich. Jeder, der den Wagen sieht, wird sich fragen, welche Berühmtheit sich wohl hinter den blickdichten Scheiben verberge. Während der Wartezeiten an Ampeln und Zebrastreifen betrachtet sie die Menschen, Männer und Frauen, Kinder und Greise, studiert deren Gesichter, verzagte oder fröhlich gestimmte und diese Leute da draußen, scheinen ihr wie Chimären aus einer anderen Welt, Bewohner eines Universums der banalen Notwendigkeiten, eines banalen Lebens.

Doch wenn sie ehrlich ist, gab es Situationen in ihrem Leben, Momente der Verzweiflung, nie nach außen getragen, da wünschte sie sich nichts sehnlicher, als ein normales Leben, an der

Seite eines ganz normalen Mannes, der eifrig seine Karriere verfolgt, in einem stinknormalen Reihenhaus mit Garten und zwei Mal wäre es fast Wirklichkeit geworden. Die Ehe mit Enrico und die beinahe Ehe mit Johann.

Es wäre perfekt gewesen. Johann war ein gebildeter, liebenswerter Mensch, ein ausgesprochener Philan-throp, förderte als Galerist junge Künstler und er liebte sie und Liliana liebte ihn. So wie Liliana eben lieben konnte, immer ein wenig den eigenen Vorteil im Blick. Johann war keine Schönheit, um die Taille ein wenig füllig, seine Stirn zierte eine Halbglatze, aber er war geistreich und charmant, alles in allem ein Mann, der eine Frau in den sicheren Hafen der Ehe führt und liebevoll umsorgt. Johann ist nicht tot, zumindest nicht physisch, doch seit diesem grässlichen Unfall ist er einfach nicht mehr er selbst, der alte Johann ist ausgelöscht, wie gestorben. Es ist Jahre her, dass sie ihn das letzte Mal gesehen hat, vielleicht ist er mittlerweile tatsächlich tot.

Sie schüttelt den Kopf. Genug der lähmenden Reminiszenzen, ihr hat das Schicksal eben etwas anderes zugedacht und sie ist sicher, dass das Beste, der krönende Höhepunkt, wenn sie so will, ihre Bestimmung, bald erreicht sein wird.

«Fahren Sie zum Käfer», ruft sie und zupft an rotem Chiffon.

Frieda lässt die Peitsche tanzen

Frieda brütet über den Unterlagen zu ihrem Psychologie-Studium, da sie im nächsten Monat ihre Prüfung bestehen will, sonst muss sie diesen Job als Domina noch ein weiteres halbes Jahr durchziehen. Aber, wenn sie ehrlich zu sich selbst ist, macht ihr das Auspeitschen der Männer enormen Spaß und sie hat am Anfang verblüfft festgestellt, dass sie feucht geworden war, ja richtig geil wurde und selbst einen Orgasmus herbeisehnte.

Sie schmunzelt. Um 23 Uhr hat sie ihren nächsten Auftrag. Sie steckt die Flogger, einen Gagball und die Lederfesseln ein, um gut vorbereitet zu sein. An dieser Adresse war sie noch nie gewesen. Sie bemerkt ein Kribbeln im Bauch und freut sich schon, den nächsten Klienten übers Knie zu legen.

Ein Hausmädchen öffnet die Tür. *Noble Adresse und tolles Haus,* denkt Frieda.

«Bitte treten Sie ein!»

Frieda folgt dem Mädchen, das sie in ein Kellergewölbe führt, eine gepolsterte Tür öffnet und sich sodann schnell entfernt.

Frieda erfasst die Situation mit einem Blick.

Ein Folterkeller, wie aus dem Bilderbuch tut sich vor ihren Augen auf. Andreaskreuz, Fuckbench, Streckbank, Ringe, Peitschen, Fesseln, Augenbinden an den Wänden und eine große Spielwiese, die mit rotem Samt bezogen ist.

«O, lala, eine Ménage à trois!»

Im Bett liegt der Mann nackt und gefesselt auf dem Bauch. Arme und Beine stecken in Ledermanchetten, die am Bett befestigt sind. Eine Frau sitzt auf einem Stuhl in einer Ecke und trägt eine atemberaubende Unterbrustkorsage, dazu schwarze Seidenstrümpfe und hochhackige Pumps. Lässig trägt sie einen roten Kimono über ihren Schultern. Ihr Körper ist sehenswert. Kleine runde Brüste mit steifen Nippeln, eine zarte Taille und lange, schlanke Beine.

Frieda schluckt. Das hatte sie noch nie. Jetzt muss sie improvisieren.

«Mein Mann war sehr unartig. Ich möchte, dass du ihn hart bestrafst! Nimm die Singletail von der Wand! Wir sind Emma und Paul!»

Frieda nimmt besagte Peitsche von der Wand in die Hand und lässt das Ende durch die Luft sausen. Ein pfeifender Ton ist zu hören. *Sie wird ordentlich weh tun,* denkt Frieda.

«Auf die Knie und den Po schön hoch!», befielt sie.

Paul gehorcht.

«Höher den Po!», und setzt den ersten Schlag. Zähl mit! Du bekommst 20 Schläge!»

Sie hat keine Eile. Langsam und genüsslich lässt sie die Singletail auf Pauls Hintern herab, um sofort danach einen derb sitzenden Schlag zu platzieren.

Ein Hieb nach dem anderen schlagen wie Blitze ein und Paul beginnt zu schreien und Frieda beobachtet, wie sich sein Glied aufstellt. Mit jedem Schlag mehr. Emma ist dazu gekommen und streichelt ihrem Mann den Rücken, was ihn fast wahnsinnig macht.

Sie setzt sich vor seinen Kopf und schiebt ihren Unterleib unter sein Gesicht, sodass er nur noch atmen kann, wenn er sie leckt. Er saugt und leckt und Emma beginnt zu stöhnen.

«Schlag weiter! Er ist geil!»

Paul bemüht sich, seine Frau immer weiter zu treiben, weiter auf einen erfüllenden Orgasmus zu, der nicht lange auf sich warten lässt. Mit einem brünftigen Schrei bricht der Orgasmus wie ein Vulkan aus ihr heraus.

Sie atmet heftig und kommt langsam zur Ruhe.

«Du darfst aufhören!»

Emma dreht ihren Mann um und Frieda sieht Pauls riesigen Phallus, der steil nach oben steht.

«Schlag mich mit der Flogger!», befiehlt Emma.

Frieda tauscht die Peitschen aus. Sie lässt die Flogger durch ihre Hand gleiten, weiches, schwarzes Leder.

Emma hat Paul Wäscheklammern an seine Nippel geklammert, was ihm einen gequälten Schrei entlockt und lässt sich auf den Liebesschwengel niedergleiten, nimmt ihn ganz in sich auf und beginnt ihn zu reiten.

«Schlag meinen Po und mach ihn schön rot, das macht mich so geil, wenn ich ihn reite!»

Fast zärtlich schlägt Frieda die Flogger.

«Fester!»

Und Frieda schlägt, fester und fester, und während die Frau ihren Mann reitet, schwingt Frieda die Peitsche. Emma galoppiert richtiggehend und kommt immer mehr in Fahrt.

Hieb um Hieb platziert sie auf dem Po der schönen Emma.

Das Paar steigert sich immer mehr und mehr in ihrer Lust und beide explodieren gleichzeitig in einem wahnsinnigen Orgasmus.

Beinahe zärtlich streicht die Frau mit ihren langen, rot lackierten Fingernägeln über Pauls nackte Brust und entfernt die Wäscheklammern. Sie blickt ihm tief in die Augen und lächelt ihn verführerisch an. Ihre knallrot geschminkten Lippen glänzen.

Unvermittelt fährt Frieda ihre Krallen aus, ihre Fingernägel kratzen über Pauls empfindliche Haut. Rote Striemen sind inzwischen zu sehen. Trotz seinem Schmerz verzieht er keine

Miene, nur sein Körper erschauert unter seiner ungemeinen Erregung.

Paul möchte Emma küssen. Sie jedoch hält ihn davon ab. Mit einem Finger schließt sie seine Lippen. Er will nach ihr greifen, aber die Fesseln hindern ihn daran, mit denen er angekettet ist. Enttäuscht stößt er seine Luft aus. Erneut will er protestieren, doch Emma legt ihm wieder einen Finger auf die Lippen. Mitleid mit ihm kennt sie nicht. Sie greift zu einem Gagball, der etwas abseits liegt, presst den Ball in seinen Mund und schließt die Schnalle an seinem Hinterkopf. Nun ist er zu keiner Lautäußerung mehr fähig.

«So ist es viel besser», flüstert Emma in sein Ohr. Mit ihrer Zunge gleitet sie über Pauls Wange. Zärtlich kitzelt sie mit der Spitze das Innere der Ohrmuschel und umkreist sie am äußeren Rand. Sie weiß genau, was ihr Sklave am liebsten mag und wie sie ihn dazu bringen kann, alles für sie zu tun. Seine Gänsehaut und die aufgestellten feinen Härchen an seinen Unterarmen zeigen Emma deutlich, wie er ihre Zärtlichkeiten genießt. Als sie unvermittelt von ihm ablässt, blickt er sie enttäuscht an.

«Bring mir die Rute und die Kerze!»

Frieda geht zu dem kleinen Sideboard, auf dem einige Kerzen aufgestellt sind, zündet sie an und eine übergibt sie Emma. Danach löscht sie das Deckenlicht.

Im schummrigen, flackernden Kerzenschein erscheint die Szenerie des Raumes beinahe gespenstisch. Paul weiß nicht, was ihn erwartet.

«Warst du auch ein artiger Paul?», fragt sie den Gefesselten und blickt ihm direkt in die Augen.

Paul nickt nur darauf.

«Hast du auch nicht heimlich gewichst?», wird sie nun etwas direkter und greift nach seinem erigiertem Penis.

Wieder nickt Paul nur. Doch seine betretene Miene entlarven seine Schummelei.

«Ich muss dich also nicht bestrafen? Oder etwa doch, du Schelm?»

Die Vorstellung, von Emma bestraft zu werden, erregt ihn ungemein. Deshalb nickt er heftig mit dem Kopf. Er will von ihr alles, was sie ihm geben kann, auch Schmerzen. Er kennt und liebt dieses Spielchen und lässt sich immer wieder gerne darauf ein.

Emma weiß das natürlich, deshalb lässt sie Paul weiter zappeln. Statt ihn die Rute spüren zu lassen, übergießt sie ihn mit heißem Wachs, und verabreicht ihm einen spielerischen Schlag auf den Oberschenkel und wendet sich ab.

Mit aufreizenden Bewegungen deutet sie einen erotischen Tanz an, greift dabei zum Gürtel ihres roten Kimonos und lässt diesen elegant zu Boden gleiten. Gekonnt lässt sie ihre Hüften schwingen, lässt sie kreisen und rotieren wie eine Bauchtänzerin. Ihre Brüste wippen im Takt mit.

Wie eine Fee schwebt Emma durch den Raum. Ihre tänzelnden Schritte unterstreicht sie noch mit Handbewegungen. Dabei spielt sie mit ihrer Rute. Paul kann es kaum mehr aushalten, erregt reibt er seine Schenkel aneinander.

Schlagartig bleibt Emma vor ihm stehen. Tief blickt sie ihm in die Augen.

«Was soll das!», herrscht sie ihn an.

Paul hält ihrem Blick stand, seine Atemnot und der Knebel hindern ihn an einer Antwort.

«Bring mir die Reitgerte!», befiehlt Emma und Frieda beeilt sich, ihr diese Peitsche zu bringen.

Paul zuckt nur leicht zusammen, als die Peitsche ihn schmerzhaft am Oberschenkel trifft, doch sein Blick spricht Bände. Die Gerte in Emmas Hand hat einen unstillbaren Wunsch in ihm erweckt. Er sehnt sich danach, von ihr gezüchtigt zu werden.

«Tut es weh?», fragt Emma scheinheilig. Auf seine Antwort lauernd, schaut sie den Gefesselten an.

«Ich habe dich was gefragt!», fährt sie ihn nach einigen Sekunden an. Es klatscht erneut, die Gerte trifft Pauls anderen Oberschenkel. Diesmal stößt er einen gequälten Seufzer aus. Nur *mein Gott, ist das geil,* schießt ihm durch den Kopf. Am liebsten hätte er herausgeschrien, wie sehr er Emma begehrt. Doch er beherrscht sich und hofft, auf alles gefasst, auf weitere Hiebe.

Zu seiner Enttäuschung lässt Emma von ihm

ab. Sie dreht sich weg und beginnt erneut zu tanzen. Paul fallen beinahe die Augen aus dem Kopf, als er die lasziven Bewegungen seiner Domina sieht. Ihre Hände gleiten über ihren Körper, ihre Brüste, die kleinen Nippel werden gestreichelt. Erst ganz zart, dann etwas heftiger. Demonstrativ greift sie sich zwischen die Beine und sieht Paul dabei frech grinsend an.

Emma treibt ihr obszönes Spiel noch weiter, ihre Zunge spielt um den Knauf ihrer Gerte, umkreist das dicke Ende des Griffs wie die Eichel eines Mannes.

Paul hätte am liebsten aufgeschrien. Wie kann sie ihm das antun! Warum nur liebkost sie dieses blöde Teil und lässt ihn mit seiner Sehnsucht allein!

Emma weiß genau, wie sie ihren Paul zur Ekstase treiben kann. Als sich Emma umdreht und sich bückt, kann Paul nur noch auf ihren wohlgeformten Hintern starren, dem sich beinahe endlos lange Beine in schwarzen Strümpfen anschließen.

Fasziniert beobachtet Frieda dieses Spiel. Es erregt sie. Noch nie war sie bei einem Klienten so geil.

Emma bringt nun die Reitgerte ins Spiel. Das Ende mit dem Griff schiebt sie zwischen ihren Schenkeln hindurch. Lasziv bewegt sie die Gerte hin und her, zieht sie durch ihre Spalte, stimuliert damit ihren Kitzler. Beim Anblick, wie Emma den Handgriff sogar ein Stück weit in ihre Grotte eindringen lässt, seufzt Paul gequält auf. Dass sie nicht nur spielt, sondern sich dabei an den Rand eines Orgasmus treibt, ist unschwer an ihren lustvollen Lauten zu erkennen. Verdächtig glänzen die Innenseiten ihrer Schenkel von den schleimigen Spuren ihres reichlich fließenden Nektars. Genaueres kann er leider nicht sehen, so sehr er es sich auch wünscht. Es ist einfach zu dunkel im Zimmer.

Paul entfährt bei diesem Anblick ein Stöhnen, wenn man das Gurgeln, das durch den Knebel hervorkommt, als Stöhnen deuten kann. Sein Schwanz richtet sich noch mehr auf. Die Ansicht Emmas erregt ihn ungemein. Er versucht, seine Erregung zu beherrschen, doch es gelingt ihm nicht. Emmas Körpersprache sagt ihm alles. Am liebsten würde er seine Geilheit laut hinausschreien, über sie herfallen und sie vögeln, dass ihr Hören und Sehen vergeht. Er weiß, sie will es genauso wie er. Nur warum sie ihn noch immer derart quält, versteht er nicht.

Emma und Frieda haben natürlich längst erkannt, wie es um Paul steht. Emma richtet sich auf, dreht sich um und tritt an Frieda heran. Eng schmiegt sie sich mit ihrem heißen Körper an den ihrigen. Sie küsst Frieda und Frieda steigt in das Spiel ein. Ihre Zungen wirbeln durcheinander und die Hände erforschen den Körper des jeweils anderen. Fest pressen sie ihre Unterleibe zusammen und tanzen langsam.

Für Paul ist das eine Qual. Er will sich losreißen, doch Frieda und Emma schütteln unisono den Kopf, führen ihren erotischen Tanz fort. Wie auf ein geheimes Zeichen lösen sie sich voneinander und setzen sich rechts und links von Paul aufs Bett.

Emma stülpt ihren Mund über Paul Erektion und beginnt seinen Schwanz zu blasen. Langsam und genüsslich saugt sie an ihm und beginnt ihn rhythmisch mit ihrem Mund zu reiten.

Frieda streichelt derweil Emma den Rücken, was sie mit einem zufriedenen Seufzen quittiert.

Mit einem gurgelnden Schrei entlädt sich Paul in Emmas Mund und Emma schluckt alles bis auf den letzten Tropfen.

Friedas Auftrag ist beendet und sie fährt mit einem Taxi nach Hause. Der Job hatte sich gelohnt und die Miete für den nächsten Monat war gesichert.

Ihr Handy piepst.

Treffen uns um elf Uhr morgen im Honschu Inn.

Was diese merkwürdige Frau mit dem Hut wohl von ihr will?

Verwicklungen

Im Büro des Staatsanwalts trifft man sich zum Krisengipfel. Die Atmosphäre ist angespannt und obwohl jeder der Anwesenden das Desaster kommen sah, sitzt er tief, der bittere Stachel der soeben erlittenen Niederlage.

Die Sekretärin stellt ein Tablett mit einer silbern schimmernden Thermoskanne heißen Kaffees, drei weißen Porzellantassen samt Untertellern, einem Kännchen Milch, einer Zuckerdose und einer Plastikdose voller Süßstofftabletten, in der Taille symbolhaft schmal, auf den Besuchertisch und zieht sich diskret zurück.

Von Blucher wahrt mühsam eine zur Schau gestellte Gleichmütigkeit, doch sein Innerstes, seine Gefühlswelt gleicht einem brodelnden Vulkan. Unruhig wandert er vor seinem Schreibtisch auf und ab.

«Sie können sich vorstellen, wie die Schlagzeilen morgen aussehen!?» Er unterbricht seine rastlose Wanderung.

Ingo Klauke hebt seinen Hintern ein wenig aus dem, seiner Meinung nach, unbequemen Sessel - entweder die Lehne klemmt unter seinen Achselhöhlen oder seine Arme sind eingeklemmt und er muss die Hände wie ein Pennäler brav auf die Knie legen – greift nach der Kanne und füllt eine Tasse mit dampfendem Kaffee.

Berger, sein Assistent, der gut einen Kopf größer und schlanker ist, als sein Chef, hat keine Probleme mit dem modernen Sitzmöbel, ihn plagen ganz andere Sorgen, er denkt an seine Karriere und dass dieser Fall, weiß Gott, keine Empfehlung für eine Beförderung ist.

«Der Oberstaatsanwalt dürfte auch nicht glücklich darüber sein, gelinde ausgedrückt. Ich will Ihnen ja nicht zu nahe treten, aber mich würde schon interessieren, was Sie den lieben langen Tag so treiben?»

Jürgen Berger fürchtet zu erröten. Ingo Klauke setzt die Tasse ab, der Löffel schlägt gegen die Tasse.

«Werden Sie nicht zynisch, Herr Staatsanwalt. Auch wenn Lili Mertens heute aus der Untersuchungshaft entlassen werden musste, bin ich nach wie vor davon überzeugt, dass sie die Mörderin ist, aber wir können uns die Beweise nicht schnitzen. Immerhin, am Müllschlucker wurden Blutspuren gefunden. Spuren des Opfers.»

«Ihre Überzeugung in allen Ehren …» Von Blucher stolziert zum Fenster und starrt hinaus. «… und verstehen Sie mich bitte nicht falsch, ich habe großen Respekt vor Ihrer Erfahrung …» Nachdenklich betrachtet er den zäh fließenden grauen Brei, der aus dem Betonmischer quillt und grübelt, dass, wenn sie jetzt dort unten eine Leiche im Fundament entsorgen würden, diese verschwunden sein wird, nicht bis in alle Ewigkeit, aber zumindest, bis sie irgendwann in ferner Zukunft das Haus abreißen. «Wo war ich stehen geblieben?» Er dreht sich um, blickt erst Klauke an, dann Berger. «Ach ja, dieser Neumann war doch eine überaus schillernde Figur ... gibt es da keine andere Spur? Was ist mit dem Kokain? Wer war sein Dealer? Was hatte er noch für Kontakte? Mit wem pflegte er gesellschaftlichen Umgang? Freunde, Feinde, jeder hat Feinde, besonders in diesen Kreisen ...»

Jürgen Berger glaubt sein Stichwort sei gefallen. Er räuspert sich und sein Oberkörper nimmt Haltung an.

«Neumann hatte Verbindungen bis hinauf in die Staatskanzlei, aber ich denke mal, da wird sich keiner exponieren. Wer wird schon gerne in eine Mordermittlung verwickelt, genauso verhält es sich mit seinen Drogenkontakten, wenn auch aus anderer Motivation. Sexuell scheint er mehrgleisig gefahren zu sein. Wir haben auch ein Video auf seinem Computer entdeckt, ich würde sagen, das war 'ne okkulte Geschichte ... könnte sein, dass er Mitglied eines Geheimbundes war. Aber da sind wir noch keinen Schritt weiter. Interessant ist in diesem Zusammenhang ein Text, den wir auf dem Notebook der Lorenz entdeckt haben. Scheint sich um einen Romanentwurf zu handeln oder ein Kapitel mit dem Titel *Hieros Gamos, das Geheimnis einer Loge,* da geht es um rituellen Sex, weiß nicht … aber kann schon sein, dass das irgendwas miteinander zu tun hat …»

«Sie glauben also, der Mord könnte was mit so einem Geheimbund zu tun haben?»

«Wie gesagt, dafür gibt es keine Beweise, genauso wenig wie für die Schuld der Lorenz …»

«Nun kriegen Sie sich wieder ein, Berger», knurrt Klauke, «Marika Mertens haben wir neben der Leiche gefunden, mit der Tatwaffe in der Hand und hätten wir nicht einen anonymen Tipp erhalten, wäre sie auf und davon gewesen. Wir haben es mit einer äußerst gerissenen Person zu tun, denken Sie nur an das Mördergeschmiere … sollte uns auf eine falsche Fährte locken … klar, der Neumann hatte schon das eine oder andere Verfahren wegen Pfusch am Bau, wenn ich mal so sagen darf, aber die wurden alle niedergeschlagen. Wir haben alle Betroffenen überprüft, von denen kommt niemand in Frage. Die haben alle ein Alibi für die fragliche Zeit. Selbst, wenn das eine oder andere angezweifelt werden könnte, die meisten von ihnen haben geschlafen, drei, davon zwei Frauen um die Vierzig, allein. Aber bei denen gibt es keinerlei weitere Verdachtsmomente. Nein, nein, sie war's und sie hat es bis in Kleinste geplant. Stellen Sie es sich vor. Sie überrascht Neumann, betäubt ihn, schlüpft in einen dieser Schutzanzüge, die unsere Jungs von der KTU am Tatort tragen. Dann begeht sie die Tat, bekritzelt den Spiegel und entsorgt die blutverschmierten Klamotten im Müllschlucker, aber wie es momentan aussieht, können wir es ihr nicht nachweisen.»

«Na, na, mein lieber Klauke, hört sich ganz plausibel an», unterbricht von Blucher, der sich mittlerweile hinter seinem Schreibtisch verschanzt hat, «aber es gibt da schon einige Ungereimtheiten. Was ist mit diesem anonymen Anrufer, so weit ich mich erinnere, korrigieren Sie mich, wenn ich falsch liege, wissen wir noch nicht einmal, ob es ein Mann oder eine Frau war oder die Bekenner-Mails … was ist damit?»

«Da bin ich mir noch nicht sicher, aber der anonyme Anrufer, das kann sie auch selbst gewesen sein, es war ein unregistriertes Handy und der Anruf kam aus der gleichen Funkzelle, in der auch Neumanns Appartement liegt, sie könnte aber auch Komplizen haben, wobei ich auf eine Frau tippe und das Motiv? Verletzte Eitelkeit, es sind schon Leute aus lapidareren Gründen getötet worden und die Mertens ist ausgesprochen egozentrisch …»

«Nicht, dass Sie sich da verrennen, wir müssen allen Spuren mit der gleichen Sorgfalt nachgehen ... was ist mit der Sonne auf dem Bauch des Opfers … also, und die Sache mit dem abgetrennten Glied …»

«Alles Taktik, auch eins ihrer Ablenkungsmanöver … ich sagte ja, die Frau ist clever, höllisch clever!»

«Wie gesagt, bringen Sie mir Ergebnisse, was nützt uns eine Täterin, wenn wir es nicht zur Anklage bringen können!»

Damit betrachtet er die Unterredung als beendet.

Jürgen Berger grinst in sich hinein, Ingo Klauke ist nun mal halsstarrig, muss wohl am Alter liegen, außerdem kann's dem alten Sack egal sein, der ist bald in Pension. Sicher, die Lorenz ist in die Sache verwickelt, aber anders als Klauke denkt, er hat da noch was im Petto, von dem sein Chef nichts ahnt. Neumanns E-Mail Schriftwechsel mit einer gewissen Rosalie hat ihn stutzig gemacht. Es geht darin um jede Menge esoterischen Kram und den Sinn des Lebens, den Weg zum wahren Selbst, die ultimative Liebe und bedingungslose Hingabe und immer wieder war von einem Markus Faller die Rede, der ihr den rechten Pfad weisen kann. Er wird der Sache nachgehen, rausfinden, wer diese Rosalie ist und mit ihr reden.

Verwirrungen

Der Herr Kommissar und sein Assistent lassen einen äußerlich gefassten, aber innerlich zutiefst verwirrten von Blucher zurück. In welchen Strudel ist er da geraten? Seine Ermittler sind ratlos, der Oberstaatsanwalt sitzt ihm im Nacken und nach dem Auftritt der Lorenz dürfte der Fall morgen wieder in aller Munde sein und dann erzählt ihm dieser Ressel, dass seine Frau ein dubioses Institut Namens Vita Novus aufsucht und irgend welchen Mumpitz in esoterischen Zirkeln treibt und dass da wohl auch eine Verbindung zu einem exklusiven Fitness-Club nur für Frauen besteht. Man hat schon jede Menge gehört, von Sekten, denen schwache Charaktere zum Opfer fallen und seine Marianna als potentielles Opfer!? Und wenn er mit ihr darüber reden will, sagt sie nur, dass er nichts davon versteht, keinen Sinn für Spiritualität hat. Der ketzerische Gedanke schleicht sich ein, dass es wesentlich unkomplizierter wäre, wenn sie eine Affäre mit einem anderen Mann hätte. Tillmann Ressel soll sich da einschleusen, wie er es vorgeschlagen hat. Wird einen Haufen Geld kosten, die Seminare sind nicht billig, er wird einen der Goldbarren opfern müssen, die ihm sein Onkel Hubert vermacht hat, waren eigentlich für den Notfall gedacht, aber wenn das jetzt kein Notfall ist, wann dann? Er seufzt, laut, anhaltend, Ausdruck tiefster Resignation und wünscht sich zurück, in seinen Gerichtssaal, zu seinen jugendlichen Delinquenten, jeden Tag neue Gesichter, mindestens drei.

Offenbarungen

Vier Tage sind vergangen, seit sie im Fokus der Objektive ihren spektakulären Auftritt hatte, sechsundneunzig quälend leere Stunden. Den ersten Abend allein in ihrer Wohnung saß sie vor dem Fernseher, ein Glas Sekt in der Hand und hechelte in den Boulevardmagazinen nach Dreißigsekundenschnipseln Medienpräsenz. Sie fühlte sich geschmeichelt, als die weibliche Stimme aus dem Off sagte, *die Autorin Liliana Lorenz* und ärgerte sich, dass ihre Anwältin länger im Bild war.

Am nächsten Morgen, noch ein wenig verkatert, dennoch perfekt gestylt – sie trug einen legeren Hosenanzug, fliederfarben, die hochgesteckten Haare verbarg sie unter einem zart violetten Sommerhut mit ausladend geschwungener Krempe und die farblich abgestimmte Sonnenbrille tarnte rot unterlaufene Augen – kaufte sie sämtliche Morgenzeitungen und war enttäuscht, dass sie es in keinem der Blätter zu mehr als einer Randnotiz gebracht hatte. Immerhin mit Foto, auf dem es so aussah, als würde sie ihren Hut festhalten, damit er ihr nicht im nächsten Augenblick vom Kopf geweht werde. Danach starrte sie wie hypnotisiert das Telefon an, wählte ihre eigene Nummer, nur um sicher zu gehen, dass ihr Handy nicht defekt ist und war enttäuscht, als es über die Tischplatte vibrierte. Alles in ihr drängte danach, sich zu veröffentlichen, einem anderen Menschen von ihrer Zeit in der Haft zu erzählen, von den seltsamen Frauen, denen sie begegnet war, doch keine Menschenseele rief an, keine Interview Anfrage, niemand wollte etwas von ihr wissen, nicht mal eine ihre sogenannten Freundinnen oder gar flüchtigen Bekannten. Mehr als einmal zuckte ihre Hand zum Telefon, doch immer hielt sie inne - Dianas Nummer hatte sie schon zur Hälfte gewählt - nein, diese Blöße wollte sie sich nicht geben, immerhin war sie Liliana Lorenz, diejenige, die für die Schlagzeilen sorgte. Sie fühlte sich einsam und verlassen, trank Sekt, verfluchte die Welt und trank noch mehr Sekt, bis tief in die heiße Sommernacht.

Sie wählt die Nummer des Royale Eskorte und bestellt sich eine sexy Lady. Sie braucht heute Sex und es muss eine Frau sein. Sie konnte schon so lange ihre Bedürfnisse nicht befriedigen. Liliana heizt die kleine Sauna an.

Sobald die Fremde den kleinen Raum betritt ist ihr Interesse und ihre Neugier geweckt. Sie lächelt, fängt an zu erzählen ... Immer wieder wird neuer Dampf ausgestoßen, bis den beiden die Sicht genommen wird. Vorsichtig berührt die fremde Frau ihren Oberschenkel und tastet sich langsam an ihrem Körper entlang.

Ihre Berührung verursacht ein wohliges, elektrisierendes Gefühl und Lilianas Herz beginnt schneller zu schlagen. Es macht sie irgendwie unendlich heiß. Liliana drückt ihren Rücken durch. Spürt die warme Wand hinter sich.

Lilianas Mitte reagiert auf die unscheinbare Berührung und spürt, dass sie feucht wird. *Ich will mehr… Will mehr von ihr spüren.* Liliana streicht mit ihren Fingern kurz über ihren Oberarm. Und spürt jetzt die warmen Hände der fremden Frau auf ihren Schultern. Liliana schließt die Augen. Saugt den Duft der Kräuter ein. Genießt die zarten Bewegungen der Hände auf ihrer Haut. In kleinen Kreisen streichelt sie Lilianas Körper. Streift leicht mit ihren Fingernägeln über die Hautoberfläche. Ihre Nägel hinterlassen kleine, prickelnde Spuren überall, wo sie Liliana berühren.

Die Hände der Fremden tasten sich weiter vor, kneten sie zärtlich an den Brüsten und an der Taille. Arbeiten sich weiter vor über die Oberschenkel hin zu Lilianas pochender Mitte ... Sie lässt ihre Finger ganz unscheinbar darüber wandern. Liliana spreizt ihre Beine ein wenig ... Erlaubt ihr, die Haut noch intensiver zu berühren. Sie streichelt Liliana an ihrer heißen

Mitte. Umkreist sie sanft… *Oh verdammt! Wie geil!*

Ihre Hand umspielt immer wieder Lilianas empfindlichste Stelle. Fordert sie heraus. Die fremde Schöne kommt näher und beginnt, über Lilianas Haut zu lecken. Ihre warme Zunge verwöhnt ihren heißen Körper. Liliana vergräbt ihre Finger in ihrem Haar. Zieht ihr Gesicht noch näher zu sich heran. Die Bewegungen ihrer Finger werden schneller. Drängender. Sie umkreist mit ihrem Daumen diesen Punkt, der sich so gut anfühlt.

Jetzt gleiten ihre Finger etwas tiefer, streicheln und massieren Liliana von Innen.

Liliana möchte nun die Frau ebenfalls verwöhnen und streichelt mit ihren Händen über deren Körper, sucht die heiße Liebeshöhle und bewegt ihren Finger auf dem Kitzler. Wie schön sie stöhnt. Vorsichtig schiebt Liliana ihre Beine etwas weiter auseinander. Sie spüren sich gegenseitig. Im Rhythmus bewegen sich ihre Finger, und ihre Körper, werden drängender. Schneller. Sie erhöhen das Tempo. Versinken regelrecht in ihrer Ekstase und spüren, wie ihre Muskeln sanft pulsieren. Langsam zu zucken beginnen. Sie kommen mit einem lauten Stöhnen.

«Mir ist so heiß! Kommst du mit raus und trinkst ein Glas Champagner mit mir?» Liliana schaut die schöne Frau fragend an.

«Ja, gerne.»

Zuerst unter die kalte Dusche und dann schlüpfen die beiden Frauen in einen weichen, weißen Bademantel.

Liliana holt den Champagner und gießt zwei Gläser voll. Sie prosten sich zu und Liliana spürt, dass sie immer noch nicht genug hat, sie will mehr Sex.

«Hast du noch Zeit? Ich will mehr!»

«Bist du bereit, dich unterzuordnen? Dann bleibe ich noch ein wenig.»

Liliana schaut die Frau mit den unglaublich schwarzen Haaren und den schwarzen Augen irritiert an. «Willst du mich fesseln?»

«Ja.» Sie schnappt sich ihre Tasche und entnimmt Handschellen und Fußfesseln.

«Ich war noch nie gefesselt.»

«Dann lass dich überraschen und lasse es zu, dass jemand anderes die Macht über dich hat. Und nenn mich Herrin!»

«Jawohl, Herrin.» Liliana kichert, sie mag Rollenspiele.

Sie zuckt zusammen, als ihre Herrin mit der Spitze der Gerte ihr Bein nach oben wandert. Gänsehaut breitet sich auf ihrem Körper aus. Die schwarze Spitze gleitet über ihre Hüfte, seitlich an ihren Brüsten entlang und bahnt sich dann den Weg zu ihrem Rücken. Quälend langsam lässt sie die Gerte nach unten wandern, bis sie an ihrem Po angekommen ist. Die dünne Spitze fährt zwischen ihre Pobacken, kitzelt sie und ihre Brustwarzen werden hart. Dann, ganz plötzlich, verspürt sie einen schneidenden Schmerz. Sie hat ihr die Gerte mit einem zischenden Laut auf den

Arsch gehauen.

«Auuu», jammert sie und spürte direkt den nächsten Schlag. «Nur reden, wenn ich es dir gestatte», befiehlt sie erneut streng und Liliana nickt.

Sie legt die Gerte zur Seite und greift nach der Augenbinde. Kurze Zeit später sieht Liliana nichts mehr, alles um sie herum ist schwarz. Sie fühlt das kühle Leder, als sie ihr das mit Nieten besetzte Halsband um den Hals legt.

Sie könnte mich einfach töten und wegwerfen, fährt es ihr durch den Kopf, als sie ihrem Befehl, auf die Knie zu gehen, Folge leistet. Es klickt und sie hakt die silberne Leine in ihrem Halsband ein. Sie spürt den Zug, der ihr bedeutet, auf allen Vieren zu folgen.

«Wohin gehen wir, sieht das auch niemand?», fragt sie und bereute die Frage sofort wieder. Der Schlag, der dieses Mal auf ihrem Po zu fühlen ist, geht durch den ganzen Körper. Doch sie spürt nicht nur, dass ihr die Tränen in die Augen steigen, sondern auch, dass sie feucht zwischen den Schenkeln wird.

Was ist eigentlich los mit mir?, fragt sie sich und beginnt langsam dem Zug der Leine zu folgen. Vor einer Stunde noch hatte sie sich eine Frau für Sex bestellt und nun kriecht sie nackt an einer Leine durch ihre Wohnung. Etwas kann mit ihr nicht stimmen. Beinahe hätte sie aufgelacht, wenn sie nicht diese große Angst vor weiteren

Schlägen verspürt hätte.

«Dreh dich um und leg dich mit gespreizten Beinen auf den Boden.»

Liliana stöhnt und spürt, während sie sich auf den Rücken rollt, unter sich eine weiche Decke. Sie spreizt die Beine und wartet.

Kälte überflutet sie. Lauter kleine Einwürfel gleiten an ihrem Körper entlang. Jetzt spürt sie die Hände der Frau und entspannt sich. Irgendwie war es erregend, nach der heißen Saune, nun die Kälte und sie spürt ihre eigene Hitze in ihrer Mitte. Ausgiebig massieren sie die Hände und kommen dabei immer näher zu ihrer intimsten Stelle.

«Zieh die Knie an!», befiehlt die Herrin. Liliana gehorcht. Sie ist erregt und weiß nicht, was als nächstes kommt.

«Heb deinen Po!» Liliana gehorcht und spürt, wie ein dickes Kissen unter ihren Hintern geschoben wird.

Liliana schluckt, was passiert jetzt?

Ein Finger sucht sich den Weg zu ihrem Anus und stopft viel Salbe hinein. Das ist angenehm und Lilianas Erregung nimmt zu. Nichts zu sehen und sich auch nicht wehren zu können, das ist neu für Liliana und wartet gespannt, was ihre Herrin wohl jetzt vorhat.

Die Frau holt einen Plug aus ihrer Tasche und stößt ihn ruckartig in Lilianas Po. Liliana schreit. «Sei still!», herrscht sie die Frau an. Liliana spürt, dass die Frau an ihrer Klitoris saugt und dieses Gefühl macht sie geil. Je fester die Frau daran saugt, desto geiler wird sie.

Abrupt hört sie auf und Liliana wünscht sich so viel mehr. Die Frau entnimmt ihrer Tasche einen Phallus und führt ihn bei Liliana langsam in deren Liebeshöhle. Liliana stöhnt vor Erregung. Der Penis fühlt sich echt an und Liliana meint, ein Mann würde sie vögeln. Die Bewegungen der Frau werden immer schneller und Liliana wünscht sich einen Orgasmus herbei. Sie spürt ihn kommen ... Just in diesem Moment zieht die Frau den Lustschwengel aus ihr heraus und streichelt sie wieder. Liliana stöhnt. «Bitte mehr! Ich will kommen!»

«Sei still! Du sprichst nur, wenn ich es dir erlaube. Hast du das verstanden?»

«Ja!»

«Wie heißt das?»

«Jawohl, Herrin!»

«So ist es gut.»

Die Frau setzt sich auf Lilianas Gesicht. «Leck mich!»

Liliana bemüht sich, die Frau zu lecken. Sie saugt an ihrem Kitzler und lässt ihre Zunge um die Klitoris kreisen. Ihr Zungenspiel wird immer schneller und die Frau bekommt einen wahnsinnigen Orgasmus. Lilianas Gesicht wird von dem Liebeswasser der Frau ganz nass. Langsam lässt sie nun ihre Zunge im Jadetörchen der Frau kreisen und spürt, die verebbende Erregung.

Die Frau erhebt sich, beugt sich mit dem Kopf zu Liliana und küsst sie ausgiebig. Sie leckt die ganze Nässe von ihrem Gesicht, wandert mit ihrem Kopf nach unten und zeichnet eine heiße Spur auf ihrem Körper bis zu ihrer Yoni. Liliana spürt wieder den Phallus in ihrer Scheide und an ihrem Kitzler die Zunge der Frau. Sie wird schier verrückt vor Gier. Die rhythmischen Bewegungen bringen Liliana schnell zu einem Wahnsinnsorgasmus und sie schreit ihre Lust laut hinaus. Ihr Körper zuckt und windet sich, während die Erregung langsam nachlässt.

Die Frau nimmt Liliana die Binde und die Fesseln ab. «Jetzt würde ich gerne ein Glas Champagner trinken.»

***

Heute, die Fassade restauriert, ist sie auf dem Weg zu Sabrina Jansen, nicht gerade ein Vergnügen, diese Frau mag sie nicht und wäre da nicht das Damoklesschwert einer noch immer im Ungewissen schwebenden Mordanklage, hätte sie den Termin abgesagt. Dann fand sie die Einladung zu Dianas Vernissage und Buchvorstellung im Briefkasten und die Welt war wieder halbwegs in Ordnung.

Das Taxi stoppt vor dem Haus Nummer 20. Liliana bezahlt den Fahrer und steigt aus, sie hat sich spontan entschieden die letzten Meter zu Fuß zu gehen. Es ist ein wunderbarer Tag und sie schlendert im Licht- und Schattenspiel alter Platanen und für einen Augenblick fühlt sie sich leicht und beschwingt, wie das luftige Sommerkleid, das sie trägt.

Sabrina Jansen stellt die Augenbrauen steil. Sie hatte nicht damit gerechnet, dass Liliana Lorenz den Termin wahrnehmen würde und sie ist sogar fünf Minuten vor der Zeit, als könne sie es kaum erwarten. Sie tritt einen Schritt zu Seite und lässt ihre Klientin ein. Man wechselt die üblichen Begrüßungsfloskeln und Sabrina Jansen führt Liliana ins Arbeitszimmer.

Mit einem Blick erfasst diese den Raum, die bis zur Decke reichenden Bücherregale, den Jugendstil-Schreibtisch, *der würde wunderbar in meine Wohnung passen*, die geöffnete Balkontür, dahinter sattes grünes Laub, die lindgrüne Couch und den wuchtigen Ledersessel.

«Nehmen Sie Platz, Frau Lorenz. Ich freue mich, dass Sie zu unserer Sitzung gekommen sind.»

«Soll ich mich auf die Couch legen … so war's bestimmt auch beim alten Sigmund Freud», sagt Liliana nur, um etwas zu sagen. «Ganz wie Sie wollen … Sie können aber auch im Sessel Platz nehmen.»

«Wenn schon, dann machen wir es richtig.» Liliana setzt sich auf die Couch, stellt die große Prada-Imitation von Umhängetasche auf den Boden und schwingt die Beine auf die Sitzfläche. Sie zupft das Kleid zurecht. «Ist es in Ordnung, wenn ich die Schuhe anbehalte?»

Sabrina Jansen nickt.

«Und was soll ich jetzt erzählen …?»

«Erzählen Sie mir, was Ihnen wichtig erscheint oder etwas, das Ihnen gerade in den Sinn kommt.»

«Weiß nicht, was ist mir wichtig? Meine Freiheit …» Liliana zögert einen Moment. «Ja, meine Freiheit, die ist mir wichtig … und dass ich sie behalte natürlich.» Sie nestelt an ihrem Hut, heute ein eher schlichtes Model, etwa so eins, wie es die Frau der Persil Werbung aus den Zwanziger Jahren trug. «Den nehme ich wohl besser ab! Über die Freiheit habe ich vorher nie nachgedacht …» Sie schiebt den Hut auf den Bauch und faltet die Hände über dem Rand der Krempe, sodass er nicht herunterrutschen kann. «… bestimmt geht's den meisten Menschen so, Dinge, die einem selbstverständlich erscheinen, über so was denkt man einfach nicht nach, man merkt erst, wie wichtig sie einem waren, wenn sie plötzlich nicht mehr da sind.»

Sabrina betrachtet nachdenklich die auf der Couch ruhende Frau, die aussieht wie eine alternde Alice, der im Laufe des Lebens ihr Wunderland abhanden gekommen ist und sie empfindet ehrliches, tiefes Bedauern.

«Sie halten mich für eine Goldgräberin, habe ich recht?»

«Goldgräberin!?», echot Sabrina Jansen.

«Kommen Sie, tun Sie nicht so, Sie wissen doch genau, was ich meine!»

«Nein, ehrlich, ich habe wirklich keine Ahnung, was Sie damit meinen, nun, jetzt, wenn ich darüber nachdenke ...»

«Das darf doch nicht wahr sein ... na gut ...», Liliana seufzt, ein Seufzer resignierten Erstaunens, als wolle sie damit sagen, 'was wissen Sie eigentlich vom wirklichen Leben, Frau Psychologin', «Also eine Goldgräberin ist eine Frau, die darauf aus ist, sich einen wohlhabenden Mann an Land zu ziehen und mit wohlhabend meine ich wirkliches Geld, nicht das Einkommen eines Abteilungsleiters oder Buchhalters ...»

«Keineswegs, nicht im Geringsten», protestiert die Psychologin in Sabrina Jansen, die ihre Professionalität infrage gestellt sieht. «Ich bin weit entfernt davon, mir ein abschließendes Bild von Ihnen zu machen ...»

«Ich meine nicht das, was Ihnen Ihre Ratio, die angelernten Kategorisierungen sagen, sondern was Sie fühlen, Ihre subjektive, emotionale Einschätzung und da halten Sie mich für so eine, habe ich recht?»

Sabrina fühlt sich bedrängt und irgendwie hat die Lorenz schon recht, auch wenn sie es nicht so ausdrücken würde.

«Ich weiß, Sie können das nicht zugeben, aber es ist so ... ich habe es gelesen hinter Ihren Augen, die Menschen verraten ihre Gedanken hinter den Augen, genau wie dieser Kommissar, dessen Name genau bezeichnet, wie es in seinem Inneren aussieht, dunkel und muffig und bei ihm konnte ich lesen, Mörderin, immer wenn ich ihm in die Augen blickte, was selten genug der Fall war, denn er versuchte mir immer auszuweichen, Mörderin ... Mörderin ... Mörderin. Wenn so ein emotionales Bild erst mal festgezurrt ist, kann man es kaum noch korrigieren.»

«Es ist mein Job, mich nicht von Vorurteilen leiten zu lassen und wenn mir das nicht gelingen würde, hätte ich meinen Beruf verfehlt. Sind Sie gekommen, um mir das zu sagen!?»

«Nein, nicht wirklich, es lag mir nur auf der Seele ...»

«Und wie ist es mit Ihnen? Wie sehen Sie sich selbst? Halten Sie sich für eine, wie Sie es nannten, Goldgräberin?»

Die Worte verklingen im Raum. Der Wind ist ein wenig aufgefrischt und eine laue Brise drückt durch die Balkontür.

Liliana schweigt, kräuselt die Stirn.

«Sie werden staunen, aber darüber habe ich mir noch nie Gedanken gemacht.» Sie dreht ihren Körper, stützt sich auf den linken Ellenbogen und balanciert den Hut mit zwei Fingern auf der Hüfte. «Ich meine, wie ich mich selbst sehe … aber könnte sein … weiß nicht … ich weiß, worauf Sie anspielen … dass ich meine unterbewusste Selbsteinschätzung projiziere …!?»

«Nein, Sie mutmaßen zuviel, ich habe Sie lediglich gefragt, ob Sie sich selbst so einordnen würden …»

Liliana rollt in ihre Ausgangsposition und studiert die Stuckverzierung an der Decke.

«Aber das würde ja bedeuten, dass, wenn ich hinter Klaukes Augen Mörderin lese … unmöglich! Das kann nicht sein …»

Sie schweigt und Sabrina Jansen schweigt und die Sekunden dehnen sich, bis das Schweigen unerträglich ist, die Stille, lärmende Stille, die selbst die zaghaften Geräusche aus dem Hinterhof nicht übertönen.

«Unmöglich, das hieße, mich plage ein unbewusstes Schuldgefühl!? Wollen Sie das damit sagen?»

«Ich will gar nichts sagen, ich habe Sie nur gefragt, wie Sie sich sehen.» Ihre Stimme ist ruhig und fest, Sabrina Jansen hat sich wieder gefangen, die Souveränität zurückerobert.

«Ich weiß, ich weiß, jeder Mensch geht schuldbeladen durchs Leben. Wer ohne Schuld ist, werfe den ersten Stein. So gesehen haben Sie schon recht», beharrt Liliana auf ihrer Deutungshoheit, «dabei habe ich immer versucht, Liebe zu geben und natürlich war ich selbst auf der

Suche nach Liebe, nach allumfassender Liebe. Das Ergebnis sehen Sie ja!» Und hinter ihren Worten lauert mehr als nur ein Hauch Rührseligkeit. «Auch durch Liebe kann man Schuld auf sich laden.» Sie macht eine Pause, holt tief Luft und es wirkt so, als verzögere sie voller Absicht, um die Spannung zu steigern. «Manchmal frage ich mich, ob ich nicht mitverantwortlich bin, am Tod eines anderen Menschen. Nicht, was Sie jetzt denken, mit dem Mord an Amadeus Neumann habe ich nichts zu tun. Man könnte auch sagen, es war einfach nur tragisch, eine Verknüpfung unglücklicher Zufälle. Viele große Lieben enden tragisch! Es ist warm hier drinnen, unerträglich warm, haben Sie ein Glas Wasser für mich?»

Sabrina Jansen nickt und ärgert sich, dass ihre Klientin just in dem Moment, als sie gerade beginnt sich ein wenig zu öffnen, der Durst plagt und sie es versäumt hatte, eine Flasche Wasser und ein Glas bereitzustellen.

Liliana setzt sich auf und trinkt hastig, der Hut ruht auf ihren Knien, stellt das leere Glas ab, hebt die Beine wieder in die Ruhelage und fühlt sich wie eine alte Frau, die auf ihr Krankenlager sinkt.

«Große Liebe und Tragödie liegen oft so nah beieinander. Ich rede nicht von den Paaren, die das Wort Liebe im Mund führen und darunter eine pragmatische, möglichst für beide mit Zugewinn verbundene Zweckgemeinschaft verstehen. Ich meine Leidenschaft, das Gefühl zu brennen, wie eine Kerze von beiden Enden und dennoch nicht zu verglühen, sondern eine seltsame belebende Energie zu spüren, Leidenschaft, die weit über körperliche Ekstase hinausgeht.»

«Und diese Liebe haben Sie gelebt?»

«Ich bin mir nicht sicher, nein, ich weiß es wirklich nicht, einige Male fühlte es sich schon so an, aber wie gesagt, was ist davon geblieben!?»

«Sie erwähnten etwas von einer Schuld, die Sie möglicherweise auf sich geladen haben.»

«Das interessiert Sie, das macht Sie hellhörig, was könnte das wohl sein, welche Leichen hat sie noch im Keller …?»

Liliana richtet sich auf und lacht kurz und hart und plötzlich ist es wieder so wie hinter den grauen Mauern der Haftanstalt, als sie sich an dem grauen Tisch gegenübersaßen, wie Gegnerinnen.

«Versuchen Sie es, sprechen Sie darüber, Sie wissen, dass ich an die ärztliche Schweigepflicht gebunden bin.»

«Sicher haben Sie recht. Kann sein, dass ich mich dann besser fühle. Ich habe noch mit niemandem darüber geredet, mit keinem Menschen. Kann ich noch ein Glas Wasser haben?»

Liliana richtet sich nicht weiter auf, lässt sich das Glas reichen und ihre Miene ist die einer Migränegeplagten.

«Es fällt mir schwer darüber zu sprechen …» Sie artikuliert die Worte sorgfältig, stockend. «Es war einer der härtesten Schicksalsschläge, den ich in meinem Leben erleiden musste, dabei hatte es so verheißungsvoll begonnen. Aber ich glaube, ich muss etwas weiter ausholen …» Sie löst die linke Hand von ihrem Hut und es sieht ganz so aus, als tupfe der kleine Finger eine Träne aus dem rechten Augenwinkel. «Ich war damals völlig am Boden zerstört, mit meinem Buch ging es nicht recht weiter, ich hatte so etwas wie eine Schreibblockade und dieses fürchterliche Erlebnis, dieses Trauma des hilflos ausgeliefert sein, hatte ich auch noch nicht überwunden und wie immer, wenn ich nicht mehr die mutig nach vorne Schauende, die Mitfühlende sein konnte, in einer Situation in der ich Hilfe, Freunde bitter nötig gehabt hätte, wendeten sich alle von mir ab. Manchmal denke ich, die meisten meiner sogenannten Freundinnen stehen nur so lange an meiner Seite, wie sie von meiner positiven Energie zehren, mich als eine Art Inspiration des Lebens benutzen können. Ich war einsam damals, arm, jämmerlich arm, für mein Buch hatte ich auch noch keinen Verlag gefunden. Irgendjemand aus den alten Zeiten musste wohl vergessen haben, mich aus dem Verteiler zu streichen und so erhielt ich eine Einladung zu einer Vernissage. Es war kein bekannter Künstler, der ausstellte, er muss absolutes Mittelmaß gewesen sein, denn wäre er herausragend oder grottenschlecht gewesen oder seine Arbeiten ein Skandal, würde ich mich an seinen Namen erinnern. Ich jedenfalls war glücklich, nicht vollends im Niemandsland der sozialen Ächtung gestrandet zu sein. Es waren die üblichen Verdächtigen, die da herumlungerten, Cocktails schlürften, sich bemühten gut auszusehen und irgendwelchen Schwachsinn absonderten. Nur ein Mann hielt sich auffallend zurück, er war klein, etwas rundlich, hatte eine Stirnglatze und unterschied sich wohltuend von den aufgeblasenen Schwachköpfen. Ich kann heute nicht mehr sagen, wie oder worüber wir ins Gespräch gekommen sind oder wer uns einander vorstellte, aber es war ein geradezu magischer Moment. Vom ersten Augenblick an und das meine ich wörtlich, hatte ich das Gefühl einer tiefen Vertrautheit, ja, intimer Nähe, als hätten wir beide nur darauf hingelebt, uns endlich zu begegnen. Weiß Gott, er war kein schöner oder stattlicher Mann, was man gemeinhin darunter versteht, aber von ihm ging eine seltsame Anziehungskraft aus, zumindest was mich betraf. Er wich an diesem Abend nicht eine Sekunde von meiner Seite und die Zeit verging wie im Flug. Später erfuhr ich, dass er der Besitzer der Galerie ist. Er war so anders, als die Männer, denen ich vorher begegnet war, zurückhaltend, was das Sexuelle betrifft, nicht die übliche 'ich will zum Schuss kommen' Mentalität, er wartete geduldig, bis ich es vor Geilheit selbst nicht mehr aushielt. Ich sage bewusst Geilheit, weil es so war, verdammt noch mal, nicht generell, wie eine läufige Hündin und ich denke Eitelkeit war die andere Triebfeder, wie konnte sich ein Mann derartig lange meinen weiblichen Reizen verschließen und als wir endlich eine ekstatische Nacht im Rausch der Sinne zelebrierten, fühlte ich mich wieder jung, sehr jung und begehrt. Es passte einfach alles, wir liebten beide die schönen Künste, gepflegte Konversation, hin und wieder der Besuch eines gesellschaftlichen Events und trotz mannigfaltiger und beileibe nicht immer erfreulicher Lebenserfahrung, war ich naiv genug, allen Ernstes zu glauben, dass ich den Mann für den Rest meines Lebens gefunden hatte. Wie Sie sehen, es hat nicht ganz geklappt.» Ihr Busen hebt sich, Vorbote eines lautlosen Seufzers.

Sabrina Jansen schweigt, wagt es kaum zu atmen, um den Redefluss ihrer Klientin nicht zu unterbrechen, denn heute scheint sie offener und sie glaubt einen Hauch von Wahrhaftigkeit zu spüren.

«Wir lebten in einer wunderbaren Maisonette Wohnung in Schwabing, quasi im Auge des Taifuns der Schicki-Micki-Bohème und häufig hatten wir Künstler zu Gast, arrivierte, anerkannte, aber auch junge aufstrebende Talente und Johann war so begeisterungsfähig! Wo er nur konnte, unterstützte er meine Bemühungen ein New Age Zentrum ins Leben zu rufen … sie wissen schon, alternative Heilmethoden, esoterische Lebenshilfe und so weiter, es ließ sich auch recht gut an, aber wo Glück ist, gibt es auch Neider, man intrigierte gegen mich, unterstellte mir, ich hätte Gelder zweckentfremdet verwendet und unterschlagen. Übrigens das Ermittlungsverfahren wurde eingestellt. Auch bei größtem Vertrauen und Respekt den man für einander empfindet, sind das empfindliche Nadelstiche, schaffen so was wie Verunsicherung und in diese angespannte Situation platzte die Veröffentlichung meines Buches 'Intimitäten'. Anfangs freute er sich riesig und war stolz auf mich, da hatte er allerdings noch nicht ein Wort gelesen. Nachdem er sich die Zeit genommen hatte, sich meinem Text zu widmen, wir verbrachten ein wunderschönes Herbstwochenende am Gardasee, stellte er mich zur Rede. Scheinheilig fragte er mich, wie dieses Machwerk sexueller Geschmacklosigkeiten in Übereinklang zu bringen sei, mit meinen Ambitionen der ganzen Welt den Weg zum Glück mittels allumfassender Liebe zu zeigen, ob das in der Konsequenz bedeuten würde, permanentes Kopulieren mit jedem und jeder, sei das Mittel, die Glückseligkeit zu erlangen.»

Liliana macht eine Pause und auf ihren Wangen zeigen sich hektische rote Flecke, selbst die Erinnerung scheint einen erhebliche Adrenalinstoß zu verursachen.

«Ich kann das hier nicht wörtlich wiedergeben, aber es waren Worte, getränkt in Sarkasmus, er wurde richtig gemein. Als wir zurück in München waren, die Fahrt war die Hölle, eingesperrt in dieser Zelle aus Metall, Plastik und Leder und keiner sagt ein Wort und die Luft vibrierte regelrecht vor negativen Energien, unerträglich sage ich Ihnen. Also, um es kurz zu machen, er packte ein paar Sachen in eine Reisetasche und teilte mir mit, er werde für einige Zeit in ein Hotel ziehen. Ich dachte, nach einer Weile wird er sich eines Besseren besinnen, doch nichts dergleichen geschah. Wochen vergingen, Wochen in denen meine Sehnsucht wuchs, seine Stimme zu hören, von ihm auch nur flüchtig berührt zu werden und ich glaube, noch nie zuvor in meinem Leben war jedes Klingeln des Telefons zugleich, begleitet von furchtsamem Bangen und keimender Hoffnung. Dann endlich rief er an, es war der 12. Oktober, ich werde diesen Tag bis ich sterbe nicht vergessen und schon gut möglich, dass es mein letzter Gedanke sein wird. Er werde vorbeikommen, um etwas mit mir zu besprechen, sagte er und seine Stimme war kalt und sachlich. Abends kam er dann, ja, es hatte etwas von einem Bulletin oder besser noch, es war wie ein Ultimatum. Er stellte mich vor die Alternative, in den Mietvertrag für die Wohnung einzusteigen, weil er sich mittlerweile ein Haus am Starnberger See gemietet hat, da er der Stadt überdrüssig war. Kein Wort über unsere Beziehung, abgehakt, einfach so. Ich stand da, wie vom sprichwörtlichen Donner gerührt und seine Worte, selbstverständlich werde er die Miete während der gesetzlichen Kündigungsfrist übernehmen, hallten in meinen Ohren, ich hatte Angst jeden Moment in Ohnmacht zu fallen oder einen hysterischen Anfall zu bekommen und als ich wieder zu mir kam, war er verschwunden. Wie in Trance suchte ich nach meinen Autoschlüsseln und als ich sie gefunden hatte, hastete ich in die Tiefgarage. Später habe ich mich immer wieder gefragt, warum just in diesem Augenblick ausgerechnet dieser Erinnerungsschnipsel nach oben gespült wurde. Ammerland, hatte er nicht gesagt, er könne sich vorstellen in Ammerland zu wohnen und er wird die B 11 nehmen. Es regnete in Strömen, aber auf der Landstraße hatte ich ihn endlich eingeholt. Eigenartig, wie zielgerichtet man in solch einer emotional aufgewühlten Situation handeln kann! Ich betätigte die Lichthupe, doch er reagierte nicht, raste einfach weiter, ich setzte zum Überholen an, einmal, zweimal, ohne Erfolg, dann waren wir auf gleicher Höhe. Johann verlor die Kontrolle über seinen Wagen und schleuderte gegen einen Baum. Es war ein grässliches Geräusch und wenn ich manchmal nachts aufwache, schweißgebadet, rumort es in meinem Schädel, der infernalische Knall und dieses metallische Knirschen. Irgendwie habe ich meinen Wagen zum Stehen gebracht und ich kann mich nicht mehr erinnern, wie ich zu der Unfallstelle gekommen bin, nur noch daran, wie er da lag, eingeklemmt hinter dem Steuer und er starrte mich an und seine Lippen bewegten sich, aber er sagte kein Wort. Ich weiß, es war stockdunkel und ich hätte seine Augen eigentlich gar nicht sehen können, aber glauben Sie mir, sie haben mich angesehen, vorwurfsvoll. Jemand musste mitbekommen haben, dass ein Unfall passiert ist, vielleicht ist auch jemand an der Unglücksstelle vorbeigekommen. Auf jeden Fall waren da plötzlich Feuerwehrleute und die Polizei, gerade noch rechtzeitig, denn das Wrack hatte angefangen zu brennen. Im letzten Moment haben sie Johann aus den Trümmern retten können. Seit dem frage ich mich immer wieder, wie es weitergegangen wäre, wenn ich ihm in jener Nacht nicht gefolgt wäre und ob ich die Schuld trage, an diesem Unfall und Johanns grausamem Schicksal. Die Ärzte kämpften um sein Leben. Monatelang lag er im Koma und als er erwachte, hatte er sein Gedächtnis verloren und er war gelähmt, wird es bleiben bis an sein Lebensende, kaum in der Lage sich zu artikulieren, ein Mann seiner Eloquenz zurückgeworfen in den Zustand eines Dreijährigen, allerdings ohne die Chance, sich weiter zu entwickeln und alles nur, weil ich mit ihm reden wollte.»

Wieder eine Pause, wieder diese Geste, als wäre sie zu Tränen gerührt, doch die roten

Flecken sind verschwunden.

«Ich habe ihn besucht, im Krankenhaus und obwohl mir die Ärzte sagten, dass so gut wie keine Chance besteht, dass er jemals sein Gedächtnis wiedererlangt, pflegte ich ein zartes Pflänzchen Hoffnung. Sein Gesicht war entstellt und er musste sich einigen plastischen Operation unterziehen und da ich die ganze Zeit, während all der Operationen, an seiner Seite stand, hatte ich ihn diesmal auch begleitet und dort begegnete ich zum ersten Mal Amadeus Neumann. Nicht, was sie jetzt vielleicht denken. Da war nichts, rein gar nichts. Ich war viel zu sehr in Selbstvorwürfe verstrickt, absolut nicht dazu imstande einen anderen Mann überhaupt wahrzunehmen. Immer wieder habe ich ihn besucht, sogar mit dem Gedanken gespielt, ja, ich hatte mich schon beinahe damit abgefunden, dass es mein Schicksal sein würde, für den Rest meines Lebens an einen schwerstbehinderten Mann gebunden zu sein, doch wie gesagt, er erkannte mich nicht, er würde nicht einmal bemerken, wer ihn pflegt, wer sich liebevoll um ihn kümmert und war es da nicht wirklich egal, ob ich es selbst bin oder jemand anderes!? Ich musste auch an mich denken, mir eine neue Wohnung suchen und mein aus der Bahn geratenes Leben neu sortieren. Wissen Sie, in letzter Zeit habe ich manchmal gedacht, dass diese falsche Beschuldigung, das, was ich zu erleiden habe, eine Art

Bestrafung ist, die Sühne für die Schuld, die ich damals auf mich geladen habe.»

Liliana richtet sich auf und sie schaut Sabrina Jansen an, hilflos, fragend, einer Antwort harrend.

Doch Sabrina Jansen erlöst sie nicht, sie sitzt einfach nur da, wie unbeteiligt und hofft, dass ihr Schweigen Liliana zum Weiterreden animiert.

«Darf ich Ihr Bad benutzen, ich bin völlig erschöpft, muss mich ein wenig erfrischen», wechselt diese unvermittelt das Thema und deutet mit dem Zeigefinger der rechten Hand auf den verschmierten Lidstrich.

Alles Inszenierung, kalkuliert, Sabrina Jansen nickt, deutet mit der Hand eine einladende Geste an und sagt: «Durch die Tür, den Gang entlang, letzte Tür links.» Diese Frau redet von Schuld und Sühne, Worthülsen, keine Spur von Emotion, kein Stocken, wie ein Statement.

«Ich fühle mich wirklich besser, sogar ein wenig befreit. Es war gut, sich nach so vielen Jahren des Schweigens einem Menschen anzuvertrauen», bricht Liliana in die finsteren Überlegungen der Psychologin. Dass ich den Safe von Johann ausgeräumt habe, um Geld zu haben, geht die Jansen nichts an, denkt Liliana. Sie setzt sich auf die Couch, rückt nach vorn, bis sie die Kante der Sitzfläche am Hintern spürt, Signal, dass sie die Unterredung als beendet betrachtet.

«Ich denke, das war's, was ich über meine Geschichte mit Männern zu berichten habe und was es mit meiner Beziehung zu Amadeus auf sich hatte, darüber haben wir ja schon gesprochen, während einer unserer Sitzungen.» Dabei dehnt sie Sitzungen, und es klingt, wie ein gelangweiltes Gähnen. «Ich hoffe, Sie können sich jetzt ein Bild von mir machen und Klarheit darüber erlangen, ob ich ein Mensch bin, der solch einen geschmacklosen Mord begehen könnte.»

Sabrina Jansen räuspert sich. «Genaugenommen wollte Ihre Anwältin keine Möglichkeit außer acht lassen und überprüfen, ob im Falle einer drohenden Verurteilung, Strafminderung wegen verminderter Schuldfähigkeit infrage kommt, ich meine, dass dies keine Option darstellt. Aber ich denke, das haben Sie bereits vermutet.»

Nicht ein einziges Mal ist das Wort 'Ich' gefallen und Justine Dambach ist die Anwältin, nicht der Anflug eines persönlichen Interesses am Schicksal dieser Frau, wenn überhaupt, dann ausschließlich professionell.

«Da haben wir's … wie bereits vermutet … ich bin nicht verrückt.»

Liliana lächelt hintersinnig und ergreift ihren Hut, der neben ihr liegt.

Fasziniert beobachtet Sabrina Jansen, mit welcher Routine Liliana den Hut zurechtrückt, bis er perfekt, ein wenig schräg, sitzt und das alles ohne Spiegel, sie fühlt sich unbehaglich und Liliana, die ist sicher, ihrem Ziel einen Schritt näher gekommen zu sein.

Als sich die beiden Frauen voneinander verabschieden, wissen sie, dass sie sich wahrscheinlich nie wieder begegnen werden, es sei denn, durch einen dummen Zufall.

Überwachung

Zeitverschwendung, reine Zeitverschwendung, was er hier treibt. Jürgen Bergers Stimmung ist auf dem absoluten Tiefpunkt, ein Gefühl, als ob Nürnberg die Bayern mit 5:0 geschlagen hätte. Ohnmächtige Wut, Groll auf Klauke, der dafür verantwortlich ist, dass er bei dieser Gluthitze - mindestens 35 Grad, in seinem Wagen gefühlte 85, obwohl der im Schatten eines Baumes parkt - seit Stunden vor dem Haus in der Nymphenburger Straße Wache schieben muss. Und alles für die Katz. Die Lorenz bewegt sich einfach nicht aus dem Haus, das war gestern so und vorgestern und den Tag davor. Er versteht den Alten nicht, so verbohrt, geradezu engstirnig, hat er ihn noch nie erlebt, so lange er schon mit ihm zusammenarbeitet.

Zwei Frauen, beide geschätzte Mitte Vierzig, dunkelhaarig, schlendern auf den Hauseingang zu. Die wuschelige Steckfrisur ist mit einem roten knielangen Rock und einer farblich harmonierenden, bunt gemusterten Bluse bekleidet. Der pflegeleichte Bubikopf neben ihr steckt in khakifarbenen Safarishorts und einem schlabberigen grünen Shirt. Im Gegensatz zu ihrer Begleiterin, die rote Sommerpumps mit offener

Ferse, trägt, stecken ihre nackten Füße in weißen Leinenschuhen.

Sein Blick klebt an dem alarmroten Hintern. Es scheint eine Ewigkeit her, so lange, dass er sich nicht einmal daran erinnern kann, wann es das letzte Mal war, dass er die zarte, warme Haut einer Frau berührte. Seine Hand tastet nach der Digitalkamera mit dem Teleobjektiv.

«Fotografieren Sie jeden, der das Haus betritt, aber wirklich jeden», hatte ihm Klauke eingeschärft, «Einer könnte ihr Komplize sein.» Die vermeintlich sportlichere klingelt bei irgendwem und ohne ihr Gespräch zu unterbrechen, betreten sie durch die kunstfertig gedrechselte Holztür das Treppenhaus des Altbaues - vermutlich vorletzte Jahrhundertwende - in dem es angenehm kühl sein dürfte, vermutet zumindest Berger, dessen Hemd schweißnass an seinem Rücken klebt. In solch einem Haus würde er auch gerne wohnen, aber die Miete dürfte seinen bescheidenen finanziellen Rahmen sprengen. Er legt die Kamera auf den Beifahrersitz, reibt seine feuchten Handflächen an den Jeans trocken und fragt sich, wie die Lorenz das wohl finanziert.

Klaukes Starrsinn, sein regelrechter Tunnelblick, eben ganz anders als er ihn kennt, ist sicherlich nicht die Auswirkung einer plötzlich einsetzenden Demenz, offensichtlich kann er diese Lorenz auf den Tod nicht ausstehen, weiß der Teufel, warum er die Frau unbedingt im Knast sehen will. Könnte natürlich auch sein, dass er Weisung von Oben erhalten hat, aber dann müsste es schon von ganz, ganz Oben gewesen sein. Allerdings scheint von Blucher auf der gleichen Schiene unterwegs und seine Aufforderung in alle Richtungen zu ermitteln, klang müde, eher wie ein halbherziges Lippenbekenntnis. Immerhin, Neumann hatte Beziehungen bis in die höchsten Kreise und das perverse Video!? Wer weiß, wer sich unter den weißen Kapuzen versteckt – ein Ritualmord, warum nicht? Vielleicht wollte er aussteigen und die Lorenz als Sündenbock war die nicht geplante, aber willkommene Zugabe. Könnte auch sein, dass Neumann und die Lorenz jemanden erpresst haben und das ist die Quittung und selbst wenn die Lorenz noch mal ohne Mordanklage davon kommt, dürfte ihr klar sein, wo die Glocken hängen. Dieses verdammte Manuskript könnte eine Spur sein, aber solange die Lorenz den Mund nicht aufmacht und gebetsmühlenhaft wiederholt, 'wir waren nur gute Freude und ich habe keine Ahnung, was er sonst so getrieben hat, hab den Toten rein zufällig gefunden', sind ihnen die Hände gebunden. Aber so muss es gewesen sein, da stimmt alles, man will den oder die verdammten Erpresser loswerden, da haben wir das Motiv. Und die Lorenz, die hat kein wirkliches Motiv, verschmähte Liebe etwa? Die hatten doch schon lange kein intimes Liebesverhältnis mehr und dann so einen Bluttat? Nach all den Jahren? Und wenn die Lorenz den Neumann erpresst hätte, aber wer bringt schon die Kuh um, die er melken kann? Keine verdächtigen Bewegungen auf ihrem Konto, immer haarscharf am Rande des Ruins. Nein, da steckt was anderes dahinter. Die Lorenz ist eine Schachfigur, die wird benutzt, von wem auch immer. Wenn Klauke sich weiter stur stellt, muss er eben auf eigene Faust ermitteln. Eigentlich wäre Klauke der geeignete Mann, denen da Oben auf die Füße zu treten. Der hat nichts mehr zu verlieren, der geht in Pension. Vielleicht haben die ihm auch ein diskretes Zubrot versprochen. Er muss an seiner Mordthese festhalten, mehr nicht, er braucht nicht mal wirklich was zu vertuschen, keine Beweismittel unterschlagen, wenigstens bis jetzt nicht.

Er nuckelt an der Flasche mit dem lauwarmen Energy-Drink und schüttelt sich angewidert.

Selbstverständlich ist es ein Risiko, sich der ausdrücklichen Anwesung seines Chefs zu widersetzen und den Beobachtungsposten zu verlassen, doch das könnte seine große Chance sein und wer nicht wagt, der nicht gewinnt! Er malt sich aus, wie es wäre, wenn er den Fall lösen würde und es ist wohl dem Umstand, der brütenden Hitze zu verdanken, manche Leute leiden sogar unter regelrechten Halluzinationen, dass seine Wunschbilder so realistisch, beinahe zum Greifen nahe scheinen. Tagelang würde sein Bild die Titelseiten zieren, wahrscheinlich würden sie ihn zu Talk Shows einladen und mit ziemlicher Sicherheit würden sie ihn befördern. Wenn die Sache haarig wird und er tatsächlich auf eine Verschwörung stoßen sollte, so was wie eine kriminelle Vereinigung, kann er immer noch das LKA einschalten.

Seine Miene spiegelt grimmige Entschlossenheit, er atmet tief durch und startet den Wagen.

***

Jürgen Berger irrt, Ingo Klauke ist beileibe nicht senil, er leidet auch nicht unter Altersstarrsinn, die Ungereimtheiten im Fall Neumann sind ihm längst aufgefallen, auch wenn er nach wie vor davon überzeugt ist, die Mörderin bereits zu kennen. Sicher, man muss allen Spuren nachgehen, wenn auch nur, um später vor Gericht nicht von der Verteidigung vorgeführt zu werden. Es ist vermintes Gebiet, in dem sie ermitteln und nicht wenige der zahlreichen Namen aus Neumanns kleinem schwarzen Büchlein betrachten eine Befragung durch die Polizei als Affront, unbotmäßiges Eindringen in ihre sorgsam gehütete Privatsphäre. Da ist Diskretion von Nöten, ausgesprochenes Fingerspitzengefühl, Tugenden, die er bis heute bei Berger nicht so recht entdecken konnte. Es ist Fürsorge, reine Fürsorge. Berger würde einfach losstürmen, wie ein Elefant im Porzellanladen. Es ist seine Art, sein Ton, wie er die Fragen formuliert. Jeder, wirklich jeder, selbst der, der nur ein paar Tage verspätet sein Strafmandat wegen falsch Parkens bezahlt hatte, fühlt sich, als würde er eines Kapitalverbrechens beschuldigt und Klauke weiß genau, wie fix diese feinen Herrschaften zum Handy greifen. Wie dem auch sei, er kann einfach nicht tatenlos zusehen, wenn der Junge in sein Unglück rennt.

Er erhebt sich aus seinem Bürostuhl und bei diesen tropischen Temperaturen spürt er den Sinn der Worte, 'die Last des Alters tragen'. Behäbig schlurft er zum Standventilator, breitet die Arme weit aus und dreht sich langsam. Der laue Wirbelwind erfrischt nicht wirklich, trocknet aber wenigstens den Schweiß.

«Vergessen wir mal die ganze blutgetränkte Fassade, das soll uns nur vom tatsächlichen Motiv ablenken, wir gehen also davon aus, es ist kein Psychopath, dann bleibt ein simpler Mord ...» Er geht in die Knie, verharrt, schließt die Augen und spürt, wie sich die Haut seiner Stirn unter verdunstenden Schweißtropfen spannt.

«Meistens geht's doch ums liebe Geld ...», führt er sein Selbstgespräch fort, ein unbeteiligter Zuhörer würde es unartikuliertes Brummen nennen, «... oder Leidenschaft, aber ich kann, selbst beim besten Willen, weit und breit keine

Leidenschaft entdecken. Ich bin zwar sicher, die Wegener hatte was mit ihm. Aber Leidenschaft, das sieht anders aus …» Sein Gebrabbel und die unkomfortable Körperhaltung ermüden ihn, er richtet sich auf und seine Hände versuchen das Rückgrad in eine halbwegs gerade Position zu drücken, dann schleppt er sich zurück hinter seinen Schreibtisch.

Auf den ersten Blick zieht eigentlich keiner materiellen Gewinn aus dem gewaltsamen Ableben des Amadeus Neumann. Dennoch, Klauke ist sicher, dass Geld der Schlüssel ist und es muss viel Geld sein, sehr viel Geld, sonst würde sich der Aufwand nicht lohnen. Aber wo ist es, hatte er vielleicht Goldbarren oder was wahrscheinlicher ist, Diamanten in der Wohnung und wenn ja, wo sind sie geblieben? Die Lorenz hatte keine Zeit, was beiseite zu schaffen oder die von der Gerichtsmedizin haben bei der Todeszeit geschlampt. Der Mann hatte keinesfalls mit seinem baldigen Tod gerechnet. Nichts deutet darauf hin, dass er sich bedroht fühlte. Es gibt nicht mal ein Testament.

Der Kopf ruht schwer in seinen Handflächen, die typische Haltung, wenn er sich mit seinem Latein am Ende glaubt. Er starrt auf die Schreibunterlage und das Gehirn weigert sich in Worte zu fassen, was die Augen sehen.

Professor Dr. med. Neumann war ein ordentlicher Steuerzahler, alles penibel aufgeführt und angegeben beim Finanzamt, selbst die zwei Nummernkonten in der Schweiz und die Stiftung in Liechtenstein.

Beinahe zu korrekt, wie ein Deckmantel, eine Tarnkappe, um eine gewaltige Sauerei zu verbergen. Und die Aussage dieser Teilzeit-Domina, von der er sich erhofft hatte, dass sie ein wenig Licht in die Vorkommnisse der Tatnacht bringe, immerhin ist sie die nachweislich Letzte, die Neumann lebend gesehen hat, war schlichtweg enttäuschend. Er sei gewesen wie immer, betonte sie, aufgekratzt und alkoholisiert und sie hatte nicht den Eindruck, dass er noch Besuch erwarten würde. Vor dem Haus ist ihr niemand begegnet, aber sie habe auch nicht darauf geachtet, weil das Wetter hundsmiserabel und sie heilfroh gewesen war, als sie endlich im Taxi saß. Als Täterin kommt sie nicht in Betracht, der Taxifahrer, der sie nach Hause gebracht hatte, bestätigte ihr Alibi.

Klauke wünscht sich an einen Swimmingpool voll türkisblauem Wasser, auf einen Liegestuhl unter Sonnenschein, mit einem eiskalten Glas Bier in der Hand, ganz weit weg von diesem verworrenen Fall.

Befehlsverweigerung

Obwohl er felsenfest davon überzeugt ist, das Richtige zu tun, fühlt er sich unwohl, wie ein fahnenflüchtiger Befehlsverweigerer. Sein Puls rast und Schweiß rinnt von den Schläfen über seine Wangenknochen. So ist er nun mal programmiert, klare Strukturen, Befehl und Gehorsam, das gibt ihm Halt und der Eigenverantwortung einen überschaubaren Rahmen in einer Welt, die ihm immer chaotischer erscheint. Deshalb hat er sich damals freiwillig zum Wehrdienst verpflichtet, für zehn Jahre und als die Zeit um war, fand er bei der Kripo seine Insel der Ordnung und klaren Strukturen. Es war ja nur die letzte halbe Stunde seiner Dienstzeit, die Befragung fällt in die Freizeit, versucht er sich zu beruhigen, außerdem ist die Observation ein einziger Witz. Die haben wahrscheinlich nur müde gelächelt, als Klauke sechs Mann für eine 24-Stunden-Obersavation haben wollte. Beschatten nach dem Zufallsprinzip, wenn was Wichtiges passiert während der Dienstzeit, gut, wenn später, Pech gehabt.

Er fädelt seinen Wagen in die enge Parklücke und windet sich heraus, seine Hose wischt Staub vom Kotflügel des dunkelblauen Toyota. Auf dem Weg über glühende Waschbetonplatten, überlegt er, dass es bestimmt besser aussieht, wenn er sich bei Klauke abmeldet. Er fingert sein Handy aus der Jackentasche und als Klauke sich meldet, teilt er ihm mit, dass die Lorenz nicht ein einziges Mal das Haus verlassen hat. Klauke brummt, dass die Frau wohl nur nachts ihre Höhle verlässt. Berger beschleicht eine ungute Vorahnung und er wünscht Klauke einen netten Abend.

Dann steht er vor den Klingelleisten, mit den verwirrend vielen Namen und sucht nach Rosalie Goldmann. Den Klarnamen sowie Adresse und Telefonnummer, hat er bei ihrem E-Mail Provider in Erfahrung gebracht. Die Frau vom Kundenservice faselte zwar was von Datenschutz, aber nachdem er ihr eindringlich die Folgen ihrer Verweigerung vor Augen geführt hatte - er drohte, er werde mit einer richterlichen Verfügung wiederkommen und alle Computer beschlagnahmen - ging alles ganz schnell und unbürokratisch.

Frau Goldmann schien keineswegs überrascht, als Berger sie anrief und er glaubte zwischen ihren Worten Verwunderung darüber zu hören, dass sich die Polizei erst jetzt bei ihr meldet.

«Fünfte Etage, nehmen Sie den Fahrstuhl», sagt die blecherne Stimme hinter der geschlitzten Kalotte aus Aluminium.

Im Treppenhaus ist es wenig kühler, doch in

der Aufzugkabine heiß und stickig und im vierten Stock fürchtet er keine Luft mehr zu bekommen.

«Sind Sie von der Polizei? Können Sie sich ausweisen?», fragt die Frau und in ihrer Stimme schwingt Misstrauen. Sie trägt eine weiße Leinenhose, darüber eine weite, grüne Bluse, das dunkelblonde Haar hängt strähnig am Kopf, als wäre sie gerade unter der Dusche gewesen.

«Äh, ja, einen Moment ...», stottert Berger und fischt seinen Dienstausweis aus der Innentasche seines Jacketts.

Sie betrachtet das Bild, dann mustert sie sein Gesicht und ihm fällt auf, dass hinter ihren braunen Augen ein unruhiges Flackern lauert.

«Sie müssen schon entschuldigen ... aber man hört ja so Einiges», flüstert sie und weicht einen halben Schritt zurück, wobei sie die Tür vollständig öffnet.

Berger nickt, schiebt den Ausweis in die Tasche und tritt in den schlauchartigen Flur. Die Wände sind weiß gestrichen, rechts, zwischen zwei Türen, steht eine Weichholzkommode unter der die Fersen von Schuhen herauslugen, darüber hängt ein Spiegel in einem schmalen, schwarzen Holzrahmen, schräg gegenüber neben einer braunen Tür, steht einer dieser runden Garderobenständer, die man heute noch in alten Cafés oder Kneipen findet.

Das Wohnzimmer sieht aus, wie die Fotos der auf dünnem Papier gedruckten Möbelprospekte, die regelmäßig Bergers Briefkasten verstopfen, allerdings stehen die Möbel hier etwas gedrängter. Die Konturen des gegenüberliegenden Wohnblocks schimmern durch weiße, fein gewebte Stores, die bis zum Boden reichen. Vor dem Balkon ist die Gardine zurückgezogen, die Tür weit geöffnet.

Rosalie Goldmann fordert ihn auf, Platz zu nehmen - ihr Blick wandert zum Sessel - sie fragt ihn, ob er ein kaltes Bier will.

Berger zögert, überlegt, dass sein Dienst eigentlich längst beendet ist, doch gemütlich ein Bier trinken, das wäre zu vertraut, beinahe freundschaftlich, Bier trinkt man mit guten Kumpels, aber nicht mit einer Frau, die man gleich verhören will. Er schüttelt den Kopf, bedankt sich artig für ihre Aufmerksamkeit, murmelt, dass er noch im Dienst ist und ein Glas kaltes Wasser vorzieht.

Frau Goldmann zuckt mit den Schultern, meint, das wäre kein Problem, dreht sich um und verschwindet. Berger fällt auf, dass sie keine Schuhe trägt.

Wenig später stellt sie ein schlankes hohes Glas auf den schwarz gekachelte Tisch. Im Wasser schwimmen Eiswürfel.

Sie sinkt auf das Sofa, schwingt die Füße hoch und stützt den linken Ellbogen auf die Armlehne, alles in einer Bewegung, ihre rechte Hand hält ein langstieliges Glas in dem die Eiswürfel gegen das dünne Glas klirren und die Flüssigkeit droht über den Rand zu schwappen.

Berger starrt auf ihre feingliedrigen Finger. Er räuspert sich, umschließt das Glas mit seiner linken Hand, die rechte fährt zu seinem Nacken, trinkt einen Schluck und sucht Augenkontakt. «Sie wissen, warum ich hier bin!?» Hastig stolpern die Worte aus seinem Mund, Frage und Antwort zugleich.

«Ich denke schon», erwidert sie gedehnt, führt das Glas an den Mund und als sie es absetzt, klebt ein verschmierter rosa Lippenabdruck am Rand. Sie beugt sich nach vorn und stellt das Glas auf den Tisch.

Berger erhascht einen gestohlenen Blick auf blasse Haut, einen schwarzen Spaghettiträger und ein Fragment gewölbten Busens.« Es geht um Dr. Neumann, wie Sie schon am Telefon sagten, und wie kann ich Ihnen weiterhelfen?» Ein Lächeln huscht über ihr Gesicht.

Berger meint einen mokanten Zug in den Mundwinkeln zu erkennen und fürchtet, sie habe ihn beim Spannen erwischt.

«Ich frage mal ganz direkt. Wie war Ihr Verhältnis zu Dr. Neumann? Und warum haben Sie sich nicht bei uns gemeldet?»

Sie erklärt ihm, dass es ja keinen Aufruf gegeben habe, dass sich alle, die mal was mit Neumann zu tun hatten, bei der Polizei melden sollen. Dabei lächelt sie fortwährend und ihr roter Mund erscheint ihm wie eine lockende Verheißung und plötzlich sieht er Rosalie Goldmann in einem anderen, sehr privaten Licht und er überlegt, wann es das letzte Mal war, dass ihm eine Frau lässig Wein schlürfend gegenübersaß.

Er klebt an ihren Lippen, während sie ausdrücklich betont, dass von einem Verhältnis nicht die Rede sein könne, was er eigenartigerweise erleichtert zur Kenntnis nimmt. Sie begegnete Neumann in einem Chat-Room und er erschien ihr als ein Mann mit Bildung und Stil, von denen es ja bedauerliche Weise nicht allzu viele gibt und er interessierte sich, wie sie, für Kunst und Esoterik.

Ihre Sätze rauschen in seinen Ohren, Bruchstücke graben sich in sein Gedächtnis … gleiche Wellenlänge … Suche nach immerwährendem Glück … spirituelle Erweckung … Berger überlegt, wann die Frau ihm gegenüber wohl das letzt Mal Sex hatte, erschrickt und ist der Ansicht, dass es besser gewesen wäre, Frau Goldmann im Präsidium zu verhören.

«Er war ein Betrüger, ein lausiger, alter, geiler Mann.»

Verstört taucht Berger auf, aus schwülen Phantasien, fühlt sich ertappt, obwohl er, weiß Gott, kein alter Mann ist.

«Wie ich schon sagte, wir sprachen über das bessere, spirituelle Selbst in uns und wie man es entdecken kann. Amadeus war der Ansicht, inzwischen duzten wir uns, ich sagte ja bereits, wir waren sehr vertraut, das alte Ich müsse verschwinden und das könne nur geschehen durch Überwindung der Blockaden, völlige Hingabe, bedingungslose Hingabe, sodass der alte Mensch sich auflöst, verliert in der Ekstase, damit das Neue einziehen kann in die seelenlose Hülle. Das erschien mir plausibel, Sie verstehen!? Es war einfach verlockend, ein Weg zum Glück, ich meine nicht das Glück, den Hauptgewinn in der Lotterie gezogen zu haben, sondern das Glück innerer Erfülltheit ...» Sie macht eine Pause, trinkt einen Schluck Wein und Berger sieht den Schlitz zwischen ihren Brüsten.

«Ja, genau, so würde ich es nennen, innere Erfülltheit, die es einem leichter macht, die Last des Alltags zu tragen, nicht verdrießlich, eher beschwingt. Dann erzählte er mir von den Jüngern des Lichts, ja, ich glaube so nannte er sie, Jünger des Lichts und dass sie in einer heiligen Zeremonie die Blockaden brechen, die Reinigung der Seele vollziehen. Nun, ich sah das alles transzendent, rein spirituell und fieberte innerlich der Zeremonie entgegen, obwohl, dieses Wort Ekstase hätte mich stutzig machen müssen. Ich fragte ihn, wie der Ablauf wäre, was mit mir geschehen wird. Er sagte, das wäre streng geheim, davon dürfe kein Wort nach außen dringen. Ein paar Tage vor meiner Initiation zum ordentlichen Mitglied der Gemeinschaft, hatte Amadeus ein wenig zuviel getrunken, er war regelrecht überdreht, ich war auch beschwipst, wir alberten herum, machten Scherze darüber, ob er mich danach überhaupt noch erkennen werde. Er lachte, prustend, es war wirklich ein prustendes Lachen und sagte, er werde mir so nahe kommen, dass er mich nie vergessen werde. Und als ich fragte, wie er das denn meine, knurrte er: 'In dir, verdammt noch mal, ich werde in dir sein!' Ich merkte, wie er in dem Moment zusammenzuckte, als er es ausgesprochen hatte. Er versuchte mich zu beschwichtigen, beteuerte immer wieder, das wäre nur metaphorisch, geistig würde er in mich eindringen, um mein wahres Selbst aus dem Käfig der alten Rosalie zu befreien.»

Sie stützt sich auf den Tisch und sieht Berger fest an.

Auf dem Weg zu den Augen glaubt er ihren nackten Bauch entdeckt zu haben.

«Er konnte mir erzählen, was er wollte, ich wusste nun, was da laufen sollte. Er würde mich vögeln, entschuldigen Sie den Ausdruck, aber etwas anderes wäre es nicht und die Anderen sähen zu. Aber nicht mit mir, meine Herren. Ich hab nichts gesagt, wollte nur noch heil da raus kommen. Was mir auch gelungen ist. Mal ganz ehrlich, unter normalen Umständen hätte ich vielleicht tatsächlich mit ihm geschlafen. Er war attraktiv, durchtrainiert und überaus charmant. Aber so was … einfach nicht mein Ding.» Sie richtet sich kerzengerade auf und macht ein trotziges Gesicht.

Berger denkt an das Video und dass Rosalie, mittlerweile duzt er sie in seinen Gedanken, gar nicht weiß, wie viel Glück sie hatte.

«Aber wissen Sie, damals ist etwas in mir gestorben, tief im Innersten und Neumann hat es ermordet.»

Wieder zuckt Berger unmerklich zusammen, den Satz hätte er lieber nicht gehört, er wird sie bei Gelegenheit nach ihrem Alibi fragen müssen, aber nicht jetzt.

«Danke, dass Sie so offen waren ...», seine Stimme klingt brüchig, «das hat mir sehr geholfen, wirft ein völlig neues Licht auf den Herrn Doktor», lügt er, «Sollten noch Fragen auftauchen oder wir ein förmliches Protokoll brauchen, werde ich Sie anrufen.»

Er steht auf und reicht ihr die Hand.

Schmunzelnd erwidert sie seinen festen Händedruck.

«Kein Problem, Sie haben ja meine Nummer.»

Im Flur drückt er sich ohne Not an Rosalie vorbei, seine Hüfte streift wie zufällig ihre und er glaubt ein feines Kribbeln zu spüren.

Die Luft im Fahrstuhl scheint noch atemraubender als zuvor und unter seiner Schädeldecke wiederholt er Rosalies Worte immer wieder: *Neumann hat es ermordet, tief in meinem Inneren.*

Vernissage

Buchvorstellung und Vernissage in der Galerie Blau-Weiß und sie sind alle gekommen, die üblichen Verdächtigen, immer präsent, sehen und gesehen werden, egal, wer gerade ausstellt, verlässliche Garanten, dass die Veranstaltung gut besucht ist und wenn das Schicksal es gut mit dem Künstler meint, zwischen ihnen, der ein oder andere wirklich Interessierte. Nach der obligatorischen Laudatio, die sie gelangweilt über sich ergehen lassen, sind die meisten Gäste im wesentlichen mit sich selbst, dem kalten Büfett und eisgekühlten Getränken beschäftigt. Man steht beieinander, in kleinen Gruppen vertrauter Gesichter, tratscht, stellt sich dar und findet sich schlichtweg großartig.

Halb verborgen hinter einer Säule betrachtet Diana das Geschehen.

Angespannt, voll fiebriger Unruhe hatte sie diesem Abend entgegen gewartet, in den letzten Nächten kaum geschlafen und jetzt fühlt sie sich einfach nur überrollt. Sie braucht unbedingt einen Moment Ruhe, ein wenig Abstand.

Alles war bestens inszeniert, der Ablauf bis ins kleinste Detail geplant. Erst der Fototermin, sie stand vor einer großformatigen Landschaft, hielt das Buch in beiden Händen und lächelte, wie sie glaubte etwas linkisch, in die Kameras. Neben ihr, die Lektorin, eine quirlige Person im schwarzen Hosenanzug und obligatorischer weißen Bluse, ihr langes rotes Haar ist mit zwei rosa Kämmen auf Höhe der Ohren zurückgesteckt, dass ihr keine Strähne ins Gesicht fällt. Sie flüsterte Diana ins Ohr, dass es ihr leid täte, wegen der Hektik, aber die Jungs, damit meinte sie die Fotografen, hätten noch andere Termine und Diana ärgerte sich, dass ihre Verlegerin nicht selbst erschienen ist, angeblich eine unaufschiebbare Familienangelegenheit. Dann die 'Pressekonferenz', drei Journalistinnen, die unkonzentriert wirkten und den Eindruck weckten, sie wollen die Angelegenheit schnell hinter sich bringen. Lapidare Fragen zu ihrer Biografie. Die Lektorin drückte ihnen eine Pressemappe in die Hand, das war's.

Sie lauscht der eigenartigen Klangmelange aus dem Sirren der Klimaanlage, unaufgeregter Musik, darüber vielstimmiges Summen dezent geführter Konversation und hin und wieder, wie willkürlich gesetzte Triangeln, das feine Klirren aufeinander treffender Gläser, hebt das Sektglas, als wolle sie einem unsichtbaren Gast zuprosten und trinkt einen Schluck und plötzlich ist da, wie vom Himmel gefallen, dieses eigenartige Gefühl, das sie selten so bewusst gespürt hatte in ihrem Leben, dass es sie beinahe wie ein Schock durchfährt. Das ist mein Werk, meine Schöpfung und ich bin stolz, verdammt stolz darauf, dass ich es geschaffen habe.

Wie oft hatte sie schon gedacht, dass sie stolz darauf sein kann, wie sie ihr Leben nach der Scheidung als allein erziehende Mutter bewältigte, aber das ist etwas anderes, sie war gezwungen sich zu behaupten, musste den Notwendigkeiten Tribut zollen und mitunter hatte sie sich gefühlt wie eine Getriebene. Aber das hier, ihre Bilder, das ist sie selbst, ihr wahres Ich, frei von Zwängen. Es war ein erhabenes Gefühl, als sie durch die Galerie schritt und ihr fiel auf, dass sie zum ersten Mal ihr Werk in der Gesamtheit betrachtet, ein Bild neben dem anderen, auf neutralem Weiß und jedes weckte Erinnerungen an die Zeit, als sie es gemalt hatte. Und sie dachte, dass diese Ausstellung so etwas wie ein Tagebuch sei, ein Tagebuch verfasst in einer Geheimsprache, deren Code nur sie, sie ganz allein versteht.

Bis auf Carlotta, die eine Mail aus London schickte, zwei Zeilen Glückwünsche, vielleicht ein wenig zu dick aufgetragen, sind die Mädels alle erschienen und ihre Gratulationen schienen Diana herzlicher, aufrichtiger als gestelzte Kommentare und Schmeicheleien, hinter deren Worten, nahezu unverhohlen, Unaufrichtigkeit schwingt. Und Liliana, die konnte Diana bis jetzt nirgends entdecken und während sie überlegt, ob es sein könnte, dass diese es schlichtweg nicht ertragen kann, wenn in ihrer Gegenwart eine andere Person im Zentrum des Interesses steht, außer natürlich, es ist einer dieser sogenannten Promis, denen sie nachzueifern sucht, schiebt sich ein wagenradgroßer, dunkelroter Hut in ihr Blickfeld, darunter ein üppiges Dekolleté, zart getönt. Diana denkt unwillkürlich an dieses Bild von Sophia Loren in *Prêt-à-Porter* und dass die Korsage unter dem schwarzen Kleid Liliana gewiss den Atem raubt.

«Hier haben Sie sich also versteckt ...», plappert die Stimme ihrer Lektorin, «... ist es nicht ein überwältigender Erfolg!?»

Diana dreht sich um, langsam, ganz langsam, wie in Zeitlupe und in ihrem Kopf spukt so was wie, *kann man denn nicht mal für fünf Minuten seine Ruhe haben,* doch bevor sie den Mund öffnen kann, um eine Unfreundlichkeit abzusondern, trifft sie der Blitz unerwarteten Erkennens.

«Darf ich Ihnen Sven Bertram vorstellen, Chefredakteur des Art-Magazin?»

Zum zweiten Mal an diesem Abend fühlt sich Diana überrollt, doch eigentlich weiß sie nicht wirklich, was sie da innerlich bewegt. Es ist eine seltsame Melange, darunter auch ein Anflug schulmädchenhaften Errötens und die peinliche Gewissheit, den Herrn Chefredakteur mit halb geöffnetem Mund sprachlos anzustarren.

Bergers Beobachtungen

Es kam, wie es kommen musste. Kriminalhauptkommissar Klauke entschied, dass es an der Zeit wäre zu sehen, was Frau Lorenz abends so treibt und da er keine zusätzlichen Kräfte bewilligt bekommt, verbringt Jürgen Berger fortan seine Abende statt zu Hause mit ein paar Flaschen Bier vor dem Fernseher, in einem roten Alfa Romeo, den noch vor Kurzem ein Dealer durch München chauffierte. Es sind dunkle, einsame Stunden, ohne Ablenkung, zurückgeworfen auf sich selbst - die Dame scheint entschlossen, das Leben einer Einsiedlerin zu führen. Die seltsamsten Dinge spuken in seinem Schädel und er fragt sich, ob er später auch mal so werden wird wie Klauke, und wie viele Leichen er sehen muss, bis es soweit ist und außerdem, um wie Klauke zu werden, müsste er verheiratet sein, denn eins ist mal sicher, das Eheleben prägt einen Mann und dann denkt er an Rosalie und der Blick, fast bis zum Bauchnabel, will ihm nicht aus dem Sinn.

Heute kommt plötzlich Bewegung in die Geschichte. Ein Taxi stoppt vor dem Haus, der Fahrer geht auf den Hauseingang zu, schellt und kaum, dass der wieder hinterm Steuer sitzt, tritt Liliana Lorenz aus der Tür. Aus der Distanz und im Dämmerschmeichellicht der Straßenlaterne wirkt sie irgendwie alterslos, einfach nur kurvig attraktiv – ihr Busen schimmert matt. Der große rote Hut verleiht ihrer Erscheinung etwas glamouröses, findet zumindest Berger, obwohl weniger freundlich gesinnte Naturen sagen würden, 'irgendwie hat sie was von 'ner Tunte.' Er folgt dem Taxi bis nach Schwabing und jetzt steht er ratlos vor der Galerie 'Blau Weiß' in der die Lorenz soeben verschwunden ist und fragt sich, wohin mit dem Alfa. Ein paar hundert Meter die Straße hinunter, findet er einen Platz unter einem Halteverbotsschild. Er steigt aus, wechselt auf die andere Straßenseite und überlegt, was er machen soll, wenn man eine Einladung oder so was braucht. Seine Befürchtungen erweisen sich als unbegründet. Die Türen der Galerie sind weit geöffnet und auf dem Bürgersteig steht ein Grüppchen unbeugsamer Zigarettenraucher. Berger fühlt sich unbehaglich, in seinem ganzen Leben hat er noch kein Kunstmuseum von Innen gesehen, geschweige denn eine Galerie. Er drückt das Kreuz durch, räuspert sich verstohlen, denkt 'Dienst ist Dienst. Was soll's, da musst du eben durch …' und betritt fremdes Terrain.

Sven Bertram

«Bemerkenswert. Wirklich bemerkenswert Ihre Werke ...»

Ihre Werke! Er hat Werke gesagt, sirrt es in Dianas Kopf, *Nicht einfach Bilder. Werke!*

«Sie haben sehr spät zur Kunst gefunden ...»

Seine Worte klingen wie aus weiter Ferne, durch Nebel. Ja, so müssen Worte im Nebel klingen.

«Nicht wirklich ... Ich würde sagen ... Verschollen ... genau, das ist das richtige Wort», hört sie sich sagen. Nur nicht in seine Augen blicken, sich nicht verlieren in seinen braunen Augen, die sie zu durchdringen scheinen. «Regelrecht verschollen im Trubel des Lebens ...» Was redet sie da für einen Unsinn.

«Interessant, das Talent, verschollen im Trubel des Lebens.»

Sven Bertram, der Chefredakteur lächelt.

Diana meint, es wäre ein nachsichtiges Lächeln.

Die rothaarige Lektorin fühlt sich wie das fünfte Rad am Wagen.

«Was halten Sie davon, wenn wir im Art Magazin eine Home-Story bringen und eine Fotostrecke?»

Wieder glaubt Diana zu erröten.

«Ich weiß nicht?», murmelt sie und ihre Stimme klingt heiser. «Um so was kümmert sich der Verlag.»

Als wäre soeben ihr Stichwort gefallen, mischt sich die Lektorin in das Gespräch.

«Eine Home-Story. Großartig, wenn wir das mit einer Buchbesprechung koppeln könnten!?»

«Ich denke, das ist machbar.» Sven Bertram lächelt weiter, als wäre das Lächeln in sein Gesicht gemeißelt.

«Phantastisch, einfach phantastisch. Entschuldigen Sie, dass ich mich einmische, aber ich muss Diana einfach zu diesem grandiosen Erfolg gratulieren.»

Diana schnellt herum und sieht diesen gewaltigen roten Hut, der ihr bedrohlich nahe kommt, zwei riesige Brüste, spärlich bedeckt und schließlich ihre rechte Hand, die willenlos, als gehöre sie nicht zu ihr, von Liliana auf und nieder geschüttelt wird.

«Ich habe mich noch gar nicht vorgestellt.»

Liliana entlässt Dianas Hand in die Freiheit und nimmt Sven Bertrams Rechte als Geisel.

«Lorenz, Liliana Lorenz.» Und als sie keine Blitze des Erkennens in den Augen zu entdecken vermag, fügt sie hinzu, «Autorin», nachdrücklich, als würde sie es mit fünf Ausrufezeichen versehen.

«Sie können sich gar nicht vorstellen, wie stolz

ich auf meine Freundin bin.» Und irgendwie lauert im Hintergrund 'Hätte ich ihr wirklich nicht zugetraut' und Diana fragt sich, wie Liliana es anstellt, dass ein Kompliment wie eine Beleidigung klingt.

Nachdem Berger die 'Alle starren mich an'-Schrecksekunden, die ihm wie eine kleine Ewigkeit erscheinen, überstanden hat, schaut er sich verstohlen um, zurückhaltend, lässt den Blick schweifen, jeden Augenkontakt meidend, doch im wirklichen Leben nimmt niemand Notiz von dem Mann, der einen schlechtsitzenden Anzug von undefinierbarer Farbe trägt - irgendwas zwischen Grau und Grün und ein wenig Gelb scheint sich auch verirrt zu haben.

Die Leute, die da in Grüppchen zusammenstehen, erscheinen ihm affektiert, jede ihrer Gesten gekünstelt, auf Wirkung bedacht. Wahrscheinlich sind die meisten zugekokst oder haben irgendwelche anderen Drogen intus. Liest man ja immer wieder. Nein, das ist wirklich nicht seine Welt. Die Lorenz ist weiß Gott nicht zu übersehen, es ist ihr gigantischer Hut, der wie ein Leuchtturm seinem Blick den Weg weist. Sie unterhält sich anscheinend angeregt mit zwei Frauen und einem schlaksigen Kerl, wobei ihre Körperhaltung und der leicht in den Nacken geneigte Kopf den Anschein erwecken, dass sie ihre ganze Aufmerksamkeit dem Mann widmet.

Langsam schlendert er an den Exponaten vorbei, verweilt Augenblicke vor den Bildern, bemüht, einen möglichst kompetenten Gesichtsausdruck zur Schau zu stellen und immer wieder schielt er hinüber zu der Gruppe um die Lorenz.

«Herr Berger! Das ist aber eine Überraschung!», zirpt eine weibliche Stimme in seinem Nacken und in Sekundenbruchteilen, während sein Körper die halbe Drehung vollendet, bemüht er sich den Klang mit einem Gesicht zu verbinden.

«Frau Goldmann!?», stottert er.

«Pardon. Ich wollte Sie nicht stören. Aber ich war wirklich überrascht.» Rosalie Goldmann lächelt, honigsüß und Berger betrachtet fasziniert die Grübchen auf ihren Wangen.

Bestimmt denkt sie, dass Bullen nichts mit Kunst am Hut haben, schießt es ihm durch den Kopf, aber im Grunde genommen hat sie recht, zumindest, was ihn betrifft.

«Nun, ich meine, das ist eine recht unbekannte Künstlerin und ich bin auch nur hier, weil eine Freundin eine Einladung hatte und keine Zeit hat», plappert Frau Goldmann munter weiter, froh endlich jemanden getroffen zu haben, dem sie schon mal begegnet ist und sei es im Rahmen einer polizeilichen Befragung.

«Ach, wissen Sie, ich bin einfach so durch die Straßen gewandert, ohne festes Ziel … ich brauche das manchmal … der Job … Sie verstehen, was ich meine …!?»

Das Lächeln in Rosalies Gesicht weicht einem Ausdruck besorgtem Mitgefühls und Berger beglückwünscht sich im Stillen zu seiner Geistesgegenwart.

«Ich glaube, ich weiß, was Sie sagen wollen», sie nippt an ihrem Sektkelch, «neulich, als Sie gegangen waren, da habe ich mich gefragt, wie Sie so was durchstehen, jeden Tag ...», sie senkt ihre Stimme, beinahe ein Flüstern, «... jeden Tag diese blutige Gewalt, dieses Elend, verstümmelte Körper ...»

Berger glaubt ein verräterisches Glitzern in ihren Augen zu entdecken und plötzlich denkt er an Klauke und dessen Theorie von wenigstens einem Komplizen oder einer Komplizin oder vielleicht war es gar ein Komplott mehrerer zutiefst gedemütigter Frauen? Und was wäre unverdächtiger, als sich hier zu treffen, auf der Vernissage einer ziemlich unbedeutenden Künstlerin. Er schüttelt den Kopf, unwillkürlich, als könne er damit die lästigen Gedanken vertreiben.

«Man muss Distanz bewahren ... und ...» Spontan, ungewollt quält sich ein Seufzer aus seiner Brust. «... einer muss es ja machen, wäre traumhaft, wenn wir überflüssig wären!»

Wieder ein Seufzer, diesmal wohl kalkuliert und es gefällt ihm, dieses Bild vom Mann, der sich aufopfert und dem gesellschaftlichen Abschaum dieser Stadt den bedingungslosen Kampf ansagt. Jetzt glaubt er einen Anflug von Bewunderung in

Rosalies Gesicht zu erahnen.

«Ich bin richtig froh, dass ich Sie getroffen habe», haucht Rosalie, «Ich meine privat.» Sie hebt das Glas und leert es in einem Zug.

Friedas Job

Nachdem sie die Tür der Wohnung von Amadeus Neumann an jenem besagten Abend geöffnet hatte, stand plötzlich diese Frau vor ihr, legte den Zeigefinger auf die Lippen und zog sie zum Treppenhaus. Dort verlangte die fremde Frau eine Visitenkarte und sagte: »Ich werde Sie in nächster Zeit kontaktieren! Und jetzt verlassen Sie bitte das Haus. Und noch etwas: Sie haben mich nie gesehen und kennen mich nicht! Egal, wer Sie danach fragt. Sie werden es nicht bereuen, ich werde Sie gut dafür bezahlen.»

Und Frieda hat der Polizei nichts verraten.

Sie wird nach Wolfratshausen fahren und ihren gut bezahlten Auftrag erledigen, und nicht weiter darüber nachdenken. Besser ist das.

Jetzt aber hat sie einen Auftrag von ihrer Vermittlungsagentur bekommen, der sie nach Bogenhausen führt, zu einem sehr exzentrischen älteren Herrn. Bekannt durch Politik und Wirtschaft hatte er sich Millionen erwirtschaftet. In der Öffentlichkeit stand er mit beiden Beinen im Leben.

Kam sie aber zur Tür herein, war er ein unterwürfiger Sklave, der die Peitsche spüren wollte.

«Auf die Knie, Sklave!», ruft Frieda und lässt die Peitsche knallen.

Sofort wirft sich der Sklave auf die Knie und senkt den Kopf zu Boden. Er erwartet seine Befehle.

«Heb deinen Po hoch in die Luft, du Wurm!», befiehlt sie und lässt die Peitsche, eine Bullwhip, auf den nackten Hintern des Herrn, knallen.

«Mehr, Herrin, Mehr!»

«Schweig, sonst zertrete ich dich!»

«Jawohl, Herrin.»

Frieda schlägt wieder und wieder zu und stoppt abrupt den Bewegungsablauf. Er wartet. Sie schweigt.

Minutenlang passiert nichts. Der Mann stöhnt gequält.

«Still! Ich habe dir nicht erlaubt zu stöhnen!»

Sie legt ihm ein breites Lederband um den Hals und klinkt eine Kette daran. Sie zieht ihn zu einem Andreaskreuz und bindet ihn daran fest.

Eine Augenbinde macht sie ihn blind und er ist ihr hilflos ausgeliefert.

Mit einer Feder streift sie über seinen ganzen Körper und kitzelt ihn damit. Dann passiert nichts mehr. Atemloses Schweigen breitet sich im Raum aus.

Frieda begutachtet in aller Ruhe die Peitschen an der Wand und entscheidet sich für eine Weidenrute, eine Salix purpurea, sie weiß, dass sie sehr schöne Striemen auf den Körper zeichnet.

Sie lässt sich viel Zeit und wählt aus den Plugs einen mit einem Vibrationsmotor.

Sie schaltet ihn ein und streicht langsam an seinem Körper abwärts zu seinem Po, nimm ein wenig Gleitmittel, schmiert den Plug damit ein und schiebt ihn kräftig in den Anus ihres Sklaven. Ein «Ahhhhhh» strömt aus seinem Mund und er bewegt seinen Unterleib.

«Bleib still stehen!»

«Jawohl, Herrin!»

Frieda beobachtet die körperlichen Reaktionen des Mannes, den sie insgeheim verachtet.

Je erniedrigender sie ihn behandelt, desto zufriedener wird er danach sein.

Die Salix in der Hand, zeichnet sie ihm kirschrote Striemen auf seinen Oberschenkel, seinen Bauch, seinen Rücken und seinen Po. Wie Blitze schlagen die Hiebe ein und der Mann beginnt zu schreien.

«Jaaaaaaaaa, jaaaaaaa!»

Sein Penis steht hart und steif von ihm ab und sie sieht das Pulsieren des Lustschwengels. Plötzlich spritzt in hohem Bogen sein Sperma ab und der Orgasmus schüttelt seinen ganzen Körper. Zuckend bricht er zusammen, nur gehalten von den starken Lederriemen.

Frieda löst die Bänder, nimmt ihm die Augenbinde ab, nimmt ihr Geld und verschwindet in die Nacht.

Blah, blah, blah

«Furchtbar, einfach schrecklich, wenn man unschuldig im Gefängnis sitzt», klagt Liliana und unterstreicht ihre Worte mit einem heftigen Augenaufschlag. «Diese Demütigung, das kann nur jemand nachvollziehen, der es selbst erleiden musste.» Sie schaut Diana fest in die Augen, dann der Lektorin, schließlich klebt ihr Blick an Sven Bertram.

Diana schäumt vor Wut. Liliana ist einfach impertinent und mit welcher Dreistigkeit sie Sven Bertram anbaggert, ihre Titten anbietet, wie Frischfleisch in einer Metzgerei. Doch sie macht gute Miene zum bösen Spiel, lächelt nachsichtig und murmelt, «Wir verstehen schon. Hast ja recht, Liliana», in einem Ton, als wäre diese eine verwirrte Frau, der man besser nicht widerspricht.

«Aber ich habe mich durchgesetzt, wie immer in meinem Leben. Nicht unterkriegen lassen, immer positiv denken, das Beste aus jeder Situation machen. Nur so kommt man weiter. Und Liebe, Liebe für alle Menschen, das hilft auch in der scheußlichsten Lebenssituation … und Spiritualität, ohne meine Spiritualität wäre ich verloren gewesen.»

Es folgt eine neue Bestätigung suchende Blickrunde.

Blah, blah, blah, rumort es in Dianas Schädel, alles nur dummes Gelaber, die gleiche alte Masche und die Leute fallen immer wieder drauf rein.

«Und ich wäre nicht Liliana Lorenz, wenn ich aus dem Negativen nicht auch Positives ziehen könnte. Eins teilt sich in zwei. Alles im Leben hat zwei Seiten.»

Liliana macht eine Pause, der übliche Trick, um die Spannung zu steigern, hebt die Augenbrauen, schürzt die Lippen und fährt fort: «Ich habe mir gedacht, ich werde meine Haftzeit literarisch aufarbeiten. Hab schon mit meinem Verlag geredet. Die fanden das Thema höchst interessant. Aber erst mal erscheint mein Schlüsselroman, wird einschlagen wie 'ne Bombe. Sensationell! Darf nicht weiter drüber reden. Sonst wär's ja keine Überraschung, wenn's erscheint. Hab ich recht?» Sie kichert affektiert.

«Tut mir leid, dass ich Sie unterbrechen muss, Frau … Pardon, wie war noch Ihr Name …?», wirft Sven Bertram ein, ungeduldig, beinahe schon ein wenig gereizt.

«Lorenz, Liliana Lorenz.»

Der Ausdruck in Lilianas Gesicht spricht Bände und Diana fällt es verdammt schwer ein herzhaftes Lachen zu unterdrücken, dennoch, das Zucken der Mundwinkel dürfte einem aufmerksamen Beobachter kaum verborgen bleiben.

«Ich muss Ihnen Frau Bremer für einen Moment entführen. Natürlich nur, wenn es Ihnen recht ist.»

Diana jubiliert, stumm, das war Lilianas Waterloo. Wie hat sie sich ins Zeug gelegt und nun diese Abfuhr, geradezu eine Demütigung, sicherlich tausendmal schlimmer, als alles, was sie im Knast erlebt hat. Dianas Stimme klingt brüchig: «Wenn es sich nicht vermeiden lässt.» Und ihre Augen flehen, bring mich von dieser grässlichen Frau fort.

Da vorn in der Gruppe um die Lorenz tut sich was. Die Akteure scheinen angespannt. Er sollte auf alle Fälle ein Foto machen, Futter für Klaukes Spekulationen. Berger unterbricht Rosalies detaillierte Ausführungen über die Vorzüge des Autogenen Trainings für das seelische Gleichgewicht.

«Entschuldige, dass ich dich unterbreche, aber mir ist gerade eingefallen, dass ich noch ein dringendes Telefonat führen muss, Nur ganz kurz. Dauert nur eine Sekunde …» Er zerrt das Handy aus seiner Jackentasche und auf seiner Wange zeigen sich hektische rote Flecken, als das akustische Auslösesignal ertönt, das Klicken einer altmodischen Kamera.

«Gib 's zu, du bist beruflich hier! Stimmt 's!?» Rosalie knufft Berger vertraulich mit dem Ellenbogen in die Rippen. «Ich find 's spannend.»

«Dir bleibt aber auch nichts verborgen», lacht er ein wenig gezwungen und seine Linke umfasst Rosalies Taille, während er festhält, wie sich der Mann und eine Frau aus der Gruppe lösen und die Lorenz mit der Rothaarigen zurückbleibt. Ein wenig verloren, wie ihm scheint.

Berger schiebt seine Mobiltelefonkamera in die Tasche und will gerade seine spontane Taillenumklammerung lösen und zu einer fadenscheinigen Entschuldigung für die überfallartige Nähe ansetzen, da glaubt er einen leichten Druck zu spüren, als würde sich Rosalie gegen ihn lehnen, nur ein wenig, wie um zu prüfen, welchen Halt er ihr bieten kann.

Er fühlt sich so wohl, wie schon lange nicht mehr.

Undercover

Aiko ist eine wirklich erstaunlich vielseitige kleine Person. Ressel steckt sich eine Zigarette an.

Hätte er nie für möglich gehalten, dass es ihr so schnell gelänge, sich das Vertrauen der Frau Staatsanwalt zu erschleichen.

Er hatte sie, wie man so schön sagt, ins kalte Wasser geworfen, ohne Instruktionen oder einen Tipp, wie sie mit Marianna von Blucher ins Gespräch kommen könne. Wer weiß, welcher Teufel ihn da geritten hat, ist sonst überhaupt nicht seine Art, aber wahrscheinlich hatte er einen schlechten Tag und wusste nicht, wohin mit seinem Frust. Und Aiko, die sah ihn an, aus ihren unergründlichen, dunklen Augen, stoisch, ohne ein Zeichen von Regung und nickte stumm.

Während ihres dritten Besuchs, im *Body&Soul,* täuschte Aiko eine Knöchelverstauchung vor und Marianna von Blucher zeigte sich äußerst hilfsbereit. Nach dem Training waren sie noch gemeinsam Kaffee trinken. Marianna schwärmte vom Body&Soul, als wäre es kein Fitness-Studio, sondern ein magischer Ort spiritueller Erweckung, da ihr erst dort klar geworden wäre, wie wichtig, ja von existentieller Bedeutung es sei, außer der körperlichen Fitness, auch die seelische Gesundung im Auge zu haben. Sie plapperte allerlei esoterisches Zeug, von dem Aiko, wie sie einräumte, absolut keinen blassen Schimmer hat und immer wieder betonte sie, wie wichtig es wäre, sein wahres Selbst zu entdecken. Und sie fragte Aiko, ob sie denn immer ganz bei sich selbst sei oder ob sie nicht mitunter auch das Gefühl plagt, dass die Hülle, die sie zur Schau trägt, ihr wahres Ich verschüttet. Dann sprach sie davon, dass man das alte, falsche Ich hinter sich lassen muss, um den göttlichen Hauch in sich zu entdecken und dass dies der einzige Weg ist, wahres Glück und wahre Liebe zu erfahren.

Für Ressel hört sich das an, wie die Luxusprobleme einer Frau, die den lieben langen Tag in ihrer Vorstadtsiedlung hockt und nicht weiß, was sie mit ihrer Zeit anfangen soll, zumindest sieht es so aus, wenn er seine Observationsprotokolle betrachtet. Diese Frau unternimmt nichts, außer einkaufen zu gehen, hin und wieder trifft sie sich mit anderen Frauen, nichts Spektakuläres, vermutlich belangloser Small-Talk und regelmäßig Besuche im Body&Soul, jeden Dienstag und Donnerstag zur gleichen Zeit, danach sucht sie jedes Mal unverzüglich das Vita Novus in der Adolph Kolping Straße auf, außer an diesem einem Nachmittag, den sie mit Aiko verbrachte. Heute ist Mittwoch und sie trifft sich wieder mit Aiko.

Er zerquetscht die Kippe im Aschenbecher, steht auf, geht zum Fenster und starrt auf die Gardine, deren Faltenwurf sich im Luftzug des Ventilators bauscht, wie eine sanfte Dünung, die am Strand allmählich ausläuft. Irgendwie fühlt er sich unbehaglich, er vermag es nicht, das Gefühl näher zu beschreiben. Es ist nicht dieser eigenartige Adrenalinschub, angesiedelt zwischen Angst und Aggression, Vorbote drohenden Unheils – aber es ist dem sehr nahe. Vielleicht ist es ja gerade umgekehrt, argwöhnt er und Marianna von Blucher fungiert als so eine Art Propagandistin, die testet, ob seine Aiko als mögliches Opfer für diese Erweckungsapostel in Frage kommt, denn eins ist mal klar, in diesem Fitnesscenter stählen nur gutbetuchte Frauen ihren Körper und mit diesen Selbstfindungskursen machen die richtig Kohle. Außerdem drängelt von Blucher, er will Ergebnisse sehen. Verdammt noch mal, was meint der Kerl überhaupt mit Ergebnissen. Wie stellt der Herr Staatsanwalt sich das vor? Der hat doch selbst diese Vita Novus Leute überprüfen lassen. Alles völlig legal, was die treiben. Nichts Geheimnisvolles und der Geschäftsführer, ein gewisser Markus Faller, ist ein unbeschriebenes Blatt, außer einigen Verkehrsübertretungen hat sich der Mann bis heute nichts zuschulden kommen lassen. Tja, wie will er seine Frau davon abhalten, irgendwelche Selbsterfahrungskurse zu besuchen, wenn ihr danach ist und glauben kann schließlich jeder, was er will. Könnte sein, dass der Kerl einfach nur ein übler Kontrollfreak ist. Aber was soll's, solange von Blucher zahlt, spielt er dessen Spiel. Und seine Aiko, die bleibt hoffentlich mit beiden Beinen auf dem Boden und lässt sich nicht beschwatzen.

Aikos Auftritt

Ihre Schritte werden langsamer, bis sie nur noch schlendert und dies ist kein Tribut an die drückende Schwüle unter einem bleigrauen Himmel. Aiko will sich spiegeln und sie ist begeistert von sich, die so offen und selbstsicher daherkommt, zwischen den Auslagen, in den Schaufenstern der Leopoldstraße. Das schmal geschnittene, blaue Kostüm - Nadelstreifen im zartesten Rosa - steht ihr ausgezeichnet und passt perfekt zu ihrer Legende. Als Agentin braucht sie natürlich eine Legende, das weiß sie aus den zahllosen Krimis, die sie, neben Tillmann auf der Couch sitzend, gesehen hatte. Etatmanagerin einer Telekommunikationsfirma. Hat sie sich selbst ausgedacht. Als sie Tillmann davon erzählte, hatten seine Augen geblitzt und sie glaubte darin Anerkennung zu lesen. Das ist was anderes, als tagein, tagaus hinter der Glastheke zu stehen und fremde Leute bedienen. Das ist das wahre Leben, Abenteuer, sich wirklich spüren, sorgsam gehütete Geheimnisse aus dem Dunkel des Verborgenen ans Tageslicht zerren und dieser Identitätswechsel, einfach faszinierend, als sei sie eine Schauspielerin. Soweit sie sich zurück erinnern kann, wollte sie Schauspielerin werden. Sie verbrachte Stunden vor dem gewaltigen Schrank im Schlafzimmer der Eltern - ein Ungetüm mit sechs Spiegeltüren - verkleidete sich mit Mutters Blusen, die ihr bis zu den Knöcheln reichten, Schals und Halstücher wurden zur Stola und sie stolzierte auf und ab, in hochhackigen Schuhen, die ihre kleinen Füße förmlich verschlangen.

Aiko beginnt sich auszumalen, wie es sich anfühlen würde, wenn sie tatsächlich eine erfolgreiche Managerin wäre und als sie in die Josephstraße einbiegt, ist die Metamorphose perfekt.

Sie wird strategisch vorgehen, Marianna sagen, dass sie lange über das nachgedacht hat, was sie erzählt hatte, über das wahre, verborgene Selbst und so und dass sie es erst nicht wahrhaben wollte, sich regelrecht dagegen gewehrt habe, letztlich aber eingestehen musste, dass es nicht zu leugnen ist, dieses eigenartige Gefühl innerer Unruhe und Leere. Zwei Frauen, die das Gleiche fühlen, das verbindet, schafft Nähe und Vertrauen.

Sie lächelt und nestelt am Bügel ihrer Sonnenbrille - Gucci Imitation.

Eigentlich müsste sie ein schlechtes Gewissen haben, sich das Vertrauen dieser Frau, die ihr so sympathisch ist, zu erschleichen. Was, wenn sie schlichtweg Distanz braucht, eine Auszeit vom tristen Ehe-Alltag. Staatsanwalt, ihr Mann ist Staatsanwalt, sicher so ein verknöcherter Paragraphenhengst, ohne Sinn für Phantasie und Romantik oder sie ist einfach nur so drauf, wie früher diese Hippietanten, die sie neulich in einer Nostalgiedokumentation bewundern durfte?

«Was soll's, ist halt mein Job», seufzt sie.

Eine Frau dreht sich um und schüttelt den Kopf.

Außerdem verlässt sich Tillmann auf sie und Aiko will auf keinen Fall das in sie gesetzte Vertrauen enttäuschen, überdies könnte er recht behalten mit seiner Vermutung, dass Marianna in die Fänge einer dubiosen Sekte geraten ist und dann sieht die Sache schon ganz anders aus.

Nächste Straße rechts, da muss es sein.

In dem Café herrscht eine eigenartige Atmosphäre angespannter, sirrender Betriebsamkeit. Aikos Blick tastet durch den Raum, niemand scheint von ihr Notiz zu nehmen. Ein Ort fern der demographischen Realität, keiner der Gäste dürfte älter als fünfunddreißig sein, die meisten sitzen allein, vor sich auf kleinen quadratischen Tischen aufgeklappte Notebooks, jeder gefangen in seiner eigenen virtuellen Blase.

Schließlich entdeckt sie Marianna, rechts, direkt am Fenster, ohne Notebook, dafür sitzt noch eine andere Frau an ihrem Tisch und anscheinend unterhalten sie sich glänzend.

So war das nicht abgemacht, mit keinem Wort hatte Marianna erwähnt, dass sie eine Freundin mitbringt. Aiko verhält im Schritt. Vielleicht ahnt sie etwas, hat ihre Maskerade durchschaut und die Rotblonde ist wirklich Etatmanagerin und soll sie bloßstellen. Noch scheint Marianna sie nicht entdeckt zu haben, noch kann sie sich unbemerkt zurückziehen.

Zu spät!

Marianna hebt die Hand, winkt, ihre Augen suchen Blickkontakt.

Aiko grinst, wie sie meint verlegen, die Handflächen werden feucht und keine Chance, sie unbemerkt am Rock trocken zu reiben. Vorsichtig tritt sie näher.

Überraschung

Tillmann Ressels Besuch bei den Vita-Novus-Leuten war eine einzige Katastrophe und brachte ihn nicht einen Schritt weiter.

Selbst die dritte Flasche Bier vermag nicht seinen Ärger zu lindern. Die Empfangsdame, eine Brünette in einem körpernah geschnittenen weißen Kleid, mit Stehbundkragen, das seidig schimmerte, lächelte einfach über ihn hinweg. Sie erklärte ihm, dass man die Vita Novus Seminare nicht einfach so buchen kann, wie eine x-beliebige Kreuzfahrt. Dabei lächelte sie weiter, doch in ihrem Blick las er die mitleidige Überlegenheit des Wissenden, der sich mit einem Trottel unterhalten muss. Sie erklärte ihm, der leicht genervte Unterton war nicht zu überhören, dass es sich mit den angebotenen Kursen verhalte, wie mit verschreibungspflichtigen Arzneimitteln und dass es durchaus riskant sein kann, wenn jemand ein Seminar besucht, für das er einfach noch nicht reif ist. Sie zog die Augenbrauen in die Höhe, wohl um die Ernsthaftigkeit ihrer Worte zu unterstreichen und einen flüchtigen Augenblick wich die Miene freundlicher Verbindlichkeit, dem Ausdruck ernsthafter Besorgnis. Als sie ihn darauf hinwies, dass man sich erst ein Bild von seiner seelisch-energetischen Verfassung machen muss und er dafür einen Fragebogen ausfüllen soll, war es zurück, das perfekte Abbild einer Dentalpflegemittelwerbekampagne. Sie versicherte ihm, dass seine persönlichen Daten einem strengen Datenschutz unterlägen, eben wie bei einem Therapeuten und weder seine Telefonnummer, noch die E-Mail Adresse für dubiose Werbezwecke missbraucht werden. Tatsächlich, sie sagte missbraucht und wie sie es sagte, es klang, als spreche sie über eine obszöne Handlung.

Tillmann Ressel quält sich aus der Couch, schlurft in die Küche, nach einer neuen Flasche Bier.

Was hatte er auch erwartet? Dass er so mir nichts, dir nichts, da rein marschiert und was dann?

Der Kronkorken trudelt über die Arbeitsplatte. Tillmann starrt in den Hinterhof, die Treppenhausbeleuchtung des gegenüberliegenden Blocks flammt auf.

Es war einer dieser multiple Choice Fragebögen zum Erstellen eines oberflächlichen Persönlichkeitsprofils, wie die in diversen Zeitschriften publizierten, die einem nach jahrelangem Zusammenlebens mit einem Partner verraten, dass man so überhaupt nicht zusammenpasst oder dass man seit Jahrzehnten am falschen Ort Urlaub macht, weil man ein ganz anderer Urlaubstyp ist oder durch die falsche Berufswahl sein ganzes Leben versaut hat und jetzt eh alles zu spät ist. Notgedrungen setzt er seine Kreuze, schließlich will er einen Fuß in der Tür behalten. Er nennt sich Heinz Müller und gibt die E-Mail Adresse eines großen Providers an, die er erst noch einrichten muss und die Nummer seines anonymen Pre-Paid Handys. Die brünette Geisha säuselt, dass ihm in den nächsten Tagen ein speziell auf sein Persönlichkeitsprofil zugeschnittenes Kursangebot per E-Mail zugehen werde, dabei pocht sie mit dem Mittelfinger auf sein Pseudonym. Sie verlangt dreißig Euro Bearbeitungsgebühr und bietet an, den Betrag von seinem Konto abzubuchen. Ressel zahlt bar und verabschiedet sich artig.

Nun sitzt er wieder auf seinere Couch, trinkt Bier, raucht und stopft kalte Pizza in sich hinein, abwechselnd. Auf Phoenix entdeckt Howard Carter zum x-ten mal Tutanchamuns Grab.

Wird jetzt natürlich alles etwas länger dauern, gut für ihn, schlecht für von Bluchers Konto und weiß der Teufel, ob er überhaupt die Chance bekommt, das gleiche Seminar zu besuchen, wie Marianna von Blucher und weiß der Teufel, ob er diesen Markus Faller überhaupt zu Gesicht bekommt und wo, verdammt noch mal, bleibt Aiko, die müsste doch längst zurück sein?

Gefangen in ärgerlicher Grübelei, überhört er

das Klappen der Wohnungstür, die leisen Schritte im Flur und Aikos Begrüßung kommen über ihn wie Donnerhall.

«Du wirst nicht glauben, was ich erlebt habe ...», kichert sie, plumpst auf die Couch, rutscht an seine Seite, drückt ihre Lippen auf seine linke Wange und streift unter dem Couchtisch die Schuhe von den Füßen.

«Aber bevor ich dir alles erzähle, will ich noch ein Glas Wein!»

Ihr Schollmund ist wirklich sehenswert, ebenso der treuherzige Augenaufschlag.

Tillmann verkneift sich eine sarkastische Bemerkung und steht auf. Im Kühlschrank findet er eine angebrochene Flasche Wein.

«Also, wie ich schon sagte ...» Aiko nippt an dem bauchigen Glas, lehnt sich zurück und legt ihre Füße auf seine Oberschenkel.

«Einfach verrückt, was einem so alles passieren kann!» Sie trinkt noch einen Schluck, dann stellt sie das Glas auf die Tischplatte.

'Verdammt noch mal ... nun erzähl schon, was los war ...', schreit es in Ressel. Doch er schweigt, schaut seine Aiko fragend an.

«Also, ich komme in dieses Café, in dem wir verabredet sind. Kannst du dir nicht vorstellen, kein Mensch hat sich mit den anderen unterhalten, alle haben nur auf ihre Laptops geklotzt oder SMS verschickt ... egal, tut nichts zur Sache ... unwichtig ...» Sie beugt sich nach links, trinkt.

«Wo war ich stehen geblieben? Ach ja, jetzt weiß ich's wieder. Also ich komm da rein und da sitzt so eine Rothaarige bei Marianna am Tisch ...»

'So, so, Marianna ...', rumort es in Ressels Schädel, 'sind wir also schon beim Du.'

«... ich denk schon, jetzt hat sie Verdacht geschöpft, jetzt will sie mich auffliegen lassen ... alles völliger Quatsch ... die Silke ist eine gute Freundin von ihr ... kennt sie von früher und die ist jetzt erst nach München gezogen ... Du sagst ja gar nichts!»

Ressel räuspert sich, «Was soll ich schon groß sagen. Erzähl, wie ging's weiter ... da war also diese Freundin ...»

«Du brauchst gar nicht zu drängeln, ich komme schon noch zur Sache ... aber du musst ja wissen, wie das entstanden ist ... hab ich recht?» Aikos Stimme klingt trotzig und ihre Augenbrauen wölben sich.

Am liebsten würde Ressel unruhig auf seinem Hintern herumrutschen, aber stattdessen sieht er Aiko in die Augen, stummes Flehen im Blick.

«Also, besagte Freundin besucht auch diese Selbstfindungsseminare bei diesen Vita Novus Leuten und eigentlich haben sie gemeinsam ein Wochenendseminar gebucht ... glaubst du eigentlich an Schicksal oder an Zufälle ...?» Aiko, kichert schulmädchenhaft. «Ich weiß, das gehört nicht hierher, brauchst mich gar nicht so strafend anzusehen ...»

«Hab ich gar nicht …», protestiert Tillmann, «… das bildest du dir ein …» *Weil du betrunken bist,* verkneift er sich und ihm fällt auf, dass er sich heute Abend ständig etwas verkneift.

«Komm, gib 's schon zu, du bist angepisst, weil ich etwas beschwipst bin … gib 's zu, du findest das unprofessionell und denkst, hätte ich die dumme Ziege da bloß nicht mit reingezogen.»

«Alles Unsinn, was du da erzählst … aber ich werde gleich sauer, wenn du nicht endlich damit rausrückst, was so Gravierendes passiert ist, bis jetzt hört es sich an wie ein Frauentreffen mit jeder Menge Likör …» Ressel will lachen, als habe er soeben eine äußerst gelungene Pointe zum Besten gegeben, doch was er herausbringt, gleicht einem verkrampften Krächzen.

«Siehst du, hab ich's nicht gesagt und um korrekt zu sein, es war Sekt, kein Likör …», giggelt Aiko, «… aber was soll's, also besagte Silke, die hat einen Kerl kennengelernt und der hat sie eingeladen, an die Côte.»

Wie sie es rausbringt, dieses Côte, statt zu sagen Côte Azur oder schlicht Südfrankreich, Côte, wie beiläufig hingerotzt, als würde sie dort für gewöhnlich ihre Wochenenden verbringen.

«Also wird es nichts mit der gemeinsamen Selbstfindungserfahrung und jetzt komme ich ins Spiel.» Plötzlich klingt ihre Stimme, klar, nüchtern, akzentuiert. «Also, Marianna ist nicht gleich damit rausgekommen …»

Wieder dieses vertraute *Marianna*' Aiko ist offensichtlich mit der von Blucher weiter, als er es je für möglich gehalten hätte.

«… erst wurde mal mächtig gejammert … 'was machen wir bloß' und 'wo du schon alles bezahlt hast'. War mir gleich klar, die ziehen da eine Schau ab, was soll's, kommt uns ja nur entgegen, hab ich recht?», und kneift Tillmann liebevoll in seine Wange.

Ressel nickt, stumm, verblüfft. Wir, sie sagt wir, als wären sie ein gleichberechtigtes Team und ihm ist gar nicht wohl bei diesem Gedanken.

«Wir sind dann zu Silke gefahren. Tolle Wohnung, kann ich dir sagen. Die muss Geld haben, die Frau. Da haben wir dann Sekt getrunken. Schließlich ist Marianna damit rausgekommen, was ich denn davon hielte, wenn ich Silkes Platz einnähme. Wie gesagt, war mir schon im Café klar, dass die Frage kommen würde, war mir nur nicht sicher, wann. Ich hab rumgedruckst, als wäre ich nicht sicher, wie ich mich entscheiden soll. Die haben wohl gedacht, ich will den Preis drücken, jedenfalls meinte Silke, ich kann das Wochenende für den halben Preis haben, nächstes Wochenende. Was sagst du nun, Schicksal oder Zufall?»

Tillmann Ressel ist sprachlos, er reißt sich den Arsch auf … und Aiko marschiert einfach so daher …

«Tja, weiß nicht, was ich sagen soll. Du

bist einfach der Hammer. Ist mir auch egal, ob Schicksal oder Zufall.» Verlegen kratzt er sich am Kopf. «Ich meine das voll Ernst. Großartig! Wie du das geregelt hast! Hätte ich selbst nicht besser machen können. Willst du noch ein Glas Wein?»

Aiko nickt, zieht die Beine an und umschlingt ihre Knie mit den Armen. Sie sieht sich um - auf dem Bildschirm lässt Katharina, später die Große, gerade ihren Gatten Peter ermorden – und findet es schlichtweg schäbig hier, die Wohnung, die Einrichtung, einfach alles, die Welt, die sie vor wenigen Stunden verlassen hat, gefällt ihr besser, viel, viel besser.

Tillmann kommt mit dem Glas Wein zurück und setzt sich neben Aiko. Sie kuschelt sich an seine Brust und beginnt ihn zu streicheln. Er brummt zufrieden. «Hmm, das gefällt mir!»

Er schnappt sich seine Aiko und trägt sie ins Schlafzimmer. Durch den Alkohol ist sie enthemmt und er fühlt sich im siebten Himmel. Sie setzt sich auf ihn und reitet seinen Schwanz wie eine perfekte Reiterin. Tillmann stöhnt und spürt das Pochen seines Schwengels. Nein, jetzt noch nicht!

Er packt seine Aiko an der Taille und schiebt sie auf sein Gesicht, um sich sofort mit ihrer Klitoris zu beschäftigen. Aiko keucht und der Organsmus bahnt sich einen Weg, der ihren ganzen Körper schüttelt. Sofort setzt er sie wieder auf seinen Phallus und sie reitet ihn wild und unbändig bis zu seinem Orgasmus.

Später liegen sie, sich liebevoll streichelnd, im Bett und strahlen sich an. «Du bist das Beste, was mir je passiert ist und außerdem bist du auch noch eine tolle Detektivin und eine scharfe Braut. Ich bin so stolz auf dich!»

Sommerfrische

Dianas nackte Füße streichen durch den hohen Rasen, der schon längst hätte gemäht werden müssen. So beschwerlich und unangenehm die subtropische Witterung für sie selbst auch sein mag, für den Garten ist es reines Labsal.

Zum ersten Mal nach dem wahrhaften Jungbrunnenerlebnis Vernissage spürt sie irdische Schwere. An jenem Abend vor exakt einer Woche und den Tagen danach fühlte sie sich eigenartig schwerelos, als wäre sie weder jung, noch alt - ein bizarrer Zustand, wie aus der Zeit gefallen.

Immer wieder durchlebte sie den Triumph, als Liliana von Sven so eindeutig, geradezu harsch abgewiesen wurde, verlor sich im verräterischen Blitzen seiner braunen Augen. Und abends, nach ein paar Glas Rotwein, bevor der Schlaf sie entführte, träumte sie sich in prickelnde erotische Phantasien.

Seit gestern sind sie verschwunden, Euphorie und Lebenslust, wie trügerische Schimären im Nebel, stattdessen lasten plötzlich vermeintlich verlorene Jahre wie bleierne Gewichte auf ihren Schultern. So sehr sie sich auch bemüht, die

Gedanken von sich zuweisen, sie als unlogisch, irrational und ausgemachten Unsinn abzustempeln, spuken doch immer diese 'Was wäre wenn' Spekulationen in ihrem Kopf. Und ausgerechnet heute, im Chaos aus verblasstem Hochgefühl und fragiler Selbstachtung, wird sie in ein paar Stunden Sven hier in ihrem Haus treffen.

Die Zehen verkrallen sich im satten Grün.

Als sei das alles nicht genug, drängt sich auch noch Enya in ihren Tag. Unbedingt, ich muss dich unbedingt sehen, hat sie, ein Anflug Hysterie in der Stimme, nahezu außer Atem, ins Telefon gebrüllt und nein, wir können das nicht am Telefon besprechen und Diana konnte, wie so oft in ihrem Leben, einfach nicht nein sagen.

Der lauwarme Kaffee schmeckt bitter. Sie setzt die Tasse auf den kleinen runden Tisch und schüttelt ihre Haare.

«Ich bin energetisch völlig von der Rolle …», murmelt sie, «… hat sich nichts geändert, alles ist bestens, muss mich sammeln, meditieren, zur Ruhe kommen.»

Sie steht auf und die Gräser streicheln ihre nackten Sohlen.

Auf den ersten Blick scheint Enya wie gewohnt, souverän, gelassen, Ruhe ausstrahlend. Gekleidet in einem weiten, weißen Gewand, das nicht einmal die Kontur der darunter verborgenen Figur ahnen lässt. Wie eine Schamanin eben. Doch als sie sich an dem weißen Gartentisch im Schatten der Zeder gegenüber sitzen und sie die Tasse Jasmin Tee an die Lippen führt, bemerkt Diana das leichte Zittern ihrer Hand.

«Ich weiß, dass es ein denkbar schlechter Tag ist, dich mit meinen Problemen zu belästigen.» Die Tasse klappert auf dem Unterteller. «Nein, nein, wehre nicht ab ...», fährt Enya fort, als Diana den Mund öffnet, um zu einer Entgegnung anzusetzen, «... natürlich ist es eine Belästigung, nicht generell, aber heute. Ich spüre doch, was es für dich bedeutet, dass Sven Bertram, so heißt er doch, dich besucht und was du für ihn empfindest.»

Sie lächelt, es ist dieses 'Ich weiß Bescheid' Lächeln und Diana fragt sich, ob sie tatsächlich so leicht zu durchschauen ist und ob es den anderen, einschließlich Sven, auch aufgefallen sein könnte.

«Ist geschäftlich, wegen der Home-Story», entgegnet sie, aber es klingt halbherzig, schlaff, einfach so dahergesagt.

Enya holt tief Luft, sieht Diana tief in die Augen. «Ich hatte ein eigenartiges Erlebnis, verwirrend, glaube mir, so etwas ist mir noch nie vorher widerfahren ...», sie zögert einen Moment, als wäre sie nicht mehr sicher, ob es richtig war, Diana ins Vertrauen zu ziehen.

«Es war die Nacht nach deiner Vernissage und danach hatte ich noch zwei Mal diese Vision. Anfangs hielt ich es für einen Traum, einen

Albtraum, wohlgemerkt, aber dann fiel mir auf, dass etwas anders war, das Erleben war so real, so klar … so wie wir hier miteinander sitzen und reden. Ich hatte das Gefühl, ich wäre Liliana ...» Enya runzelt die Stirn, «… nein, das ist nicht ganz richtig, ich war nicht Liliana, ich habe nur durch ihre Augen gesehen, konnte nur beobachten, ohne Einfluss auf das Handeln zu haben. Und was ich gesehen habe, war einfach schrecklich und ich war gefangen in ihrem Kopf.»

Enya starrt geradeaus, wie in Trance, ihr Blick scheint Diana zu durchdringen auf der Suche nach einem Ziel in unendlich weiter Ferne.

«Da war Blut, unendlich viel Blut und ich hatte Handschuhe an, dünne weiße Handschuhe, wie Chirurgen sie tragen, aber ich habe sie nicht gespürt, ich meine, ich hatte überhaupt kein Körpergefühl, nur dieser Blick durch die Augen eines fremden Menschen … und alles ohne eine Emotion, kein Ekel, kein Schaudern, keine Frage, was da eigentlich geschieht …»

«Wieso meinst du, dass es Lilianas Augen waren, durch die du gesehen hast …?»

«Weiß nicht, ich kann das an keinem besonderen Merkmal festmachen. Ich wusste es vom ersten Augenblick, das ist Liliana. Nicht, dass ich ihren Namen gehört hätte, es war einfach da, in meinem Kopf … jetzt, wenn ich mit dir darüber spreche, kann ich noch nicht mal ein Bild festmachen, nur dieses Gefühl von Blut, dabei weiß ich ganz genau, dass ich mehr gesehen habe ... ich weiß es ganz genau und ich spüre sie sogar jetzt, hier, in deiner Oase, die negativen Energien.»

Blut ... Liliana ... negative Energien ... die Worte rotieren in Dianas Kopf, dann gesellt sich Sven dazu und der Reigen dreht sich immer schneller, dass sich die Laute überlagern, ineinander verschlingen, bis zur Unkenntlichkeit - die Zeder taumelt.

«Willst du damit sagen, dass ...?»

«Ich weiß es wirklich nicht, es ist so verwirrend ... ich bin sicher, es war in der Galerie ...»

«Vergiss nicht, was du sagen willst ... ich hole uns Wein, das bringt dich ein bisschen runter. So hab ich dich ja noch nie erlebt.» Diana wartet Enyas Antwort nicht ab und steht auf.

Ein strahlend zarter Sonnenfächer stiehlt sich durch graue Wolkenschwaden.

«Es war die Begegnung in der Galerie.» Enya nippt an ihrem Glas Rotwein. «Der Auslöser kann nur die Begegnung in der Galerie gewesen sein. Ich hatte davor keinen Gedanken mehr an Liliana verschwendet. Es war beinahe, als wäre sie mir nie begegnet.»

Diana denkt darüber nach, wie unterschiedlich Menschen doch sind, denn bei ihr hatten die Turbulenzen alte Wunden aufgerissen und zu einem Bilderzyklus inspiriert, der sich deutlich von ihrem bisherigen Werk unterscheidet, düsterer in Farbduktus und Motiven. Bis jetzt hat sie die Entwürfe noch niemanden gezeigt, unsicher, ob sie den Bruch tatsächlich wagen soll.

«Du weißt ja …», dringen Enyas Worte wie Nebelhörner durch den Schleier ihrer Gedanken. «… ich war immer felsenfest davon überzeugt, dass Liliana nichts mit dem Mord an Neumann zu tun hat, dass sie es unmöglich getan haben kann …»

«Und jetzt, jetzt hast du deine Meinung geändert!?» Die Angelegenheit fängt an lästig zu werden, sie kann dieser verdammten Liliana einfach nicht entkommen, selbst an diesem Tag, dem sie mindestens ebenso entgegen fieberte, wie ihrer Vernissage.

«Es war kurz nachdem du mit dem Bertram verschwunden bist. Janina, Antje und ich standen noch zusammen, Luisa war bereits gegangen, sie wollte noch mit ihrer Tochter sprechen, die am nächsten Tag zu den Großeltern nach Mailand fahren sollte, aber vielleicht war das auch nur vorgeschoben, ich hatte den ganzen Abend das Gefühl, dass sie sich nicht so recht wohl fühlte, ist halt nicht ihre Szene, sie hat sich dem nur ausgesetzt, weil es deine Ausstellung ist ... wie dem auch sei, Liliana stand einfach da und wollte Konversation machen und wie immer plapperte sie nur über sich selbst. Ihr neues Buch, natürlich alles Top Secret und ihre Knasterlebnisse. Wir hörten höflich zu, kommentarlos, die Atmosphäre war, ich würde sagen, kühl distanziert …

jeder normale Mensch hätte gespürt, dass wir uns langweilten und ihr lieber nicht zugehört hätten. Nicht so Liliana … na ja, du kennst sie ja …»

Enya leert ihr Glas.

Die Wolkendecke reißt auf und die Sonne taucht den Garten in flirrendes Licht.

«Es waren ihre Augen. Ich habe ihr in die Augen geblickt und es schien mir, als könne ich ganz tief in sie hineinsehen und was mich erschreckte, war, dass da nichts war, keinerlei Regung, keine Emotion, nur Kälte, eisige Kälte, als wäre sie eine seelenlose Hülle.»

«Und daraus schließt du …!?» Diana füllt Enyas Glas.

«Nein, nein, du verstehst mich falsch …», beteuert Enya, «… wo nichts ist, da kann man nichts deuten oder interpretieren, das ist es ja gerade, was mich so beunruhigt, da ist alles möglich, da gibt es so etwas wie Gewissen oder Schuldgefühl nicht, keine Moral, keine Wahrheit oder Lüge, nur die Nützlichkeit für den eigenen Vorteil, man könnte auch sagen, extrem narzisstisch.»

«Liliana besitzt schon das Talent, in egal welcher Situation alles zu ihren Gunsten zu wenden, hat man ja unlängst wieder gesehen …», murmelt Diana und findet Enyas Andeutung recht gewagt, denn egal, wie sehr sie sich auch um eine konkrete Aussage herumdrückt, letztlich hält sie es für möglich, wenn nicht sogar für wahrscheinlich, dass Liliana diesen Neumann umgebracht hat. Was für ein Nachmittag, was für eine Stimmung, sie muss das Thema zum Abschluss bringen, bevor Sven auftaucht und dann kein Wort mehr über Liliana Lorenz.

«Ich weiß nicht … keine Ahnung, was in dieser Nacht wirklich geschehen ist. Und Liliana? Klar, die hat es faustdick hinter den Ohren, aber so ein kaltblütiger Mord? Ich kann mir das einfach nicht vorstellen.» 'Basta' und 'Schluss damit' spricht Diana nicht aus, doch über ihrer Nasenwurzel bilden sich tiefe Falten, typische Anzeichen nachdenklichen Unmuts. «Meinst du denn, du bekommst das mit den Visionen in den Griff? Als du das gesagt hast, überall Blut, da hat es mich richtig geschaudert und ich musste unwillkürlich an *Shining* denken, du weißt schon, dieser Film mit Jack Nicholson, als das Blut wie eine Sturzflut … der Flur … also ich würde mich vorm Einschlafen fürchten …» Kaum sind die Worte aus ihrem Mund geschlüpft, verbotene Gedanken, die dem Verlies der Etikette entkommen konnten, bereut sie ihren unverhohlenen Sarkasmus.

Das säuselnde Glockenspiel der Türklingel befreit Diana aus der, wie sie meint, peinlichen Situation und die Geste ihrer Arme hat etwas von einem um Entschuldigung bittenden Seufzer.

Heute ist wirklich nicht ihr Tag.

Sekundenlang, ihr kommt es vor wie eine mittlere Ewigkeit, starrt sie Sven Bertram an und diese rothaarige Lektorin, deren Namen ihr Gedächtnis beharrlich verweigert.

«Oh, Hallo», sagt sie und runzelt die Stirn, «Tut mir leid, mir muss die Zeit abhanden gekommen sein. Eine Freundin ist überraschend vorbeikommen. Wir sitzen im Garten. Stört doch hoffentlich nicht?»

Sven und seine Begleiterin sehen sich an und schütteln den Kopf.

Diana findet das recht vertraut, zu vertraut.

«Mir muss die Zeit abhanden gekommen sein. Sehr schön formuliert», lächelt die Lektorin und liefert Diana die Antwort auf deren unausgesprochene Frage, was sie hier zu suchen hat. «Der Verlag will sich mit dem Art Magazin darüber abstimmen, welche Tendenz die Home Story bekommen soll. Imagepflege.»

«So, so …», murmelt Diana und deutet eine leichte Verbeugung an. «Na dann, willkommen …»

Enya sitzt noch immer am gleichen Platz, im Schatten der Zeder, wie in tiefer Meditation versunken. Diana räuspert sich verhalten und Enya blickt auf, die Augen hinter ihrer undurchdringlichen Sonnenbrille verborgen.

«Wie eine südfranzösische Sommerfrische», bemerkt Sven Bertram und adelt die Bemerkung mit einem staunend anerkennenden Unterton.

Diana fühlt sich geschmeichelt, stellt Enya als eine wirklich gute Freundin vor, bemerkt überflüssigerweise, da es jeder sehen kann, dass zwei Stühle fehlen und bittet Sven ihr zu helfen.

Das kleine Häuschen, eine Miniaturausgabe amerikanischer Blockhütten, in dem sie den Rasenmäher sowie alle anderen für die Gartenpflege notwendigen Geräte und im Winter die Gartenmöbel verstaut, liegt beinahe vollständig verborgen hinter immergrünen Hecken. Diana zerrt zwei weiße Klappstühle unter dem grünen Schlangengewirr des Wasserschlauchs hervor. Sven Bertram, ganz Kavalier, schultert beide Stühle.

Auf dem Rückweg zu Enya und der rothaarigen Sirene wechseln sie nicht ein Wort, doch Diana glaubt das unsichtbare Band stillen Einvernehmens und unausgesprochener Zuneigung zu spüren. Heute trägt Diana eine enge, zartlila Bluse, deren Abnäher ihre Brüste betonen, darüber einen taillierten dunkellila Blazer, Jeans und farblich abgestimmte Ballerina ähnliche Slipper.

Sven stellt fest, dass er gegen ein Glas Wein nichts einzuwenden hätte, schließlich sei das keine Vorstandssitzung, sondern ein lockeres Treffen, damit man sich besser kennenlerne, denn so eine Home Story ist schon eine ziemlich intime Angelegenheit. Dann fragt er, nein, es ist eher eine Feststellung, die keinen Widerspruch duldet, dass die Frau Lektorin doch sicher nichts dagegen hat, zu fahren.

Diana entschuldigt sich wortreich, doch Sven sagt, und es klingt irgendwie übertrieben, findet wenigstens Enya, die ihre perfekt getarnten Augen verdreht, dass man solche Lässlichkeiten einer Künstlerin einfach nachsehen muss.

Diana will nichts kritisch hinterfragen, sie genießt die Schmeicheleien des Mannes mit den braunen Augen, die ihr seit der ersten Begegnung nicht mehr aus dem Sinn wollen und allmählich kehrt es zurück, dieses Gefühl der Leichtigkeit, beinahe wie ein sanftes Schweben, wenige Millimeter über der Realität.

Sie geht ins Haus und holt zwei Gläser - für die Rothaarige, von der sie gerade noch annahm, es wäre eine Konkurrentin, eine Flasche Wasser.

Die nächste halbe Stunde ist von pragmatischem Geplänkel bestimmt. Man erörtert die üblichen Motive: Malerin an der Staffelei, Malerin mit Haustieren, Malerin beim Kochen, Lesen, Gartenarbeit und natürlich vor ihren Werken, mit dem Buch in der Hand. Ja, das sind Klischees, entschuldigt sich Sven, obwohl niemand etwas sagt, geschweige denn eine wie auch immer geartete Kritik äußert, aber die wären unerlässlich, sozusagen Köder um den Leser in die Story zu locken, doch Dreh und Angelpunkt soll die Atmosphäre sein, diese spezielle Aura, wenn man so will, die Magie dieses Ortes, die besonders hier im sonnengefluteten Garten ihren Ausdruck findet und sich in Dianas Bildern spiegelt. Er hebt sein Glas, als wolle er einen Toast ausbringen und blinzelt in die tiefstehende Sonne.

Enya schaut auf ihre zierliche Armbanduhr und stellt fest, dass es an der Zeit ist, sich zu verabschieden, da eine Klientin auf sie wartet. Sie bedankt sich überschwänglich bei Diana für das aufschlussreiche Gespräch, Küsschen links, Küsschen rechts.

Die Lektorin rutscht unruhig auf ihrem Stuhl herum - offenbar nähert sich ihre Arbeitszeit dem Ende – was dem aufmerksamen Herrn Bertram nicht entgeht. Er bietet ihr an den Wagen zu nehmen, falls sie noch einen wichtigen Termin wahrnehmen muss, Angebot einer goldenen Brücke, das Gesicht zu wahren.

Diana jubelt innerlich.

Frau Lektorin ziert sich ein wenig, wirkt unschlüssig, doch ihre Körperhaltung und Mimik verraten, dass die Entscheidung längst gefallen ist. Sie bedankt sich bei Diana für deren Offenheit, was immer sie damit auch sagen will und betont, dass sie der festen Überzeugung ist, dass die Home Story, so wie Bertram sie skizziert hat, die Verkaufszahlen des Buchs in die Höhe schnellen lässt. Dann verabschiedet sie sich von Herrn Bertram, Küsschen links, Küsschen rechts.

Diana überlegt, wie weit sie gehen soll, heute, beim ersten Mal und ob sie Sven ihre neuen Entwürfe zeigen kann. Vielleicht sollte sie es wirklich tun, später, sehr viel später – danach.

Eine Suchende

In einer sanft geschwungenen Linie schlängelt sich das schwarze Asphaltband den Hügel hinauf, bis es am Scheitelpunkt verschwimmt, im Rotviolett der untergehenden Sonne.

Marianna löst den Blick vom Rückspiegel.

Mit dem Tag verblasst ihr altes Leben. Bevor das Wochenende vergangen ist, wird sie die Welt in einem anderen Licht sehen und sie weiß nicht, ob sie noch einmal zurückkehren wird, in die Vorstadtdoppelhaushälfte mit Carport und Garten, zu ihrem Mann, der keinen blassen Schimmer von den wahrhaftigen, den wichtigsten Dingen des Lebens hat. Eigentlich sollte sie den armen Tropf bedauern, der nicht einmal ahnt, welch beglückende Erfahrungen der tiefsten, reinsten Erfüllung ihm verschlossen bleiben.

Mit traumwandlerischer Sicherheit steuert sie den Wagen auf dem schmalen Band der Landstraße dem Ziel entgegen, spürt kaum das Rumpeln der Räder über notdürftig geflickten Schlaglöchern.

Wie oft ist sie diese Straße schon gefahren!? Doch noch nie war sie so voller hoffnungsfroh banger Erwartung. Noch dieser eine entscheidende Schritt, dann ist es vollbracht. Womöglich schon heute Nacht, wenn man sie als würdig erachtet und während Aiko ihrem ersten Seminar entgegenschlummert, wird sie die entgültige Weihe erhalten und ihnen endlich gegenüberstehen, den Hütern des Lichts.

Die Scheinwerfer des roten Mini fressen eine Lichtschneise in das düstere Tal zwischen den hohen Bäumen und reißen bizarr ineinander verschlungene Sträucher aus dem dichten Unterholz. Marianna räuspert sich, zieht den Wagen routiniert in eine weite Rechtskurve.

«Heute Abend, das wird ganz entspannt, nur eine kleine Einführung. Ist eher gedacht zum Beschnuppern, sind ja immer wieder Neue da. Wir schlafen in Zweibettzimmern. Immer eine Novizin und eine Erfahrene, wir haben das so geregelt, damit die Neuen sich in der ungewohnten Umgebung nicht so verloren fühlen. Männer und Frauen natürlich streng voneinander getrennt.»

«Ich bin riesig gespannt, was mich erwartet. Mein Freund hält das ja alles für Unsinn, aber der ist ein ganz pragmatischer. Für den gibt es nur das, was für ihn greifbar ist. Bin richtig froh, dass ich dich getroffen habe.»

«Morgen früh werden sich unsere Wege trennen. Jeder besucht sein Seminar, da lernst du andere Suchende kennen und alle haben das gleiche Ziel, einen Schritt weiterzugehen, auf dem Weg zum wahren Selbst, zur Erleuchtung.»

Aiko fühlt sich unangenehm berührt. Fieberhaft sucht sie nach einer Floskel, nach alles und nichts sagenden Worten.

«Du brauchst nichts zu sagen …», bricht Marianna in das Schweigen, «… mir ging es nicht anders, ich war auch sprachlos, konnte es kaum glauben, als ich das erste Mal davon hörte.»

Marianna hält inne, sie hüstelt.

Aiko horcht auf. Sollte Tillmann doch recht behalten und diese ganze Seminargeschichte ist lediglich eine Art versteckte Anwerbeaktion einer Sekte, mit der man außerdem noch richtig gut Kohle machen kann? Und die Freundin, die nicht an dem Seminar teilnehmen konnte? Alles reiner Zufall? Sie wird auf der Hut sein und Marianna nicht eine Sekunde aus den Augen lassen.

«Ist nicht mehr weit … nur noch eine knappe Viertelstunde.» Mariannas Stimme klingt heiser.

Marianna bremst, die Rücklichter flammen glutrot. Sie biegt in einen asphaltierten Feldweg. Nach einigen hundert Metern Fahrt lichtet sich der Wald und die Scheinwerfer reißen ein wuchtiges Holztor aus der Dämmerung.

Am Himmel schiebt sich eine dunkle Wolke vor den zunehmenden Mond.

Vita Novus

Wolfratshausen, sagt das gelbe Ortsschild und Wolfratshausen ist dunkel, sehr dunkel. Funzelige Straßenlaternen tauchen die Hauptstraße in trügerisches Zwielicht. Zwei Gassen, eine links, die andere rechts, verlieren sich in der Nacht. Vereinzelt schimmert bläuliches Licht aus den Fenstern der Häuser. Etwas zurückgesetzt, hinter einem gepflasterten Vorplatz, auf dem ein roter VW Golf, älteres Modell und einer dieser kaum unterscheidbaren Vans, Farbe, vermutlich mitternachtsblau, parken, steht ein Haus, wie aus dem Werbeprospekt des Fremdenverkehrsvereins. Weiß verputzt, aus den Fenstern, ganz im traditionellen bäuerlichen Stil gehalten, schimmert einladend warmes Licht und im ersten Stock klebt ein Balkon mit geschnitztem Holzgeländer an der Fassade. Lindenhof, leuchtet es grün auf dem gelben Lichtkasten über der Tür.

Das Kaff kann doch nicht ganz so winzig sein, vermutet Tillmann Ressel und stellt seinen Wagen neben den Golf.

Die drei Stufen sind ausgetreten, doch die dunkelbraune Flügeltür ist neu, auf alt getrimmt, sie quietscht noch nicht einmal, als er sie öffnet und den Schankraum betritt. Die Einrichtung ist rustikal, auf blanken Holzdielen stehen schlichte Tische mit jeweils vier Stühlen, in deren Rückenlehnen kleine Herzchen gefräst sind. An den hellen, grob verputzen Wänden hängen diverse Geweihe unterschiedlicher Größe. Direkt unter dem Fenster sitzen vier Männer, die schon seit geraumer Zeit das Renteneintrittalter überschritten haben, vor ihnen auf dem Tisch, beigegraue Maßkrüge aus Keramik. Der Mann hinter dem Tresen neben der chromblitzenden Zapfanlage, ein stattlicher Kerl, dessen Oberarmmuskeln die Ärmel des grünblau karierten Flanellhemdes zu sprengen drohen, poliert gelangweilt an einem Glas herum. Er sieht Tillmann Ressel an, legt das Tuch aus der Hand, stellt das Glas unter den Zapfhahn und macht ein Gesicht, als wäre er soeben Zeuge einer übernatürlichen Erscheinung.

Tillmann Ressel schlendert zur Theke und rutscht auf den erstbesten Barhocker.

«Ein Bier bitte. Vermieten sie auch Zimmer?»

«Normalerweise schon ...», brummt der Wirt, dabei beugt er den Kopf nach vorn, dass seine rosa Schädeldecke durch die dünnen Haare schimmern. Das Bier zischt in das schräg gehaltene Glas.

Noch bevor Tillmann Ressel fragen kann, was der Wirt unter normalerweise versteht, grummelt die Stimme weiter, ruhig, angespannt ruhig, als könne sie ebenso gut plötzlich explodieren,

«Gehören Sie auch zu denen da oben …?», dabei hebt sich der Kopf, bis der Mann Ressel geradewegs in die Augen schaut, die Stirn unter dem tiefen Haaransatz zeigt besorgniserregend tiefe Falten.

Ressel hält dem Blick stand. «Die da oben!? Weiß nicht, wen sie meinen. Ich jedenfalls bin Handelsvertreter. War auf dem Weg nach München, mein Navi hat gesponnen und jetzt bin ich hier. Was is nun mit dem Zimmer?»

«Tut mir leid. War nicht so gemeint» Seine behaarte Pranke schiebt das Bier über den Tresen, Schaum schwappt über den Rand, läuft in Rinnsalen am Glas hinunter und versickert im Bierdeckel.

«Hätt' ich mir gleich denken können, sehen auch nicht so aus, außerdem hat sich von denen noch keiner im Dorf sehen lassen. Hab doch recht oder hat einer von euch schon jemanden von denen zu Gesicht bekommen!?» Sein Blick verliert sich über Ressels Schulter. Der dreht sich um und als die Männer in sein Blickfeld gleiten, schütteln diese unisono mit dem Kopf, wie sorgfältig einstudiert.

«65 Euro die Nacht. Vorn oder hinten?»

«Vorn oder hinten?», echot Ressel, hebt das Glas und trinkt einen kräftigen Schluck. «Rauchverbot!?»

«Wir nehmen das nicht so genau …» Der Wirt grinst, die Stirnfalten sind verschwunden, dafür zeigt er zwei Reihen gelber Zähne und zaubert einen rubinroten Glasaschenbecher unter dem Tresen hervor. «Das Zimmer zur Straße oder nach hinten raus?»

«Wenn Sie mich so fragen ...», Ressel steckt sich eine Zigarette an, «... nach hinten raus. Aber was ist nun mit diesen mysteriösen Leuten? Sie haben mich neugierig gemacht ...»

«Das weiß keiner so genau. Das ist es ja gerade.» Der Mann wischt seine Hände an dem blaukarierten Küchentuch ab, das er wie eine Schürze - der Rand hinter den Bund gestopft – über einer braunen Hose trägt und beugt sich vor, als suche er ein vertrauliches Gespräch. «Die kapseln sich total ab. Anfangs haben wir gedacht, die da oben kurbeln die örtliche Wirtschaft an ... hat uns jedenfalls der Bürgermeister versprochen ... stimmt doch, oder?»

Diesmal dreht sich Ressel nicht um, er hört zustimmendes Geraune und stellt sich vor, wie die Köpfe unisono nicken.

«Managerseminare hieß es, veranstalten die da. Von wegen ... dass ich nicht lache, ich sag ihnen, die haben was zu verbergen, das ist so was wie 'ne Sekte ...»

«Wie kommen Sie darauf, dass es sich um eine Sekte handelt? Kann ich noch 'n Bier haben?» Ressel schnippt mit dem Fingernagel gegen sein leeres Glas.

«Kommt gleich ...» Der Mann drückt sich

von der Theke ab und in der gleichen Bewegung schnappt er sich ein Glas. «Denke ich mir so. Nichts dringt nach außen, das gesamte Gelände ist eingezäunt, Maschendrahtzaun, bestimmt drei Meter hoch und überall Videokameras … ach ja, und obendrauf, auf dem Zaun, Natodraht … wenn da nichts faul is, oberfaul, dann weiß ich nicht …»

Er schiebt das Bier vor Ressels Bauch.

«Und außerdem ist da noch der Franzl, der Enkel vom Schorsch.» Sein Blick verliert sich wieder über Tillmanns Schulter. «Erzähl doch mal, Schorsch, wie's dem Franzl ergangen ist … was der gesehen hat.»

Doch Schorsch scheint nicht gewillt, die Abenteuer seines Enkels zum Besten zu geben. Hinter Tillmanns Rücken ertönt unwirsches Knurren.

«Wennst nicht willst, erzähl ich es eben. Sie wissen ja, wie die Jugend ist, immer irgendwelchen Unsinn im Kopf. Also ein paar Jungs aus dem Dorf, die treiben sich, wann immer sie Zeit haben, in den Wäldern da oben rum. Weiß der Teufel, was die da machen, wahrscheinlich kiffen, saufen und so, also wie gesagt, eines Nachts haben die Jungs ein Loch im Zaun entdeckt, in einer Ecke, die von den Kameras nicht erfasst wird, nicht weit vom Eingang entfernt, versteckt hinter einem Busch. Muss so sein, sonst hätte es garantiert Ärger gegeben, hab ich Recht?» Er dreht sich um, greift mit der

Rechten ein Schnapsglas aus dem Regal, eins von denen mit Taille, und mit der Linken, von der Kommode darunter, eine Flasche ohne Etikett, voll glasklarer Flüssigkeit. «Mir wird jedes Mal ganz anders, wenn ich daran denke, was dem Franzl alles hätte passieren können … man liest da ja allerhand … sie wissen schon, was ich meine …» Er zerrt den Korken heraus, füllt das Glas und stürzt den Schnaps in seinen Schlund.

Tillmann Ressel steckt sich eine Zigarette an und saugt heftig.

«Also, der Junge kriecht durch das Loch, wahrscheinlich wollte er den anderen beweisen, was für ein toller Kerl er ist und eigentlich wollte er schon wieder zurück auf die andere Seite, da hat er diesen Lichtschein gesehen. Erst rot, dann blau, dann wieder rot und Franzl dachte, das wär 'ne Disco oder so, behauptet er jedenfalls und, dass es ihn neugierig gemacht hat … lange Rede kurzer Sinn, er ist zu dem Gebäude geschlichen, hinter dessen Fenster er diese farbigen Blitze gesehen hatte und was dann kam, sagt er, war wie aus 'nem Horrorfilm …»

Der Wirt schenkt sich nach, dann zapft er ungefragt für Ressel ein Bier und fährt fort, «Kapuzenmänner, wie beim Ku-Klux-Klan, hat der Franzl gesagt, die standen im Kreis und murmelten im Chor, was der Franzl nicht verstehen konnte …so eine Art Singsang, einer hat vorgesungen und die anderen haben im Chor nachgesungen. Und an der Wand hat er eine schwarze Sonne gesehen. Überall leuchteten Kerzen. Müssen Sie sich mal vorstellen … und grad als sich der Kreis öffnete und alle gebannt auf die Tür starrten, als würden sie jemanden erwarten …» Sein Multitasking klappt ausgezeichnet, während er den feuchten Bierdeckel über die resopalbeschichtete Theke quietscht, leert er das Schnapsglas. «… da hört er hinter sich Stimmen, leise, als ob die miteinander tuscheln und Knacken von Zweigen, da hat er's mit der Angst gekriegt und ist abgehauen … Is so was normal, sagen Sie selbst, is das, verdammt noch mal, normal …?»

Sein Gesicht läuft rot an, die Schläfenadern pochen.

Tillmann nickt, schiebt das leere Glas nach links. «Tja, wie soll ich sagen? Hört sich schon eigenartig an … und der Junge, wie sagten Sie noch, der Franzl … ist der vertrauenswürdig?» Er fummelt die nächste Zigarette aus der Packung.

«Der Franzl? Unbedingt, warum sollte er so 'ne Räuberpistole erfinden, bringt ihm keinen Vorteil im Gegenteil … ein paar Leute haben gelästert, er soll die Finger von den Drogen lassen … und seine Kumpels haben behauptet, er wolle sich nur wichtig machen, ich für meinen Teil glaub ihm, passt schon irgendwie zusammen, die Geheimniskrämerei und so.»

Ressel kaut auf dem Filter seiner Zigarette, dann schnippt er die Asche in die rubinrote

Mulde. «Und Sie, haben Sie was unternommen?»

«Wie denn? Was denn?» Der Mann hinter dem Tresen wirkt verärgert, die buschigen Augenbrauen vereinen sich, dann besinnt er sich, dass ein zahlender Gast, der gerade ein Zimmer gebucht hat, vor ihm steht und seine Stimme klingt verbindlicher. «Mal ganz ehrlich, was können wir schon groß tun? Die haben sich beim Bürgermeister eingeschleimt, ist ja nicht nur die Gewerbesteuer, dieser Faller, dem das sogenannte Schulungszentrum wohl gehört, aber was Genaues weiß man nicht, der spendet jedes Jahr für die Freiwillige Feuerwehr, und dem Sportverein hat er neue Trikots geschenkt … aber mich kann der Kerl nicht blenden, von denen kommt nichts Gutes … das können Sie mir glauben!» Er holt tief Luft, seine Nasenflügel beben und schnauft, als habe ihn die lange Rede erschöpft, greift nach dem runden Tablett und trägt vier frisch gezapfte Bier zum Tisch unter dem Fenster.

«Das Zimmer zahl ich gleich mit und zwei Flaschen Bier», sagt Ressel, zieht seine Brieftasche aus dem Jackett, entnimmt ihr einen Hundert Euro Schein und legt ihn neben den Aschenbecher.

«Was ist, wenn ich noch ein paar Schritte laufen will?»

Der Wirt bückt sich, das Schloss der Kühlschranktür klackt.

«Wenn Sie vorm Haus stehen, rechts um die

Ecke, da ist die Tür zum Treppenhaus … ihr Zimmerschlüssel passt, is 'ne Schließanlage. Also sehen Sie zu, dass Sie ihn nicht verlieren, sonst wirds teuer.»

Er schiebt zwei Flaschen Bier auf die Theke, dreht sich um, nimmt einen Schlüssel, an dem eine runde Aluplakette baumelt, aus dem offenen Schlüsselkasten, legt ihn neben Ressels Glas, schnappt sich den Hunderter und zerrt an der Kassenschublade.

Nachlässig schiebt Ressel das Wechselgeld in die Jackentasche und packt die Flaschen in seine Tasche.

«Im Nachtschrank is'n Aschenbecher», sagt der Wirt.

Geheimnisse

Das unterdrückte Atmen und leise Rascheln von Kleidern, wenn jemand versucht sich möglichst unbemerkt anzuziehen, drängt in Aikos fragilen Schlummer, diesen unwirklichen Zustand, unentschieden zwischen Wachen und Schlaf.

Eine kleine Ewigkeit, so erscheint es ihr wenigstens, liegt sie nun schon im Bett, noch immer aufgewühlt, die Augen geschlossen, den Blick nach Innen gekehrt.

Sie hatte sich, so gut es eben ging, gewehrt, dem Zauber zu erliegen. Ja, weiß Gott, es war so etwas wie ein Zauber, der von diesem Mann in der weißen Kutte ausging, da oben auf der Bühne und was er sagte, klang so logisch, so überzeugend, dass sie meinte, die einschmeichelnde, doch feste Stimme spricht aus, was schon lange in ihr schlummert, eine universelle Wahrheit, die ihr seit Anbeginn ihres Seins eigen ist, die sie jedoch, bis zu diesem Augenblick weder gedanklich formulieren, noch in Worte zu fassen wusste. Ihr wurde schlagartig klar, das alle Menschen in diesem Raum, in der Mehrzahl waren es Frauen, in dieser Sekunde das gleiche empfanden, wie sie selbst. Sie war so gefangen im Rausch kollektiver

Emphase, dass sie es nicht einmal bemerkte, dass Marianna eine ganze Weile verschwunden war. Wieder halbwegs bei Sinnen, erschien Marianna ihr verändert, ihre Wangen glühten und sie wirkte seltsam abwesend, als schwebe sie auf einer Art Glückseligkeitswolke. Sie war äußerst wortkarg, wich jedem Gespräch aus, meinte nur, sie sei sehr erschöpft und müsse unbedingt schlafen.

Aiko schnauft, soll klingen wie unkontrolliertes Tiefschlafgrunzen und rollt sich auf die andere Seite.

Stille, atemlose Stille. Nach einigen Sekunden, der sanfte Hauch behutsamen Luftholens.

Aiko blinzelt, das rechte Auge einen Spalt geöffnet.

Vor dem Fenster, im fahlen Licht des zunehmenden Mondes, erkennt sie eine Silhouette – Marianna, in ein weites Gewand gehüllt. Aiko glaubt ihren Blick zu spüren - unsichtbare Augen, die jede ihrer Regungen aufmerksam registrieren. Der Schatten gleitet zur Tür, lautlos, als würde er schweben. Dann hört Aiko das leise Knacken des einrasteten Schlosses. Langsam zählt sie bis Zwanzig, dann setzt sie ihre nackten Füße auf den kalten Kachelboden, streift sich die Jeans über, die direkt am Bett hängt.

Vorsichtig öffnet sie die Tür und blickt in den Flur. Drei Nachtlichter tauchen den Schlauch in schummriges Licht.

'Du darfst sie auf keinen Fall aus den Augen

verlieren, nicht eine Sekunde …', lärmt es in ihrem Schädel und der Puls hämmert gegen ihre Schläfen. Sie huscht vorbei an den anderen Zimmern, nicht ein Laut hinter den verschlossenen Türen.

Draußen ist es erstaunlich kühl, die Luft schmeckt würzig, dennoch klar und rein, dass es Aiko schwindelt. Fröstelnd reibt sie ihre nackten Oberarme, und bereut, keine Jacke angezogen zu haben. Eine düstere Wolke verschlingt die silbergraue Sichel des Mondes und Dunkelheit, anders als in der Stadt, unter der ewig glühenden gelblichroten Kuppel, vollkommen und undurchdringlich, umschließt sie, wie ein unsichtbarer Kokon. Sie fühlt sich unbehaglich, einsam, verloren und die Gebäude um den großen Innenhof wachsen zu bedrohlich schwarzen Monumenten, deren Konturen sich in der Finsternis verlieren.

Von Marianna keine Spur.

Hilflos steht sie da, weiß nicht, welche Richtung sie einschlagen soll. Wo nach Marianna suchen? Plötzlich, in der Ferne, ein schmächtiger Lichtstreif, schmal wie ein Schlitz. Leises Kratzen von Scharnieren. Der weiße Schein wird breiter, leckt über den Boden und entblößt eine graue Wand, bis er eine dunkle Gestalt verschlingt und verlöscht.

Noch immer zögert Aiko, würde am liebsten unter ihre Decke zurückschleichen und im Schlaf Vergessen suchen.

Die Wolke zieht weiter, gibt Mond und Sternenhimmel frei.

Das wäre Verrat, Verrat an Tillmann, der ihr vertaut, und hatte sie nicht selbst getönt, er könne sich hundertprozentig auf sie verlassen? Ihre Füße setzen sich in Bewegung, werden immer schneller, hasten über das Kopfsteinpflaster des Innenhofs und kommen erst zur Ruhe, als ihre ausgestreckte Hand schorfigen Rauputz berührt.

Außer Atem steht sie an die Wand gepresst, das ist das Haus, in dem Marianna verschwunden ist. Was, wenn sie jemand entdeckt, was soll sie sagen? Dass sie noch aufgewühlt ist von der Rede des Markus Faller, und deshalb halb benommen durch die Nacht taumelt? Sie tastet sich voran, behutsam, Schritt für Schritt, vorbei an einer Tür mit eisernen Beschlägen bis zum Ende der fensterlosen Mauer.

Angespannt lauscht sie in die Nacht, doch da ist nur das dumpfe Raunen des Waldes und das Rascheln ihrer Schritte in dem hochgewachsenen Gras. Auf der Rückseite des Hauses, das früher bestimmt als Gesindehaus diente, entdeckt sie drei spärlich erleuchtete Fenster. Aiko geht in die Knie, robbt auf allen Vieren vorwärts, das Herz schlägt im Hals. Unter dem ersten Fenster richtet sie sich langsam auf, wagt einen Blick und was sie sieht, lässt ihren Atem stocken.

Im Wald

Die Wegbeschreibung, wenn man es überhaupt so nennen kann, ist äußerst vage - das verdammte Loch soll hinter einem Busch versteckt sein - dennoch kämpft sich Tillmann, parallel zum Zaun, durch den Wald, die Beine schwer vom Bier und wenn der verdammte Wirt ihn nicht total verarscht hat, müsste er es bald geschafft haben.

Eigentlich liebt er die Natur, wohlgemerkt, die gezähmte, von Menschenhand geordnete, wie er sie im Englischen Garten oder im Nymphenburger Schloss-park, als Plaisir eines Spaziergangs an einem sonnigen Nachmittag konsumiert. Diese undurchschaubare Wildnis jedoch irritiert ihn zutiefst. Er fühlt sich unsicher, desorientiert. Anders als in der Stadt findet er keinen Anhaltspunkt, keine Orientierungsmöglichkeit. Das chaotische Ensemble undefinierbarer Schatten, der unangenehm modrige Geruch, das alles verwirrt ihn. Auch die merkwürdigen Geräusche, die ihn geradezu bedrängen, vermag er nicht einzuordnen.

Der Lichtkegel seiner Stabtaschenlampe sucht den beinahe unsichtbaren Trampelpfad im dichten Unterholz, lediglich niedergetrampelte

Gräser und abgeknickte Zweige, weisen den Weg.

Nicht die Schauergeschichte, die der Wirt erzählt hatte, treibt ihn zur nächtlichen Stunde auf ungeliebtes Terrain - hier im Hinterwald würden sie selbst einer völlig harmlosen Müsli-Sippe perverse okkulte Praktiken unterstellen - sondern ein bislang nicht gekanntes Gespenst der Ahnung drohenden Unheils.

Ein morscher Ast knackt unter seinen groben Wanderstiefeln.

Unsinn mit den Überwachungskameras, denkt er, da müssten Scheinwerfer sein, wenn die was bringen sollen, oder die haben hochsensible Infrarotkameras installiert. In der Ferne hört er den Ruf eines Käuzchens, wenigstens glaubt er, dass es ein Käuzchen ist, kennt er schließlich aus alten schwarzweiß Gruselfilmen. Der rechte Ärmel seiner tarngrünen Allwetterjacke verfängt sich in einem Zweig, der Strahl der Taschenlampe ruckt nach oben, verliert sich im Dickicht eng stehender Nadelbäume und irgendwas kriecht über seinen Handrücken. Panisch schüttelt er sich, hektisch taumelnde Reflexe zelebrieren einen grotesken Tanz auf moosbewachsenen Steinen. Was, wenn das eine Zecke ist, die sich in eine Hautfalte fräst, augenblicklich verfolgen ihn Schreckenszenarien einer qualvollen Borrelioseerkrankung. Murrend stapft er weiter, verflucht den Wald, Marianna, alle religiösen Eiferer, diesen Auftrag, schließlich die Ungerechtigkeit der Welt im Allgemeinen und stolpert über eine Wurzel, die seinen Weg kreuzt. Er stürzt auf die Knie, sein wegweisendes Licht trudelt über den Boden und stoppt am Fuß eines braun schuppigen Stamms. Er rappelt sich hoch, fuchtelt ziellos mit der Lampe und entdeckt, en passent sozusagen, das Loch im Maschendraht. Aber, wo verdammt noch mal, ist der verfluchte Busch?

Schon möglich, dass der Durchschlupf groß genug ist für einen schmalbrüstigen, pubertären Knaben, doch für ihn, einen Mann in den besten Jahren ist er eindeutig zu eng. Auf dem Rücken liegend, schiebt er sich unter bedrohlich herausragenden Drahtenden hindurch, spürt einen Widerstand über dem Bauch, zerrt hektisch, hört das Ratschen reißenden Textils und beschließt eine neue Jacke auf von Bluchers Rechnung zu setzen – in der Hosentasche zappelt sein Handy.

Was ist los? Warum antwortet er nicht? Sollte Tillmann schon schlafen? Ängstlich, das Telefon ans Ohr gepresst, kauert Aiko hinter dem knorrigen Stamm einer Fichte. Die drei Fenster sind verschwunden, verschluckt von der Nacht, als wäre das, was sie gesehen hatte, eine Ausgeburt ihrer ausufernden Phantasie gewesen. Wahrscheinlich haben sie die Vorhänge zugezogen. Reiner Zufall, nicht auszudenken, wenn sie nur ein paar Minuten später gekommen wäre …

Endlich, seine Stimme.

«Warum hat das so lange gedauert? Wo warst du?», flüstert sie, und lässt Ressel keine Zeit für eine Antwort. «Ich brauche deine Hilfe. Sie haben Marianna … ich bin hinter dem Haus, am Kopfende des großen Hofs, bei den Fichten.»

Ressel fällt ein Stein vom Herzen, Aiko geht es gut, aber was, verdammt noch mal, soll das heißen, 'Sie haben Marianna'?

Er hastet über die dunkle Wiese. Der düstere Klotz, das muss das Haupthaus sein. Er kommt von rechts, da liegt das Tor, also muss er sich links halten. Inständig hofft er, dass ihn niemand entdeckt, schickt stumme Stoßgebete gen Himmel.

Da vorn, das muss es sein, das von Aiko beschriebene Haus. Als die Tür sich öffnet, geht er lautlos zu Boden, taucht, so gut es eben geht, im hohen Gras unter und beobachtet eine Figur, weiß der Teufel, ob Mann oder Frau, die aus dem Licht tritt und verschwindet, im Dunkel der Nacht.

Wenig später kniet er neben Aiko und sie starren gemeinsam hinüber zur Wand, mit den drei düstereren Fensterhöhlen. Aiko berichtet von dem Raum, der von zahllosen Kerzen, in Ständern, die aussehen wie Kandelaber, erleuchtet ist, an der Wand eine schwarze Sonne und von Marianna, die ausgestreckt da liegt, auf einem blutroten Tuch, als würde sie friedlich schlafen oder bereits tot, und als sie das sagt, klingt es, als wäre sie den Tränen nah.

Tillmann legt tröstend den Arm um ihre Schulter und sagt, dass Marianna sicher nicht umgebracht wurde und dass es eher so aussieht, als habe man sie für ein Ritual vorbereitet.

Aiko berichtet von einer zweiten Tür an der Stirnseite des Hauses, die verschlossen ist.

Ressel nickt, ist stolz auf seine Aiko und sagt ihr, er werde sich um Marianna kümmern, sie solle zurück ins Zimmer gehen, die Sachen packen, Mariannas Autoschlüssel suchen und bei ihrem Wagen auf ihn warten. Dann fragt er noch, wo er den Parkplatz findet und gibt ihr augenzwinkernd den Tipp, sich bloß nicht erwischen zu lassen.

Von Bluchers Gedanken

Von Blucher schwebt in seiner Limousine der heimatlichen Doppelhaushälfte entgegen. Es war ein wunderbarer Abend. Seine Welt! Eine Welt, deren Regeln und Rituale er perfekt beherrscht, in der die Männer dunkle Anzüge, meist dreiteilig mit Weste, die Krawatte ist obligatorisch und die Damen Kostüme oder dezente Kleider tragen. Die Gespräche waren angenehm unaufgeregt, geprägt von wohltuender Oberflächlichkeit.

Er kann sich beim besten Willen nicht erinnern, wann er das letzte Mal so heiter und ausgelassen war. Die ganze Zeit nicht ein Gedanke an Marianna, oder diesen furchtbaren Neumann Mordfall. Das lag nicht zuletzt an der bezaubernden Staatsanwältin, von der er bis heute nicht einmal wusste, dass sie existiert. Nun, sie ist keine besonders auffällige oder gar attraktive Frau. Aber sie verfügt über eine gehörige Portion Charme und Witz, einen Witz, den er versteht und sie steht mit beiden Beinen im Leben. Kein pseudovergeistigtes Gelaber ohne Hand und Fuß.

Die Ampel leuchtet Rot.

Wäre Marianna bei dem Empfang an seiner

Seite gewesen, hätte sie ihm den Abend sicherlich gründlich verdorben. Ständig wäre er auf der Hut gewesen, angespannt darauf lauernd, dass sie jemanden von ihren esoterischen Hirngespinsten überzeugen will. War viel entspannter ohne sie. Wer es hören wollte, dem erzählte er, dass sie zu ihren Eltern gefahren sei, weil ihre Mutter plötzlich erkrankt ist und sie ihrem Vater hilft, der auch nicht mehr so gut für sich allein sorgen kann, was mit zustimmendem Gemurmel und verständnisvollem Kopfnicken anerkannt wurde.

Grün, der Wagen rollt an.

Wäre es wirklich so tragisch, ein nicht wieder gut zumachender Verlust, wenn Marianna nicht zurückkäme, einfach aus seinem Leben verschwinden würde?

Ihn quält das Gefühl, je näher er seinem Haus kommt, das ihm eigentlich Hort der Ruhe, Oase im alltäglichen Trubel sein soll, dass die Unbeschwertheit verfliegt und seine Probleme die Oberhand gewinnen. Montag wird er wieder in seinem Büro sitzen und sie werden ihm höllisch Druck machen und Marianna wird zurück sein und mit verklärtem Blick durchs Haus schleichen, unnahbar und nicht ein Wort wechseln, mit ihm, dem ungläubigen Thomas.

Im Schritttempo rollt er an den Häusern vorbei, parkt den Wagen, das Heck voran, unter dem Carport.

Nein, verdammt noch mal, nein, heute will er nichts davon wissen. Er wird in seinem Lieblingssessel, dem, der einem Gerichtspräsidenten würdig ist, sitzen, Cognac schlürfen, eine Zigarre rauchen, auch das kann Marianna auf den Tod nicht ausstehen, und den vergnüglichen Abend Revue passieren lassen.

Die Wagentür fällt ins Schloss, dann rastet die Zentralverriegelung ein.

Befreiung

Das betagte Sicherheitsschloss bereitet Ressel kaum Schwierigkeiten, doch als der die Metalltür behutsam einen Spalt öffnet, fährt ihm grässliches Quietschen durch Mark und Bein. Erschreckt hält er inne, lauscht angespannt, vielleicht ein, zwei Minuten, dann hebt er die Tür ein wenig an und das Quietschen verwandelt sich in metallisches Kratzen, nicht minder unangenehm für einen Kerl, der in geheimer Mission unterwegs ist.

Von drinnen kein Laut, entweder sind die taub oder niemand ist im Haus. Er tastet sich voran, im sprichwörtlichen 'Man sieht die Hand nicht vor Augen', Zentimeter für Zentimeter. Seine Pupillen weiten sich und aus der Finsternis wächst die Kontur eines Türrahmens.

Die Tür ist unverschlossen und er tritt in gleißendes Weiß. Indirekte Beleuchtung, der Boden, die Wände, die Decke alles makellos rein. Es ist still, unheimlich still, kein Laut, keine Eigengeräusche des Hauses, einfach nur klinisch sterile Stille.

Links, er muss sich links halten, dort hin, wo der Flur abknickt.

Was, wenn jemand kommt? Er ist dem

untrainiertestem Schwächling hilflos ausgeliefert und eine Waffe hat er nicht, nie besessen.

Dann steht er vor einer weißen Tür. Dort, wo sich normalerweise die Türklinke befindet, ragt ein goldener Knauf aus dem Holz. Ressel dreht nach links, anschließend nach rechts und wie von einer magischen Hand bewegt, schwingt die Tür nach innen, nahezu lautlos.

Die Luft riecht angenehm aromatisch - unwillkürlich denkt er an einen orientalischen Basar. Flackernde Kerzen zaubern gespenstische Schattenspiele, vor den Fenstern hängen bis zum Boden reichende, dunkelrote Samtvorhänge und vor ihm, hinter einem dunstigen Schleier, liegt Marianna und es sieht aus, als starre sie an die Decke, die Hände unter der Brust gefaltet, wie von Aiko beschrieben, in einem weißen Gewand, auf blutroter Seide.

Er schleppt sich näher, bis er neben ihr steht. Sieht ganz so aus, als habe er richtig gelegen, alles spricht für ein Ritual und im Mittelpunkt die Frau Staatsanwalt. Oberhalb der Kerzen entdeckt er eine große schwarze Sonne. Müde wischt er mit der linken Hand über die Augen, fühlt sich benommen und der leichte Dunstschleier scheint sich in veritablen Nebel zu verwandeln. Eine heiße Welle durchfährt ihn, Schweißperlen jucken im Nacken. Er muss hier raus, unbedingt. Mit Marianna! Langsam beugt er sich über sie. «Wie der Prinz, der Dornröschen wach küsst», kichert er und schlägt ihr ins Gesicht. Zuerst ist ein Tätscheln, nur wenig fester als das zarte Berühren der Haut, dann heftiger, brutaler, bis sich rote Spuren auf den Wangen zeigen und immer wieder flüstert er, «Wir müssen hier raus, Dornröschen, wir müssen hier raus, unbedingt, jetzt sofort, wach auf, verdammt noch mal wach auf!»

Sie blinzelt, ihre Augen öffnen sich einen Spalt.

Er fasst ihre Schultern, reißt sie hoch, presst sie an sich und spürt ihre Brüste durch sein Hemd. «Die Füße, du musst deine Füße auf den Boden setzen», keucht er, dabei greift er ihre Knie und zieht. «Jetzt steh' endlich auf, bitte, ich stütze dich!»

Marianna tut wie ihr geheißen, benommen, wie in Trance.

Sie geben schon ein seltsames Pärchen ab, der Mann, der fortwährend, murmelt, «Schneller, schneller wir müssen hier weg, die können gleich hier auftauchen. Dann haben sie uns, dann ist es aus …» und die Frau in Weiß, unwirklich wie ein Geist.

Als sie endlich den Parkplatz erreichen, atmet Tillmann auf. Die letzten Minuten, wie nicht gewesen, unwiederbringlich getilgt von seiner Festplatte.

Marianna steht an den Wagen gelehnt, noch immer nicht zurück in dieser Welt.

Wo bleibt Aiko, sie müsste längst hier sein.

Bestimmt vermissen die schon ihr Opfer!

Dann taucht sie auf, aus dem Schatten einer schwarzen Limousine, in jeder Hand eine Reisetasche.

«Da bist du ja endlich. Warum hat das so lange gedauert …», raunzt er. «Verfluchter Mist, bin immer noch nicht klar im Kopf, fühlt sich an wie Watte …»

«Musste warten, sonst hätten die mich gesehen. Waren fünf Männer oder so. Sind rüber zum Haus gegangen!»

«Verdammt … verdammt … dann dürften die spätestens jetzt wissen, dass da was schiefgelaufen ist … hast du die Autoschlüssel?»

Statt einer Antwort knackt die Türverriegelung.

Aiko verfrachtet die willenlose Marianna auf den Rücksitz und setzt sich ans Steuer. Tillmann Ressel kümmert sich um die Reisetaschen.

«Du hältst am Tor und lässt den Motor laufen. Mal sehen, ob ich's aufkriege, drück uns die Daumen. Und lass das Licht aus.»

Aiko murmelt, «Bin doch nicht blöd», in einem Ton, als habe er sie tödlich beleidigt.

Der Wagen rollt zurück.

Die fünfzig Meter, quer über die Wiese zum Tor. Mit letzter Kraft zerrt er an der massiven gusseisernen Klinke, die aus dem vorletzten Jahrhundert zu stammen scheint und tatsächlich, das Tor bewegt sich.

«Spinner», knurrt er, «Dilettanten, Natodraht und so'n Scheiß und dann noch nicht mal verschlossen … wahrscheinlich sind die Kameras auch nur Attrappen.»

Der Mini rollt langsam näher, stoppt.

Ressel reißt die Wagentür auf und wirft einen Blick zurück – hinter dem Haupthaus geistern die Lichtbahnen dreier Taschenlampen. Er sinkt auf den Beifahrersitz.

«Kannst fahren …», brummt er, «Die glauben, ihr Opfer macht 'nen Mitternachtsspaziergang im Wald.

Kannst das Licht jetzt anmachen, sonst landen wir noch im Graben.» Er fühlt sich einfach großartig, wie ein Sieger. Wahrscheinlich sind das die Nachwirkungen vom Drogengas, denkt er und lehnt sich lächelnd zurück. «Fahr bitte zum Gasthaus, dort steht unser Wagen.»

Gesagt, getan, Tillmann steigt aus: «Wir sehen uns dann in München bei von Blucher!»

Wieder zu Hause

Marianna schläft, ich denke, wenn sie aufwacht wird sie sich an nichts mehr erinnern …» Aiko setzt sich neben Tillmann auf die Couch. Phantastisch, das weiche Leder, überhaupt gefällt ihr das ganze Haus, die Möbel, alles wirkt angenehm gediegen, nicht spießig, strahlt Sicherheit aus.

«Das ist schön. Da bin ich beruhigt.» Marianna, sooo, soooo, rumort es in von Bluchers Cognac getränktem Hirn, so vertraut ist man offensichtlich schon und ihm kommt es vor, als fraternisiere seine Angetraute mit dem Personal, denn was anderes sieht der feine Herr in Menschen wie Aiko oder Ressel nicht! Leute, die man bezahlt, damit sie unangenehme Dinge für einen erledigen, so wie Domestiken eben, und zu denen ist man nett, distanziert nett, bezahlt sie gut, aber auf Du und Du, das geht wirklich zu weit.

«Ich bin Ihnen zu großem Dank verpflichtet. Sie haben meine Frau aus einer wirklich gefährlichen Situation befreit». Sein Gesicht sieht aus, als habe er in eine Zitrone gebissen.

«Sie wollen wirklich nicht die Polizei einschalten?», knurrt Tillmann, greift nach dem bauchigen Glas und gönnt sich einen Schluck.

Der Cognac schmeckt wirklich ausgezeichnet. «Die haben Ihre Frau unter Drogen gesetzt, dann die Freiheitsberaubung und wer weiß, was die sonst noch mit ihr vorhatten …»

Von Blucher füllt seinen Cognacschwenker aus der Kristallkaraffe zu einem Drittel und schenkt auch Ressel nach, obwohl dessen Glas noch nicht leer ist. Dann steht er auf, ein wenig schwerfällig, sein Glas noch immer in der Hand und er schwankt kaum merklich.

«Die Geschichte ist komplizierter als Sie annehmen …», erklärt er und dabei schreitet er langsam auf und ab, steif in den Knien «… was meinen Sie, was los wäre … die Schlagzeilen können Sie sich doch vorstellen, oder? Ehefrau des Staatsanwalts halbnackt unter Drogen, bei Sektenritual oder ähnlich. Na, dämmert 's Ihnen … Ein gefundenes Fressen für meine Feinde. Und glauben Sie mir, ein Mann in meiner Position hat Feinde … dieser, wie heißt er noch gleich …?»

«Faller, Markus Faller …», brummt Tillmann Ressel. Der Mann ist betrunken und er sieht richtig fertig aus, als hätte er die letzten Nächte nicht geschlafen. «Ist auch nicht sicher, ob der dahinter steckt, ich hab jedenfalls niemanden erkennen können. Vielleicht ist der auch nur so was wie eine Art Aushängeschild und hat mit der Sache überhaupt nichts zu tun!?»

Abrupt beendet von Blucher seine Teppichwanderung. «Am Ende behaupten die noch, Marianna hätte die Drogen aus freien Stücken genommen und sich selbst auf diesen Altar gelegt … aber ich sehe, Sie haben verstanden …» Er starrt Ressel an, die Augen rot unterlaufen, hebt das Glas, leert es mit einem Zug. «Nein, nein, so geht das nicht. Da müssen wir was unternehmen!» Er nimmt seinen Rundgang wieder auf, verrenkt sich den Hals, um Ressel im Auge zu behalten, so weit es eben geht.

«Ich befürchte, Sie werden da noch mal hinfahren müssen, nach … wie heißt das Nest noch gleich …?»

«Wolpertingen!»

«Richtig, Wolpertingen, wie sinnig, also, wie gesagt, Sie werden da noch mal raus müssen. Wir haben da noch eine Kleinigkeit zu erledigen!»

«Ganz, wie Sie meinen!»

«Kommen Sie bitte morgen früh in mein Büro, damit ich Ihnen sagen kann, was Sie dort erledigen müssen!»

Und Aiko? Kein Wort über sie. Sie sitzt daneben, als wäre sie nicht anwesend, dabei war sie es, die Marianna entdeckte und sie denkt, ‘So sind sie halt, die Männer’.

Die Morgensonne kriecht über rote Dachziegel, als Aiko und Tillmann von Bluchers Haus verlassen. Es verspricht ein schöner Tag zu werden.

Liaison dangereux

Liliana ist wieder einmal betrunken, sie fühlt sich einsam und trinkt noch mehr Champagner, bis sie völlig desorientiert auf ihrem Sofa in einen komaähnlichen Schlaf fällt.

«Ah, da ist ja meine Sklavin!»

Liliana spürt, dass sie an einer Leine hängt, sie kann nichts sehen, ihre Augen sind verbunden.

Die Zeit vergeht quälend langsam, sie krabbelt Meter um Meter hinter der Stimme her und sie sagt: «Du sprichst mich ab sofort mit Herrin an. Hast du verstanden?»

«Ja, Herrin!» Sie krabbelt weiter.

Plötzlich hört sie ihre Stimme. «Halt», befiehlt sie. «Du bleibst hier!»Dann passiert nichts mehr. Was würde passieren, wenn sie nun einfach aufspringen und weglaufen würde? Sie hatte den Gedanken nicht zu Ende gedacht, als sie ganz plötzlich von zwei Händen an den Hüften gepackt und nach oben gehoben wird. Sie schreit auf und wird zur Strafe sofort in die Brustwarze gekniffen.

Schockiert bemerkt sie, dass hier nicht nur zwei Hände auf ihrem Körper zu spüren sind, sondern mindestens vier.

Sie wird mit dem Rücken zur Wand geschoben,

zwei Hände greifen je einen ihrer Arme und heben ihn diagonal vom Körper weg. Dann fühlt sie Metall um ihre Handgelenke und merkt kurz darauf, dass sie gefangen ist. Ihr Herz rast, das war nicht ausgemacht gewesen. Gehört das zum Spiel? Kurz darauf fühlt sie die Hände an ihren Fesseln. Ihre Beine werden ruckartig auseinandergezogen und auch hier kann sie das Metall der Ketten spüren. Ihre Beine werden gespreizt und gefesselt, nun kann sich Liliana nicht mehr bewegen und eine Flucht ist ebenfalls nicht mehr möglich.

Einerseits hat sie große Angst, ihr Zittern ist nicht zu übersehen. Andererseits ist da diese Erregung, der Wunsch, dass diese fremde Frau sie umarmen, sie küssen und mit ihr schlafen würde. Doch Liliana ahnt, dass dieser Wunsch für sie so schnell nicht in Erfüllung gehen würde. Sie ist allein, spitzt die Ohren, kann aber kein Geräusch ausmachen. Was hat sie mit mir vor?

Nach einer quälenden Viertelstunde der absoluten Ruhe zuckt Liliana plötzlich zusammen. Sie fühlt zwei Hände an ihrem rechten Bein, die langsam nach oben streichen. Während sie noch versucht, sich an das ungewöhnliche Gefühl zu gewöhnen, spürt sie bereits an ihrem anderen Bein zwei weitere Hände. Mindestens zwei Menschen stehen vor ihr und sehen sie nackt. Liliana zittert, als sich die Hände unaufhaltsam nach oben bewegen, über ihre Knie wandern, die Oberschenkel hinauf rutschen und ihrer Muschi immer näherkommen. Plötzlich dringt ein Schrei aus ihrer Kehle. Ohne eine Vorwarnung ist sie in ihren rechten Nippel gebissen worden.

«Ruhe!», donnert die Stimme der Herrin in ihr Ohr und sie fühlte sich seltsam beruhigt durch ihre Anwesenheit.

Die schmerzende Brustwarze ist schnell wieder vergessen, als sie weitere Hände fühlt, die sich über ihren Oberkörper hermachen. Wie viele Menschen sind hier? Wie viele Menschen streicheln und liebkosen sie? Die ungewohnte Situation beschert ihr Pein und Lust zugleich. Längst hat die Lust von ihr Besitz ergriffen, sie lodert, sie atmet hektisch und sie wünscht sich nichts mehr, als dass die streichelnden Hände aufhören würden ihre Oberschenkel zu berühren und stattdessen ihre Muschi reiben würden. Doch es geschieht nichts Derartiges, stattdessen werden es immer mehr Hände, Liliana ist nicht mehr in der Lage sie zu zählen. Es ist erstaunlich, dass kein einziges Wort gesprochen wird, während augenscheinlich eine Menge Menschen um sie herumstehen.

Aus dem Nichts heraus fühlt Liliana plötzlich, wie sich eine Zunge zwischen ihre Schamlippen presst und gierig beginnt, ihren Kitzler zu lecken. Sie schreit auf vor Lust und erntet einen herben Schlag mit der Gerte.

«Ruhe!», zischt die Herrin und sie senkt den Kopf. Die fremde Zunge zwischen ihren Beinen bringt sie beinahe um vor Lust. Sie kann nicht mehr, gleich wird sie explodieren. Ihr Atem geht schneller, hektischer, sie beißt sich auf die Lippen, um nicht laut zu

stöhnen. Jetzt, jetzt würde sie kommen! Doch bevor es soweit ist, verschwindet die Zunge so schnell, wie sie gekommen ist. Liliana wimmert auf und die Folge ist erneut ein heftiger Schlag.

«Hör damit auf, sonst wirst du gezüchtigt», befiehlt die Herrin in strengem Ton und Liliana schießen Tränen in die Augen.

Das sonore Streicheln an all ihren Körperteilen bringt sie beinahe um ihren Verstand. Ihre Arme, Beine, Brüste und der Bauch sind bedeckt von Fingerspitzen, Händen und Fingern. Nur ihre Muschi wird peinlichst genau ausgelassen, es soll hier mit aller Macht verhindert werden, dass sie einen Höhepunkt erlebt.

Sekunden später hört sie ein sirrendes Geräusch und wenig später fühlt sie den Vibrator an ihrer Muschi. Er dringt mühelos in sie ein und wird immer wieder stoßweise bewegt. Hat sie nun doch Mitgefühl mit ihr? Erneut lässt sie sich von der Lustwelle wegtragen, versucht dabei den Schein zu wahren und ihr Stöhnen zu unterdrücken. Es gelingt ihr kaum, das Zittern ihres Leibes verrät ihre grenzenlose Gier. Sie spürt, wie der Orgasmus sich ein zweites Mal eine Bahn brechen will. Diesmal würde sie kommen, sie würde explodieren, sie will nicht zulassen, dass ihr diese Menschen diesen Wunsch verwehren. Sie sieht den Gipfel kommen und weg ist der Vibrator, der sie beinahe dahingetrieben hat. Einfach weg. Liliana laufen Tränen über die Wangen, sie versucht ihre Beine zusammenzupressen, doch sie hat keine Chance.

Die Herrin gibt ein leises Geräusch von sich und wie auf Kommando entfernen sich alle Hände von ihrem Körper. Erleichterung durchströmt sie, als sie fühlt, wie die Fesseln ihrer Beine gelöst werden. Auch an ihren Händen macht sie sich zu schaffen und kurz darauf ist sie frei. Sie widersteht dem Impuls, die Augenbinde abzunehmen und wartet stattdessen darauf, wie ihr nächster Befehl lauten würde.

Es folgt kein Wort, stattdessen nimmt die Herrin ihre Binde und zieht sie einfach vom Kopf. Das Licht brennt hell in Lilianas Augen. Sie starrt in zehn fremde Gesichter. Der komplette Raum ist voller Menschen, alle sind sie in Kutten gehüllt. Es sind Frauen und Männer, die sie neugierig und mit spöttischem Blick ansehen. Liliana bekommt einen feuerroten Kopf, sie hat gewusst, dass mehrere Menschen hier sind, doch sie hat nicht mit einer solchen Menge gerechnet. Sie senkt demütig den Kopf, weint beinahe vor Scham, als die Herrin das Wort ergreift.

«Aufstellen!», befiehlt sie in die Runde.

«Runter!», lautet der zweite Befehl und die Frauen, legen sich synchron nebeneinander auf den Rücken, während die Männer stehen bleiben.

«Öffnen!», lautet Befehl drei und abermals synchron öffnen alle Männer die Reißverschlüsse ihrer Uniformen und holen ihre steifen Schwänze hervor.

Liliana erstarrt und kann nicht anders, als sie der Reihe nach anzuschauen.

Nun wendet sich die Herrin erneut ihr zu.

«Auf die Knie!», kommandiert sie und ohne weitere

Worte kniet sie sich hin.

Die Herrin tritt auf Liliana zu.

«Jede dieser Frauen möchte einen Orgasmus haben. Und jeder dieser Männer möchte einen Orgasmus haben. Es wird geschluckt, geschwiegen und gedient. Fang an!»

Liliana ist starr vor Schreck. Sie soll diesen Männern und Frauen einen Höhepunkt besorgen? Entsetzt wendet sie sich zu ihrer Herrin, suchte ihren Blick, doch sie funkelt sie nur boshaft an.

Liliana kniet völlig irritiert auf dem Boden.

«Wenn du dich weigerst, spürst du die Peitsche, wenn etwas daneben geht, spürst du die Peitsche.»

Sie nutzt einfach ihre Zunge, reibt daran, streichelt über die Eichel, während ihre Lippen sich um das harte Rohr legen. Sie saugt, lutscht und bläst, als sie endlich eine Ladung Sperma in ihrem Mund spürt, die sie, ohne zu zögern, hinunterschluckt.

Sie führt Liliana zu ihrer nächsten Aufgabe, einer jungen Blondine, die auf dem Rücken vor ihr liegt. Die Blonde grinst sie an und öffnet ihren Umhang. Ihr wird eine blank rasierte, kleine Yoni präsentiert, die bereits voller Vorfreude feucht schimmert.

Sie beugt sich nach vorn, riecht kurz den Duft einer anderen Frau und beginnt mit der Zungenspitze zwischen die Schamlippen zu gleiten. Sie fühlt den kleinen, runden Kitzler. Sie reibt mit der Zungenspitze darüber, stupst mal fester, mal lockerer dagegen und legt dann die Lippen darum. Sanft saugt sie an der kleinen Perle, die auf beachtliche Größe angeschwollen ist. Es gefällt ihr außerordentlich gut, die Muschi einer anderen Frau zu lecken. Sie reibt beinahe ihr ganzes Gesicht in der Nässe, als die andere zuckend und stöhnend ihren Höhepunkt verebben lässt.

Der Zug an der Leine bedeutet, dass sie zum nächsten Mann vorrücken muss. Es ist ein älterer Herr, sicherlich 60 und Liliana hat Angst, dass der alte Schwanz nicht mehr genug Saft auf Lager hätte.

Sie irrt sich. In kurzer Zeit schafft sie es, den lüsternen Greis zum Abspritzen zu bringen. Auf die nächste breitbeinige Frau freut sie sich schon, denn das Lecken bereitet ihr großes Vergnügen. Sie schiebt mit den Fingern die Schamlippen auseinander, umzüngelt den dicken Kitzler, stößt mit der Zunge in das feuchte Loch und schafft es erneut. Einen nach dem anderen befriedigt Liliana. Als sie ihren Kopf zwischen den Beinen der letzten Frau versenkt und abermals ihre Zunge rotieren lässt, spürt sie die unbändige Geilheit der Frau, leckt fester und bringt sie zu einem Orgasmus, den die Frau laut hinausschreit.

Als nun auch der letzte Mann und die letzte Frau ihren Höhepunkt erreicht hat, kniet Liliana ratlos auf dem Boden. Sie sieht nicht nach oben, sondern wartet, was ihr nun blühen würde. Doch es sagt keiner etwas. Sie traut sich nicht, zu groß die Angst, dass die Herrin sie schlagen würde. Endlich richtet sie das Wort an Liliana: «Leg dich auf den Rücken!» Sie gehorcht. Noch immer hat sie die Leine an ihrem Hals.

«Jetzt befriedige dich selbst!»

Sie zögert einen Moment, dann spreizt sie ihre Schenkel und schließt die Augen.

«Augen auf!», ertönt der Befehl der Herrin und sie zuckt zusammen. «Das schaffe ich nicht, wenn ich nicht in meine Phantasie abdriften kann.»

«Tu, was ich dir sage, sonst spürst du die Peitsche!»

Sie beginnt sanft über ihren Kitzler zu streichen, reibt ihn liebevoll, so wie sie es zu Hause immer macht, wenn sie alleine ist. Sie reibt schneller, benetzt ihre Finger mit Speichel, fährt immer wieder in ihr enges Loch und reißt beinahe an der zarten Haut der Klitoris. Ihr Stöhnen kann sie nicht zurückhalten, als der Orgasmus sie schüttelt und Liliana all ihre Lust herausbrüllt. Sie zittert, weint, wimmert und ist nicht imstande auch nur einen klaren Gedanken zu fassen. Sie hat es geschafft.

Noch nie hat Liliana etwas Ähnliches gefühlt. Kein Orgasmus war je so intensiv gewesen wie dieser, sie zuckt noch immer am ganzen Leib, als die Herrin auf sie zutritt.

«Auf die Knie!», befiehlt sie. Liliana hört, wie alle verschwinden und sie wird von ihrem Halsband befreit.

Sie bekommt ihr Sektglas und die schöne Frau prostet ihr zu.

«Wie war diese Erfahrung für dich? Hast du es genossen?»

«Oh, mein Gott, noch nie hatte ich so einen geilen Orgasmus.»

Dann verlässt sie die Erinnerung und der Schlaf umhüllt ihren aufgewühlten Geist.

Völlig verkatert wacht Liliana morgens auf und kann erst nicht realisieren, wo sie ist. Der Traum war so real! Als hätte sie das alles wirklich erlebt. Und sie hat das Gefühl eines Déjà vues.

Hausdurchsuchung

Die Hausdurchsuchung im Vita Novus Schulungszentrum, bei denen da Oben, wie man im Dorf sagt, war tagelang Gesprächsthema Nummer Eins in Wolfratshausen. Die Gerüchte schossen wild ins Kraut und bald hieß es hinter vorgehaltener Hand, da oben, das wäre alles nur die Tarnung eines international operierenden Mädchenhändler- und Rauschgiftrings gewesen, was Wolfratshausen eine, wenn auch traurige, Berühmtheit bescheren dürfte. Der rehabilitierte Franzl stolziert seither mit geschwellter Brust umher und kann sich plötzlich an schaurige Details erinnern, dic cr vorher nie erwähnt hat. Der Wirt des Lindenhofs machte sich so seine eigenen Gedanken und kam zum Ergebnis, dass der eigenartige Handelsvertreter, die Geschichte hatte er dem Kerl so wie so nicht abgenommen, todsicher was mit dem Aufmarsch der Polizei zu tun hatte, fünf Tage nach seinem Auftauchen und plötzlichen Verschwinden. Immerhin, der Zimmerschlüssel und zusätzliche 20 Euro lagen am nächsten Morgen im Briefkasten.

Enthüllung

Im 90-Autominuten entfernten München schenkte dem Aufreger in der Provinz kaum jemand Beachtung, selbst die Zeitung mit den vier großen Buchstaben widmete der Nachricht lediglich eine Spalte auf Seite drei und gäbe es keine Liliana Lorenz, hätte Diana wohl nie etwas von dieser Geschichte im Bayerischen Wald erfahren.

Lilianas Anruf brach wie ein zerstörerischer Fremdkörper in Dianas hochsensible Phase schöpferischer Euphorie, gewachsen aus einer Art magischem Dreieck des Erfolgs: der Verlag, die Ausstellung und dank Sven, der verführerische Zauber wiederentdeckter Seelen- und Sinnesfreuden. Sie war sprachlos, überrascht, geradezu vom Donner gerührt, hatte sie doch vermutet, dass Liliana sich nach der Abfuhr in der Galerie, sobald nicht mehr bei ihr melden werde, es sei denn, sie würde sich einen Vorteil davon versprechen und dabei hatte sie an den Eklat während deren Fünfzigsten und die darauffolgende Kontaktsperre gedacht.

Wie gewohnt, war Lilianas Stimme eindringlich, die Tonlage theatralisch suggestiv. Sie sprach von einer Enthüllung, einer grausigen Wahrheit, über die sie noch mit keinem Menschen gesprochen habe und obwohl Diana ein unbehagliches Gefühl beschlich, nicht genau zu beschreiben, versprach sie, Liliana sobald wie möglich zu besuchen und sie fügte hastig hinzu, dass sie Enya mitbringen wird. Als Rückversicherung sozusagen. Wie gesagt, da war dieses eigenartige Gefühl.

«Hallo, Enya, kannst du mich begleiten, wenn ich Liliana besuche? Sie hat mich heute angerufen und will mir unbedingt etwas Grausiges erzählen.»

«So, so, etwas Grausiges! Wieder eine Inszenierung?»

«Keine Ahnung, kommst du mit? Ich will da wirklich nicht alleine hingehen, hab überhaupt keine Lust dazu, Liliana zu treffen, vielleicht sollte ich absagen.»

«Lass uns hingehen, Ich bin neugierig, was sie zu erzählen hat.»

«Sollen wir Antje mitnehmen? Dann können wir danach bei Ernesto eine Pizza essen gehen, War schon lange nicht mehr da und wir wollten doch sowieso einen Mädelsabend bei Ernesto machen.»

«Gute Idee, ruf sie an.»

Dasselbe Treppenhaus, dasselbe fahle Licht und nach all der Zeit, die Diana nicht mehr hier gewesen war, der gleiche, unverwechselbare Geruch. Auch das bronzene Namensschild, unter dem Klingelknopf, in schwarzer, schnörkeliger Schrift - unverändert.

Die Zeit scheint stehen geblieben.

Lächelnd öffnet Liliana die Tür vollständig in schwarz gekleidet – körperbetont. Sie bittet Diana, Antje und Enya herein.

Bereits im Flur fällt Diana auf, dass sich sehr wohl etwas geändert hat. Liliana scheint zwischenzeitlich zu Geld gekommen zu sein. Gewiss, ihr Geschmack ist der gleiche geblieben, kitschig verspielt, doch es ist nicht mehr der Flohmarktchic vergangener Jahre. Rechts an der Wand, auf der dunkelroten schweren Tapete, mit erhabenen stilisierten goldenen Lilien, zwischen zwei goldenen Wandleuchtern - Kerzenbirnen unter Hütchen - hängt ein barocker, goldgerahmter Spiegel. Darunter, auf zierlichen geschwungenen Beinen, die passende Kommode mit zwei Schubladen.

Diana fragt sich, während sie neben Enya auf dem Blumenmuster des zweisitzigen Kanapees Platz nimmt, ob Lilianas Schlafzimmer ebenso eingerichtet ist. Fasziniert betrachtet sie die Harfe in der Ecke gegenüber, neben der nussbraunen Tür, deren Wellglasfüllung so überhaupt nicht zum restlichen Ambiente passt.

Liliana fängt ihren Blick auf: «Ich sehe schon, die Harfe hat es dir angetan.» Dann gießt sie mit einer goldenen Kanne, mit geschwungener Tülle, Kaffee in Tassen mit Goldrand, die auf Untertellern mit Goldrand stehen. «Der Antiquitätenhändler versicherte mir hoch und heilig, sie wäre vom Zarenhof.»

Sie setzt die Kanne auf ein goldenes Tablett.

«Ihr bedient euch!?»

Ihre linke Hand, an jedem Finger, außer dem Daumen, steckt ein Ring, deutet auf Milchkännchen und Zuckerdose, neben der stilbrüchig eine blaue Plastikdose voller Süßstofftabletten steht.

«Wirklich tolle Vernissage … Super …», plappert Liliana weiter. Sie hasst Gesprächslücken, diese peinliche Stille, wenn jeder glaubt, der andere könne das eigene Atmen hören. Goldene Löffelchen klappern gegen das Porzellan zur Hälfte gefüllter Tassen.

«Hat sich 'nc Menge verändert, seit ich das letzte Mal hier war», meint Enya und führt die Tasse an die Lippen.

«Stimmt», beeilt sich Liliana beizupflichten, «ist Ewigkeiten her, dass ihr mich besucht habt … hat sich tatsächlich 'ne Menge geändert in meinem Leben …» Sie stößt einen Seufzer aus, tief und gequält. «Und manchmal stößt man auf Dinge, da fragt man sich, ob die nicht besser vergessen geblieben wären.»

«Wie recht du doch hast …», murmelt Diana und denkt dabei an die zahllosen Enttäuschungen, die Liliana anderen Menschen bereitet hatte.

«Es fällt mir unglaublich schwer, darüber zu sprechen», jammert Liliana und Enya befürchtet, sie werde gleich in Tränen ausbrechen und schwarze Wimperntuscherinnsale könnten über deren bleichgeschminkte Wangen rinnen.

«Ich für meinen Teil brauch erst mal 'nen Pikkolo.» Liliana verlässt ihren Stuhl. «Wie ist es mit euch?»

Diana, Antje und Enya schütteln den Kopf, synchron, als hätten sie es einstudiert.

Diana fällt auf, dass es wohl das erste Mal ist, dass sie Liliana ohne Hut sieht. Sie grübelt, sucht nach Bildern, doch so sehr sie sich auch müht, was bleibt, ist Liliana, verborgen unter einem Hut. Schimmert da nicht ein Hauch über ihrem dunklen Haar, ein Hauch von Rot?

Der Schraubverschluss knirscht und Diana glaubt, das leise Ächzen des Polsters zu hören. Dann hinterlässt die leere Flasche auf den lackierten Intarsien einer Windrose einen leisen Ton und zerstört endgültig die, von der Saccharindose bereits erheblich lädierte Harmonie des Tischensembles.

«Ich muss alles verdrängt haben … mein halbes Leben lang … aber ich muss auch etwas geahnt haben tief im Innern … sonst hätte ich bestimmt nicht angefangen dieses Buch zu schreiben …»

Diana seufzt und schenkt sich Kaffee nach. Eigentlich hätte sie jetzt doch gern ein Glas Sekt.

Enya nickt. Diana füllt die Tassen undamenhaft bis zum goldenen Rand.

«Ich weiß gar nicht, wo ich anfangen soll … bin noch total verwirrt» Plötzlich hält Liliana eine Zeitung in der Hand, weiß der Teufel, woher sie die genommen hat und wedelt damit herum.

«Es war dieser Artikel, der bei mir die Tore geöffnet hat.»

Sie legt die Zeitung auf den Tisch, umfasst das Glas und leert es in einem Zug.

«Die Pforten zu einer düsteren Vergangenheit.»

«Was hast du denn da gelesen?», wirft Enya ein und hat das Gefühl lediglich Stichwortgeberin zu sein.

«Ich les mal vor», Liliana macht eine Pause, holt tief Luft, setzt ihre Lesebrille auf und bringt sich in Position. «Blah, blah, ist unwichtig … hier … wurde bei einer Razzia im Schulungszentrum der Vita Novus eines … blah, blah … eine nicht geringfügige Menge Kokain entdeckt. Der Seminarleiter und Geschäftsführer Markus F. befindet sich in Untersuchungshaft.»

«Und was hat dich daran so aus der Bahn geworfen?» Diana runzelt die Stirn. «So was passiert doch quasi jeden Tag.»

«Weiß Gott nicht die Sache mit dem Koks, da hast du recht, das haben wir jeden Tag … der Name, es war dieser Name … Markus F.. Als ich das gelesen hab, durchfuhr es mich heiß und kalt. Ich habe mir dann die Homepage von diesen Vita

Novus Leuten angesehen und meine Vermutung war richtig. Dieser Markus F. ist tatsächlich Markus Faller … wird euch nichts sagen, aber für mich, für mich war es einfach furchtbar. Ewigkeiten hatte ich nicht mehr an ihn gedacht … ihn gestrichen, als wäre er niemals gewesen. Ich brauch noch 'nen Sekt!»

«Jetzt würde ich einen mittrinken», wirft Diana ein.

Liliana nickt.

«Und du, Enya?»

«Danke, ich bleibe bei Kaffee, muss noch fahren.» Enya lächelt zuckersüß.

Nachdem Liliana das Zimmer verlassen hat, flüstert sie: «Vermutlich einer ihrer Ex-Lover, sicher hat sie den damals über den Tisch gezogen … aber was soll's, selbst wenn's ein veritabler Betrug war, ist das längst verjährt …»

«Ihr könnt euch gar nicht vorstellen, wie das ist …» Liliana stellt die grüne Flasche auf den Tisch, reicht Diana einen Sektkelch, Kristallglas. «Ich weiß nicht, wie ich es beschreiben soll, ich habe die Zeit einfach ausgeblendet, wollte nicht mehr daran erinnert werden, nachdem ich alles aufgeschrieben habe.»

Sekt perlt in Dianas Glas.

«Alles Verdrängte kehrt unverarbeitet zurück», murmelt Enya.

«Was hast du da eben gesagt?», Liliana starrt Enya an, als hätte diese soeben die alles erklärende

Weltformel zum Besten gegeben. «Genauso ist es, wie du es eben gesagt hast, alles kehrt zurück, so was wie ein kosmischer Gerechtigkeitsausgleich.» Liliana trinkt einen großen Schluck.

«Die Erinnerung kam nicht schlagartig, ich meine, das gesamte Bild … es war eher wie ein Puzzle … und ich musste alles zusammenfügen, bittersüße Reminiszenzen. Es ist alles so verdammt lange her, beinahe, als wäre es in einem anderen Leben geschehen.»

Sie hebt die Flasche an, schenkt nach und Diana vermutet, dass sie schon ein wenig beschwipst ist.

«Das hat sich alles ereignet, lange bevor wir uns begegnet sind. Ich steckte damals in einer fürchterlichen Krise …»

Wann war es jemals anders, schießt es Enya durch den Kopf.

«Damals war ich gerade bei Ilona ausgezogen …», ihre Augenbrauen wölben sich bedeutungsschwanger, als wollten sie sagen: 'ihr wisst schon warum'. «… und hauste … genau so kann man es nennen, ich hauste in einer winzigen Mansarde. Kaum Geld, keinen wirklichen Plan für die Zukunft und dann hatte ich noch einen grässlichen Ausschlag, will gar nicht sagen, wo … , kein Hautarzt bekam die Sache in den Griff, ich wurde immer depressiver und fühlte mich bald wie der letzte Dreck. Schließlich bin ich zu einem Heilpraktiker gegangen. Drei mal dürft ihr raten, wie der hieß …» Sie macht eine Pause, als hätte sie es ernst gemeint, mit der Raterei. Als niemand reagiert, fährt sie fort. «Natürlich war es der bewusste Markus Faller und ich übertreibe nicht, wenn ich sage, dass ich wie vom Blitz getroffen war!»

Diana glaubt ein schwärmerisches Blitzen in Lilianas Augen zu entdecken und in ihrem Kopf spukt das Sven-Paternoster-Erlebnis.

«Tage, Wochen, ja Monate wie im Rausch, als wären wir ständig auf Droge gewesen. Ein einziges Fest der Sinnesfreude … meine Ziello sigkeit, die existentielle Not, der Zwiespalt in den mich Ilona getrieben hatte, alles war mit einen Schlag verschwunden, verborgen unter einem Schleier der Glückseligkeit.» Noch immer das Glitzern hinter ihren Augen und wieder ein Glas Sekt.

Enya und Diana blicken sich an, ohne die Miene zu verziehen.

«Entschuldigt, aber völlig nüchtern bin ich nicht in der Lage über die Sache zu reden … »

Sie nimmt noch einen großen Schluck aus ihrem Glas.

«Und jetzt ist alles wieder hochgekommen, wie oft habe ich das Damals in den letzten Tagen durchlebt, ich kann es nicht zählen. Wie gesagt, ich war wie von Sinnen, geblendet und er war ein wunderbarer Liebhaber, so zärtlich und einfühlsam, ich will euch nicht mit pikanten

Details langweilen, doch soviel sei gesagt, dermaßen intensive Orgasmen habe ich weder vor ihm noch nach ihm erlebt.» Sie kichert hinter vorgehaltener Hand, wie ein Schulmädchen, dem eine anzügliche Bemerkung entschlüpft ist.

Diana findet das äußerst albern, aber so ist Liliana nun mal. Sie spürt den Alkohol und stellt fest, dass sie über ihren Sven, wenigstens was die Attribute Zärtlichkeit, Leidenschaft und schwindelerregende Erotik betrifft, genau dasselbe berichten könnte.

«Wir gingen zusammen ins Kino, essen, hatten wunderbare Gespräche. Wir haben es uns oft gemütlich gemacht. Markus öffnete dann immer eine Flasche Sekt. Schäumend floss er in die Gläser und verbreitete ein fruchtiges Aroma. Wir prosten uns zu und tranken dieses köstliche Getränk. Markus stellte sein Glas weg und seine Hände berühren meinen Hals. Langsam wanderte die warme weiche Hand bis zu meinem Dekolleté, ich habe die Berührung genossen, aber ich will euch nicht mit Einzelheiten langweilen.

In diesem Moment zählte nur eins, ich war die einzige Frau und er war der einzige Mann. Nichts anderes zählte in dieser Sekunde.

Viele Wochen verstrichen und ich wollte nicht mehr ohne Markus leben. Ich glaube, ich war ihm mit Haut und Haaren verfallen und lebte nur noch für ihn. Eines Tages kam er an und rief: «Hey, Lilly, willst du mit mir zusammen leben?

Komm mit mir und wir haben den Himmel auf Erden.»

In meinem Kopf entstand ein Tumult: «War ich am Ende meiner unerfüllten Wünsche? Oder ist es nur ein Traum, der zerplatzt, wenn ich aufwache?

«Kneif mich mal in den Arm», forderte ich ihn auf.

«Was, glaubst du mir nicht?», lachend küsste er mich, zuerst zärtlich und dann immer fordernder. «Dreh dich um!», befahl er plötzlich, schob meinen Tanga zur Seite und drang hart in mich ein. Er fickte mich, wie ein Besessener, er kam zu seinem Höhepunkt, entlud sein Sperma in mich und stöhnte laut. Ein kurzer heftiger Akt, der seinen Besitzanspruch untermauerte. Ich war ganz benommen, wie in einem Rausch und während ich meine Kleider in Ordnung brachte, dachte ich fieberhaft nach.

«Ja, ich will mit dir leben und mit dir kommen, ja, ich will mit dir glücklich sein und immerzu mit dir schlafen.»

Markus lachte und hielt mich fest umarmt. Er tupfte zärtliche Küsse hinter meine Ohren, was einen Schauer über meinen Körper jagte. Abrupt entfernte Markus seine Arme, drehte sich um und im Fortgehen warf er mir über die Schulter zu: «Pack deine Sachen, ich komme morgen mit dem Möbelwagen.» Und fort war er.

Wisst ihr, ich hatte eine große Liebe in meinem

Herzen und ich glaubte mich am Ziel meiner Wünsche. Mein Verstand war ausgeschaltet, ich war einfach nur glückselig. Wir haben ein wunderschönes Haus inmitten einer abgeschlossenen Siedlung bezogen. Ich war so glücklich, lebte in den Tag hinein und Markus war ein hinreißender Gesellschafter, ein perfekter Liebhaber und außergewöhnlicher Lebenspartner.

Eines Tages sagte er zu mir: «Schatz, komm mit mir auf die Bank und gib mir die Kontovollmacht, dann brauchst du dich um nichts mehr kümmern.»

«Na, klar, machen wir», erwiderte ich arglos.

Ja, er hatte mein ganzes Vertrauen. Ich misstraute ihm keine Sekunde.

Eines Tages erzählte er mir von seinen Freunden. Die leben auf dem Land, meinte er, möglichst naturnah und seien spirituell ungeheuer gut drauf und ihr Anliegen wäre es, die Botschaft der bedingungslosen, allumfassenden Liebe unter den Menschen zu verbreiten.»

Liliana lacht, hart und bitter. «Fing auch ganz gut an und die machten auch den Eindruck, als würden sie sich alle recht wohl fühlen. Nach einer Woche, wenn ich heute so darüber nachdenke, ich muss die ganze Zeit wie in Trance gewesen sein ... Also wie gesagt, nach einer Woche eröffnete mir Markus, dass jeder, der Teil der Gemeinschaft sein wolle, auch seinen Beitrag zum Ganzen leisten müsse und dass ich die nächsten Tage für die Feldarbeit eingeteilt sei. Ich ließ es mit mir geschehen ... Feldarbeit, könnt ihr euch das vorstellen, ich und Feldarbeit ...?» Sie schüttelt den Kopf, runzelt die Stirn und wölbt die Augenbrauen, alles gleichzeitig. «Ich kann euch nur davor warnen, sich vor Liebe aufzugeben, wie ich es damals gemacht habe ... es war diese Liebe ... ich war geradezu süchtig nach der ewigen Bestätigung seiner Liebe zu mir. Ich glaube, ich habe mich damals gar nicht mehr richtig wahrgenommen ... das war mein Fehler, ein Leben lang ... später ist es mir trotzdem wieder passiert, nicht so krass, wie mit Markus, aber immerhin. Vielleicht hätte ich das sogar noch eine ganze Weile ertragen, aber dann erklärte mir Markus, bis jetzt hätte ich nur einen Gaststatus, aber wenn ich noch länger dort leben und vor allen Dingen, mit ihm zusammen sein wolle, müsse ich ein vollwertiges Mitglied der Gemeinschaft werden. Ich weiß nicht mehr, was ich gedacht habe, die Erinnerung ist noch bruchstückhaft. Aber ich meine, dass sie mir eine Droge verabreicht haben ... seht mich nicht so an ... ich war dem Kerl hörig, hab ihm vertraut, ich fühlte mich leicht, beschwingt und sie hatten mich in ein weißes Gewand gehüllt und mir gesagt, jetzt wäre ich die Braut der allumfassenden Liebe, die Braut der Hüter des Lichts, die Worte klingen mir wieder im Ohr, wenn ich davon erzähle und dann wurde ich auf einen Altar gelegt, Kerzen brannten, alle sangen, wie bei einer Messe und oberhalb der Kerzen war eine schwarze Sonne auf die Wand gemalt. Und dann haben mich alle diese verdammten notgeilen Kerle dieser sogenannten Glaubensgemeinschaft gevögelt. Einer nach dem anderen hat mich mit seinem widerlichen Sperma besudelt und ich hab dagelegen, auf dem Rücken, wie gelähmt und heiße Tränen brannten auf meinen Schläfen. Und diese Gesichter, hässliche, verschwommene Gesichter und wenn ich die Augen schließe, sehe ich sie wieder vor mir …» Ihre Augenlider klappen auf und nieder, dass ihre Wimpern beinahe die Haut über den Augenhöhlenknochen berühren. «Seltsam, an welche Details man sich erinnert. Ich war gebrochen, nur noch eine nach den Geboten der Gemeinschaft handelnde Hülle, einem Zombie gleich. Und Markus, der zog sich zurück. Ich war blind vor Schmerz, unfähig, einen klaren Gedanken zu fassen. Nach etwa drei Wochen spürte ich, dass ich schwanger war, Markus, der Bastard, musste meine Antibabypillen ausgetauscht haben und fragt mich nicht wie, aber das brachte mich zur Besinnung. Ich musste da raus, koste es, was es wolle. Ihr dürft euch das jetzt nicht wie ein Straflager oder so was vorstellen, mit Wachen oder so. Das war ein alter ziemlich großer Bauernhof irgendwo in Oberfranken, die Leute im Dorf dachten, das wären durchgeknallte Öko-Freaks. Das lief viel subtiler, einer war so was wie der Bewacher des anderen, damit der bloß nicht gegen die Interessen der Gemeinschaft handelt. Ich hab mich einfach aus dem Staub gemacht, hab gesagt, ich geh pinkeln, als wir auf dem Feld waren. Ich glaube, die haben erst abends gemerkt, dass ich abgehauen war. Ohne einen Pfennig in der Tasche bin ich nach München getrampt und hab' abtreiben lassen. Ich glaube, das war es, was mich aufgerüttelt, vorwärts getrieben hat, diese Teufelsbrut, von allen diesen Wichsern gemeinsam gezeugt, aus meinem Körper zu reißen!»

Liliana verliert die Beherrschung, ihr Gesicht wird zur schmerzverzerrten Grimasse, sekundenlang, dann nimmt sie die Flasche und als sie nachschenkt betrachtet sie, demonstrativ gedankenverloren den Sekt, der ins Glas perlt.

«Wahrlich ein dunkles, wenn nicht das dunkelste Kapitel meines Lebens und dieser bescheuerte Artikel bringt alles zurück. Ich habe doch wirklich gedacht …» Sie macht eine Pause, trinkt einen Schluck, «Nein, das ist nicht richtig, ich habe nicht gedacht … dieser Faller hat für mich einfach nicht mehr existiert!»

Enya räuspert sich. «Warum hast du die Leute nicht angezeigt, ich meine …»

«Was hätte ich schon sagen sollen, die Drogen habe ich freiwillig genommen und die hätten garantiert alle ausgesagt, dass ich es freiwillig mit den Kerlen getrieben habe.»

Diana sitzt einfach nur da und hört zu, erschüttert, sprachlos. Ihr Bild, ihre Vorstellung von Liliana zeigt Risse. Was musste diese Frau erdulden, welche Erniedrigungen über sich ergehen lassen und wirft das nicht ein völlig neues Licht auf ihr Handeln, ihr Verhältnis zu Männern? Was wäre wohl aus Liliana geworden, wenn sie diese Tragödie nicht hätte erleiden müssen?

Später, als sich Diana und Enya verabschiedet haben, laufen sie am Schlosskanal in Richtung Nymphenburger Park. Das soeben Gehörte müssen sie erst einmal verarbeiten. Schweigend gehen sie nebeneinander her. Enya räuspert sich.

«Glaubst du das, was sie erzählt hat?» Enya fährt sich mit der linken Hand über ihr Kinn.

Diana bleibt stehen.

«Enya, ja, ich glaube ihr das. Die Geschichte ist so abgefahren, das denkt sich keiner einfach so aus. Und sicher hat sie Rachepläne geschmiedet. Nur wie? Das hat sie vergessen, uns zu erzählen.»

«Ja, aber irgendwie tut sie mir leid, aber auch irgendwie nicht, wozu hat sie uns diese Geschichte erzählt? Was bezweckte sie damit? Und was hat das mit dem Mord an Neumann zu tun?»

«Ich glaube nicht, dass wir das Rätsel heute Abend lösen können, lass uns zu Roberto gehen.»

Schweigend laufen die drei Frauen nebeneinander her, jede ihren eigenen Gedanken nachhängend. Plötzlich bleibt Diana stehen und stupst Enya an: «Weißt du was? Ich glaube, sie wollte einfach nur, falls sie verurteilt wird, dass wir wissen, dass sie einen Grund hatte.»

«Was nun? Ist sie schuldig oder unschuldig?»

«Ich weiß es nicht. Die Geschichte wird immer undurchsichtiger! »

«Auf zu Roberto! Ich habe Hunger!»

Roberto

Sie betreten die kleine urige Pizzeria, rustikale Einrichtung, Wände weiß verputzt, Holzkohlenfeuer, wie man sich eben eine typische Taverne in der Toskana vorstellt und besagter Ernesto - seine Pizza und die Pasta sind über die Stadtmauern von München hinaus bekannt - neigt dazu, wenn er besonders gut gelaunt ist, beim Zubereiten der Speisen italienische Opernarien zu trällern.

«Jetzt erst einmal ein schönes Glas Lambrusco!» Enya dreht den Kopf ein wenig nach links und winkt dem Kellner.

«Wir alle wissen, welch widersprüchlicher Charakter Liliana ist», meint Enya «und jede von uns dürfte ihre eigenen, ganz speziellen Erfahrungen mit ihr gemacht haben.»

«Ach, lass uns von etwas anderem reden, von Liliana habe ich jetzt echt genug. Dauernd drängt sie sich in unser Leben und es war nicht immer erbaulich.»

Die Mädels schweigen. Jede hängt ihren eigenen, ganz speziellen Gedanken nach und trinkt Rotwein. Im Nu ist die Flasche leer.

Irgendwie können sie das Thema nicht einfach so abtun.

«Roberto, bringst du uns noch eine Flasche Rotwein? Und bitte eine Karaffe Wasser», ruft Enya in Richtung Theke, hinter der Ernesto seinen Pizzateig durch die Luft wirbelt. «Und wo du gerade dabei bist, mach uns doch eine extra große Pizza mit viel Schinken, Tomaten, Paprika, Knoblauch und molto Käse!»

Roberto lacht, wirbelt den Pizzateig noch einmal artistisch durch die Luft, senkt ihn sanft und zielsicher auf das große Holzbrett vor seinem Bauch und wischt die Hände an der Schürze ab.

Dann steht sie vor ihnen, eine appetitlich duftende Familienpizza, ordentlich in mundgerechte Stücke geschnitten. Alle greifen herzhaft zu der leckeren Pizza.

«Roberto, du bist der Beste!» Enya lacht, während Roberto die Gläser wieder auffüllt.

Auch das eingeschlafene Gespräch flammt wieder auf und sie plappern munter drauf los, von Gott und der Welt und was alles so passiert, von den Sorgen und Nöten, von Abenteuern und Glücksmomenten. Liliana ist vergessen.

Corpus delicti

Heute ist nicht sein Tag, total normal, seit er sich durch diesen Neumann-Mordfall quält und jetzt sieht es auch noch ganz danach aus, als ob die vom Rauschgift dem Fall eine entscheidende Wendung geben. Ingo Klauke kann sie nicht ausstehen, die Typen wirken immer irgendwie großkotzig, wie aus einer amerikanischen Serie gefallen.

«Uuuuuuund … was sagen Sie dazu Berger?» Seine Stimme hört sich an, wie das Knurren eines Hundes, kurz bevor er zubeißt, «Neumanns Umfeld war Ihre Aufgabe … und sind Sie da auf einen gewissen Faller gestoßen?»

«Äh, wie … Faller? Nicht, dass ich wüsste, jedenfalls nicht als potentiellen Verdächtigen … Ich check das mal.»

Hektisch bearbeitet er die Tastatur seines PC.

«Wir ermitteln uns den Arsch ab … die machen eine Hausdurchsuchung im Hinterland und knallen uns einen Sack voll Indizien auf den Tisch. Haben Sie das Gesicht von Meier Zwo gesehen …? Hämisch, richtig gehässig, als wollte er sagen: *hier, ihr hoffnungslosen Trottel, das machen wir einfach so nebenbei …*»

Kriminalhauptkommissar Klauke wischt

sich den Schweiß von der Stirn. «Der Ventilator bringt 's auch nicht! Es ist so schwül, als hätten wir ständig Fön.» Er wuchtet sich aus dem Drehstuhl, watschelt schwerfällig vor das runde Gitter des Standventilators und hebt die Arme, dass der warme Wirbel die nassen Flecken unter den Achselhöhlen trocknet. «Was ist nun, gab's da 'ne Verbindung zwischen den Beiden?»

Er fühlt sich ausgelaugt, bleiern und sehnt den Tag seiner Pensionierung herbei.

«Nicht direkt mit Faller ...»

«Mann, Berger, kommen Sie zur Sache, lassen Sie sich nicht jedes Wort aus der Nase ziehen ...» Klauke lässt die Arme sinken und dreht sich um, das nasse Hemd klebt an seinem Rücken.

«Es gibt eine Vereinbarung mit Vita Novus über eine Vortragsreihe: Balance zwischen innerer und äußerer Schönheit. Termine und so, aber das war vor mehr als drei Jahren. Könnte natürlich sein, dass jemand Neumanns PC gereinigt hat ...»

«Schon seltsam, was die da gefunden haben, Briefe altmodische Briefe, von Neumann an Faller, das hat die erst auf die Idee gebracht, Faller könnte was mit unserem Fall zu tun haben ...»

«Wir sollten uns freuen, haben wir wenigstens einen Verdächtigen, mit der Lorenz sind wir ja nicht einen Schritt weitergekommen und die Überwachung hat auch nichts gebracht», mosert Berger.

«Zu dem Mord an Neumann haben die ihn noch nicht befragt, und von den 500 Gramm Koks und dem Marihuana, in seinem Büro, will er natürlich nichts gewusst haben. Vielleicht hat er seinen Klienten nicht nur mit geistiger Erfrischung weitergeholfen …!?» Er lacht, guttural, aus dem Bauch, als habe er gerade einen prächtigen Witz gerissen. «Der wird aus allen Wolken fallen, wenn wir uns den vornehmen. Koks, das ist unangenehm und bringt ihm, wenn er Pech hat, drei bis fünf Jahre, aber Mord und dann so eine perverse Sauerei, das ist schon ein anderes Kaliber … außerdem haben die einen Raum entdeckt, dekoriert, als würden dort irgendwelche Rituale stattfinden, Sie erinnern sich an das Video?»

Berger nickt und denkt an Rosalie. Rosalie, die ihm die Karriere kosten könnte, wenn alles schief laufen würde. Klaukes Sätze verkümmern zu Hintergrundrauschen und Berger träumt sich zu Rosalie.

Nach jenem Abend in der Galerie, Verhängnis oder bis dato größter Glücksfall seines Lebens, und der darauffolgenden Nacht, die ihm ein erotisches Feuerwerk bescherte, von dem er nicht mal geträumt hätte, dass er so etwas jemals erleben würde, konnte er nicht anders, als Rosalie wiederzusehen. Ihm war klar, dass er gegen die Dienstvorschrift verstößt, immerhin ist Rosalie eine mögliche Verdächtige in einem Mordfall. Doch die Verlockung war zu groß und es war nicht nur der, wenn auch äußerst prickelnde, sexuelle Aspekt, dieser sich anbahnenden Beziehung.

Die Stunden der Gemeinsamkeit, die Gespräche, wenngleich er sich eingestehen muss, dass es meistens Rosalie ist, die das Gros der Konversation bestreitet, ihre Nähe, das alles erweckt in ihm ein Gefühl, nein, es ist eher so etwas wie eine Ahnung, ja, eine Ahnung von Zukunft. Und neulich Abends, dachte er, dass es nicht schlecht wäre, wie Klauke ein kleines Reihenhaus etwas außerhalb zu kaufen, schließlich ist er Beamter mit Pensionsanspruch.

Wenn es tatsächlich auffliegen sollte, dass er Rosalies Namen aus der Liste der Kontakte gelöscht hat, könnte er immer noch behaupten, dass es ein Versehen war, Rosalies Mail schlichtweg übersehen wurde. Kann ja immer mal vorkommen.

Er schwitzt Blut und Wasser und freut sich auf den gemeinsamen Abend. Ist schon seltsam, in seiner Wohnung waren sie noch nie.

«Berger ... verdammt noch mal ... was ist denn los mit Ihnen, hören Sie mir überhaupt zu?»

«Tut mir leid, hab noch mal alle Kontakte überprüft, wegen Faller», stammelt Berger.

«Wir sollten uns nicht zu sehr auf den Mann

versteifen … müssen erst mal sichten, was die Kollegen da entdeckt haben und in wie weit das überhaupt relevant für unseren Fall ist. Und wir müssen wissen, ob es eine Verbindung zwischen dieser Mertens und dem Faller gibt, ich kann mir nicht helfen … ich hab da so eine Ahnung.»

Ingo Klauke seufzt und schleppt sich zurück hinter seinen Schreibtisch. «Die Hitze bringt mich noch um!»

Herr Staatsanwalt und seine Sicht der Dinge

Das Büro des Staatsanwaltes ist wohltemperiert, er selbst, moderat gehobener Stimmung.

Marianna, so scheint es, hat einen heilsamen Schock erlitten. Natürlich ist sie bei Weitem noch nicht wieder die Frau, mit der er sein ganzes Leben verbringen wollte. Sie wirkt noch ein wenig verstört, mitunter regelrecht benommen, wahrscheinlich nimmt sie hin und wieder zuviel von den Tabletten, die ihr Dr. Starke verordnet - zweimal mal eine pro Tag. Verständlich, dass sie die Realität flieht, ihre Illusionen sind wie schillernde Seifenblasen zerplatzt, die trügerische Welt obskurer Verheißungen in einem Strudel krimineller Aktivitäten verschwunden, ihr Guru, ein Scharlatan und Dealer, vielleicht sogar ein gemeingefährlicher, perverser Mörder, sitzt in Untersuchungshaft. So wenigstens sieht es der Herr Staatsanwalt und seine Sicht der Dinge ist die Entscheidende.

Als Marianna in ihrem eigenen Bett erwachte, war sie verwirrt und litt unter Orientierungsstörungen. Sie starrte ihren Mann an, ungläubig, stammelte etwas, das sich anhörte wie: was ist los, warum bin ich hier? Von Blucher erzählte ihr, dass sie unter Drogen gesetzt und zum Opfertier auserkoren war, wobei er das Wort Opfertier dreimal wiederholte und dass Ressel, der von ihm den Auftrag hatte, für ihre Sicherheit zu sorgen - Frauen von Staatsanwälten leben nun mal gefährlich - sie aus den Klauen dieser gefährlichen Sekte befreien konnte. Sie saß aufrecht, umklammerte ihre Knie, schaukelte vor und zurück, wie ein autistisches Kind und flüsterte immerfort, Nein, nein, du lügst … nein, nein, du lügst … du hast mich entführen lassen, dass ich nicht zur Weisheit gelange und dein wahres Ich durchschaue. Selbst die als beteiligte Zeugen des Geschehens herbeigerufenen Tillmann und Aiko vermochten nicht, zu ihr durchzudringen.

Die folgenden Tage verweigerte Marianna jedes Gespräch, verließ nicht eine Minute das Haus und sah aus, wie ein Schatten ihrer selbst. Als von Blucher sie mit der Schlagzeile konfrontierte, dass bei Faller Kokain gefunden worden war, brach sie zusammen und erlitt so etwas wie einen Nervenzusammenbruch, jedenfalls glaubte von Blucher, dass es ein Nervenzusammenbruch war. Sie kreischte, schrie, weinte, warf sich auf den Boden, rollte sich zusammen, wie ein schutzsuchendes Kind, um gleich darauf aufzuspringen und hinauf in ihr Zimmer zu hasten, wo sie sich einschloss und leise vor sich hin wimmerte.

Am nächsten Morgen verdarb ihm ihr aufgequollenes, von hektischen roten Flecken gesprenkeltes Gesicht den Kaffee und er muss sie angesehen haben, als begegne er einem Gespenst.

Sie sagte lediglich, ihre Stimme rau und brüchig: «So kann es nicht weitergehen …»

Schließlich willigte sie sogar ein, die Hilfe eines Psychologen in Anspruch zu nehmen.

Selbstverständlich liebt er seine Frau, hätte er sie sonst geheiratet? Aber es sieht ganz so aus, als habe sie in geistiger Verwirrung, keine andere Erklärung wäre ihm plausibel, das gemeinsame Ziel aus den Augen verloren. Sie haben nie darüber gesprochen, geschweige denn klar formuliert, wohin ihre gemeinsame Lebensreise führen soll, doch er ging davon aus, dass sie seine Partnerin ist, die, selbst unausgesprochen, dasselbe anstrebt wie er, mit Hirn und Seele, so etwas wie seine Ergänzung, die ihm den Rücken stärkt, auf dem dornenreichen Weg nach oben, zu Wohlstand und gesellschaftlichem Ansehen.

«Nun ja, jeder kann mal einen Fehler machen, solange er daraus lernt und ihn nicht wiederholt», murmelt er und stellt fest, dass er ein äußerst großzügiger Ehemann ist, weil er seiner Frau vergibt und hofft, dass sich Marianna bis zur Eröffnung der Ballsaison wieder vorzeigbar normal präsentiert.

Er erhebt sich aus seinem Sessel, streckt sich,

knickt den rechten Daumen in die Uhrentasche seiner Weste und umrundet gemessenen Schrittes den Schreibtisch.

Tillmann Ressel hat sich als guter Griff erwiesen, der richtige Mann für heikle Aufträge, weiß der Teufel, wie er an die Kopie der Kursteilnehmerliste gekommen ist.

Beiläufig wischt von Blucher drei eng bedruckte Bögen von der Schreibtischplatte und geht zum Fenster. Nachdenklich blickt er hinunter auf die Straße und beobachtet scheinbar interessiert, vorbei eilende Passanten und träge fließenden Verkehr.

Marianna hatte sich unter ihrem Mädchennamen angemeldet, offensichtlich wollten die keinen Ausweis sehen, und er weiß nicht, was er davon halten soll. Mag sein, dass sie dabei an seine Position gedacht hatte, was wirklich umsichtig von ihr gewesen wäre.

Er schüttelt den Kopf, verharrt, starrt sekundenlang auf das riesige Werbeplakat auf der anderen Straßenseite - eine Brünette mit perfekter Figur, wohligem Teint und einladendem Lächeln, unterschwellig erotisch, ästhetisch perfekt, unerreichbar, untauglich für geile Phantasien in schwitzigen Nächten.

Was weiß er schon wirklich von Marianna, was spielt sich während der Stunden in ihren Kopf ab, wenn sie allein in seinem Hause weilt? Sollte sie sich innerlich bereits von ihm gelöst haben, dass sie nicht einmal mehr seinen Namen tragen wollte? War sie wirklich bereit, ihn, ihren Mann so einfach mir nichts, dir nichts, aus ihrem Leben zu streichen? Vielleicht wusste sie ja, auf was sie sich da eingelassen hatte!? Schlimmer noch, vielleicht wollte sie es sogar!?

Der Gedanke schmerzt.

Vor seinem inneren Auge taumeln wirre Visionen: Marianna im Rausch, wie sie sich ekstatisch windet, während ein Kerl in weißer Kutte sie vögelt. Er möchte lauthals schreien, vor Abscheu und Ekel, doch da ist noch ein anderer Impuls, verwirrend und verstörend zu gleich - irgendwie erregt es ihn.

Er räuspert sich, sieht sich vorsichtig um, als fürchte er, es wäre jemand im Raum, der ihn soeben bei einer unzüchtigen Handlung erwischt hätte.

Hilflos studiert er die Namen auf der Liste. Sie sagen ihm nichts.

Und wenn es so war, dann hat dieses Schwein von Faller sie unter Drogen gesetzt, schon während der anderen Seminare, er hat sie abhängig gemacht, dass sie nicht mehr wusste, was sie tat.

Sorgfältig faltet er die drei Bögen Papier, dreht sie alsdann zu einer Rolle, wie Kinder sie als Fernrohr benutzen und sucht das Auge der Brünetten, wandert über die Wangen zu einem zahnweiß blitzenden Mundwinkel.

So muss es sich abgespielt haben, so und nicht anders.

Er schlägt die Fernrohrrolle gegen seinen Oberschenkel, wie ein Rittmeister seine Gerte, fehlt nur, dass er auf den Fußspitzen wippt.

Unvorstellbar, abwegig, geradezu aberwitzig, die Vorstellung, Marianna könnte sich aus freien Stücken von ihm abgewendet haben.

Er nimmt seine ziellose Wanderung wieder auf, bis zur Tür, zurück zum Fenster - verharren, sinnentleerter Blick nach draußen.

Der Bastard wird seines Lebens nicht mehr froh, er wird ihn vernichten, zerquetschen, wie einen Wurm.

In seiner Faust knautscht das Papier.

Zaghaftes Klopfen reißt ihn aus seinen Gedanken. Bevor er wieder hinter seinem Schreibtisch sitzt, und, *Herein* rufen kann, stehen Klauke und Berger im Raum. Von Blucher schießt durch den Kopf, dass sie tatsächlich aussehen, wie eines dieser Ermittlerpärchen aus einem Tatort. Und während er sie auffordert, Platz zu nehmen, seine rechte Hand beschreibt eine einladende Geste, fragt er sich, ob sich das Drehbuch an der Realität orientiert, oder sich die Realität dem Drehbuch anpasst und warum er ausgerechnet jetzt auf so einen abstrusen Gedanken kommt. Er korrigiert den Sitz seiner Krawatte, schräge Streifen, von oben rechts, nach unten links, abwechselnd hell-

und dunkelblau, und hört sich sagen: «Nun, was gibt es Neues, meine Herren?»

Klauke räuspert sich, «Sie meinen sicher diese Faller Geschichte!» Er fühlt sich in diesem Sessel unbehaglich, der offensichtlich für überschlanke Menschen entworfen wurde.

«Uuuuund ... bringt es uns weiter im Fall Neumann?»

Klauke meidet von Bluchers stechenden Blick - heute scheint ihm der Mann besonders unsympathisch - und betrachtet dessen rechte Hand, die eine zerdrückte Papierrolle umklammert.

«Kann man jetzt noch nicht so genau sagen ...» Klaukes Augen wandern über die grauen Knöpfe der Weste, den perfekten doppelten Windsorknoten, einen aus dem Hals ragenden Adamsapfel, das etwas zu spitz geratene Kinn und den schmallippigen Mund, hinauf zu den Augen, die ihn auffordernd anstarren.

«Wir müssen das Material erst auswerten. Bis jetzt können wir nur sagen, dass die beiden sich kannten, besser, dass sie wohl so was wie eine sexuelle oder sogar Liebesbeziehung hatten ... Ich denke, dass es diese Briefe waren, die den Jungs vom Rauschgift aufgefallen sind ... schwülstiges Zeug ... wir haben noch nicht alle Briefe gesichtet ... würde mich nicht wundern, wenn der Neumann ...», er lacht hart und es klingt bitter, «ist schon witzig, Neumann ... Neumannn ... Spaß beiseite ... die beiden Kerle sind also schwul … oder bisexuell, das wirft ein ganz anderes Licht auf die Geschichte und der abgetrennte Penis … »

Klauke macht eine Pause.

Der Staatsanwalt hält sich am zerknitterten Papier fest und Berger sitzt einfach nur da und sagt kein Wort.

«Könnte eine Beziehungstat sein, aber anders, als wir vermutet haben. Wir überprüfen natürlich, ob die Lorenz irgendwelche Kontakte zu Faller hatte. Wäre durchaus denkbar, dass die Lorenz herausgefunden hat, was zwischen den beiden läuft, und Faller hatte keine Ahnung, dass Neumann es auch mit Frauen treibt … zwei enttäuschte Liebhaber, die nichts vom anderen wussten, sie könnten den Mord gemeinsam geplant und ausgeführt haben.»

«Diese Lorenz scheint Ihnen ja zur fixen Idee zu werden.» Von Blucher hebt die Augenbrauen und runzelt die Stirn. «Nicht, dass Sie sich da in was verrennen. Was sagen Sie denn da dazu?» Er sieht Berger an, Brauen und Stirnfurchen unverändert.

Dem wird's unbehaglich, er spürt Schweißtropfen auf der Stirn, sendet einen, wie er glaubt, flehenden Blick an seinen Chef. Der nickt, kaum merklich.

«Wäre schon möglich … ist eine Theorie … Wir müssen noch mal eine Hausdurchsuchung bei Faller machen, im Schulungszentrum, in seiner

Wohnung und natürlich im Büro der Vita Novus. Die vom Rauschgift haben Drogen gesucht, wie gesagt, das mit den Briefen war reiner Zufall … jetzt suchen wir nach Anhaltspunkten für die Verwicklung in einem Mordfall, ist eine ganz andere Sachlage … und nach der Hausdurchsuchung werden wir mit dem Mann reden. Wie gesagt, bei Neumann haben wir nichts gefunden, was auf einen Kontakt zu Faller hingewiesen hätte … lediglich diese Vortragsreihe für Vita Novus … schien uns seinerzeit nicht von Belang …» Berger holt tief Luft und da keiner der Herren das Wort ergreift, fährt er fort. «Es ist schon merkwürdig, da haben wir diesen Mord von ungeheuerlicher Brutalität, wir dürfen nicht vergessen, dem Opfer wurde bei vollem Bewusstsein das Genital abgetrennt …» die Vorstellung lässt ihn innerlich schaudern, «… was auf unbändigen Hass schließen lässt und auf der anderen Seite, nahezu keinerlei verwertbare Spuren, als sei die Tat bis in das letzte Detail geplant gewesen …»

«Das ist weiß Gott keine Neuigkeit!» Von Blucher entlässt das geschundene Papier aus seinem Klammergriff und trommelt nervös mit den Fingern auf die Schreibtischplatte. «Mit anderen Worten, wir sind so klug wie zuvor …»

«Äääh … wie, nein, so kann man das nicht sagen», stottert Berger, «immerhin haben wir eine neue Spur und jeder Täter macht einen Fehler, das perfekte Verbrechen gibt es nicht!»

Das ist seine Chance das Heft des Handelns an sich zu reißen. Der Chef, müde und ausgelaugt, ohne Inspiration, reif für den Ruhestand. Und er sondert Plattitüden ab, nichtssagende Worthülsen. Er muss was sagen, etwas Essentielles, was sie weiter bringt, eine neue Front aufmachen.

«Wir dürfen dieses Video nicht außer acht lassen … ich glaube, da steckt wesentlich mehr dahinter … immerhin … das Opfer dieser Massenvergewaltigung, das war es eindeutig, konnten wir bis dato nicht identifizieren, außerdem kann ich mir nicht vorstellen, dass es eine einmalige Sache war!»

«Was wollen Sie damit sagen, dass Neumann an der Schweinerei auf dem Video beteiligt war?» von Blucher unterbricht sein hektisches Trommeln.

«Schon gut möglich …» Berger vollzieht eine leichte Drehung des Oberkörpers und blickt zum Fenster, «da draußen könnte ein Mörder rumlaufen, eine Person, von der wir momentan noch nicht mal wissen, dass es sie überhaupt gibt.»

«Ist das nur so eine heiße Theorie von Ihnen oder gibt es konkrete Hinweise?», murmelt von Blucher und er denkt an Marianna und aus welcher Lage Tillmann Ressel sie befreit hatte.

«Zumindest haben wir in Neumanns Penthouse DNA-Spuren gefunden, die wir nicht zuordnen können, allerdings nicht an der Leiche, zur Zeit läuft der Abgleich mit Faller.»

«Wie dem auch sei. Es ist höchste Zeit, dass Sie Ergebnisse liefern. Konzentrieren Sie sich erst mal auf diesen Faller, das scheint mir momentan die heißeste Spur zu sein.»

Von Blucher betrachtet das Gespräch als beendet. Sein Kinn stößt nach vorn, die Hände umklammern die Schreibtischkante und er macht Anstalten sich zu erheben.

«Meine Herren, ich habe zu tun.»

Er muss Ressel anrufen, dringend. Er hat noch eine Aufgabe für ihn und die ist von äußerster Dringlichkeit.

Candelight-Dinner

Endlich Feierabend. Jürgen Berger eilt zu Rosalie. Sie will für ihn kochen.

Als sie ihm die Tür öffnet, schlängelt sich Duft von einer knusprigen Gans in seine Nase.

Er nimmt sie in seine Arme, küsst sie zärtlich und sagt: «Das riecht aber lecker!»

Sie zieht ihn ins Wohnzimmer, wo schon der Tisch festlich gedeckt ist, mit Kerzen, Weingläsern und edlem Geschirr.

«Gibt es was zu feiern?», fragt Jürgen und küsst Rosalie den Hals.

«Ja, uns!», entwindet sich ihm und trägt das Essen auf.

Es schmeckt vorzüglich. Sie sehen sich unentwegt in die Augen, prosten sich zu und werfen sich Luftküsse zu.

Wie auf ein geheimes Zeichen stehen beide auf, umrunden den Tisch. Ihre Lippen treffen sich und sanft beginnen ihre Zungen, miteinander zu spielen.

Immer fester pressen sie sich an einander. So kann sich sein Penis, der nun langsam an Größe gewinnt und sich immer weiter aufrichtet, sanft gegen ihre Muschi legen. Immer fester drückt er dagegen, weil er immer härter wird. Rosalie bemerkt es natürlich, aber sie genießt diese Berührung.

«Komm mit ins Bett!», flüstert Rosalie und zieht Jürgen zur Tür.

Leidenschaftlich entkleiden sie sich dabei und der Weg zum Bett ist von Klamotten gesäumt.

Eng umschlungen fallen sie aufs Bett, Jürgen Bergers Erregung will an sein Ziel, eine Muschi, die ihn bereits sehnsüchtig erwartet.

Ungehindert schiebt sich sein Lustschwengel in ihre enge Yoni.

«Ja, endlich... der ist doch nur für mich bestimmt... ich spüre es genau ... so hat es sich noch nie angefühlt, so richtig ...»

Mit diesen Worten wirft sie ihm ihren Unterleib entgegen, sodass er immer weiter in sie eindringen kann.

«Oh ja, diese Muschi ist nur für mich ... Du bist nur für mich ... »

Mit diesen Worten treibt er seinen harten Schwanz tief in die Muschi der stöhnenden Rosalie, die sich ihrerseits fest auf ihn presst.

«Rosalie», keuchte Jürgen, «Rosalie, wir sollten besser aufhören ...»

«Warum? Warum sollten wir aufhören? Ich will jetzt nicht aufhören … nicht jetzt ...!»

«Rosalie ... ich habe kein Gummi drüber gezogen ...»

«Egal, dein Schwanz ist sowieso der erste, der ohne Gummi in mich rein darf ... hör nicht auf ... mach weiter … «

«Und du hast mir mal gesagt, dass du nie ohne Gummi...»

«Mach weiter … nicht aufhören...» stöhnt sie in seinen Mund.

«Und was ist, wenn ... du schwanger wirst?»

«Geht nicht ... nehme die Pille ... schon lange ... und wenn schon ... von dir würde ich es wollen ... ja, von dir ... Nur von dir … und jetzt mach weiter … und zieh bloß nicht raus ... will alles in mir haben … will fühlen, wie es ist, wenn du in mir kommst! … Oh … tut das guuuuuttttt ...»

Mit den letzten Worten beginnt ihre Muschi, sich um seinen Schwanz zu verkrampfen ... sie kommt mit einem lauten Schrei.

Langsam und zärtlich stößt er sie weiter, weiter durch ihren Orgasmus, den ersten, den sie durch ihn erlebt. Das Zittern und Krampfen ihrer Muschi dehnt sich über ihren ganzen Körper aus, sie ist nicht mehr in der Lage, sich an ihm festzuhalten. Sogar ihre Schenkel rutschen an seinen Hüften abwärts. Er aber hält er sie fest an sich gedrückt und schiebt ihr sein hartes Glied immer wieder in ihre zitternde Muschi, bis sie sich langsam entspannt. Dann hält er still und bewegt sich nicht mehr, er bleibt einfach tief in ihr und hält sie fest.

Langsam kehren ihre Kräfte zurück und ihre Schenkel schließen sich wieder um seine Hüften.

«Oh, Jürgen, so hab´ ich es noch nie erlebt ... so noch nie! Es war so richtig …»

«Ja, es ist so richtig, so sehr richtig ...»

Damit beginnt er, sie wieder sanft und tief zu stoßen. Schnell kehrt ihre Erregung wieder zurück.

«Du bist noch nicht gekommen?»

«Nein, noch nicht, aber ich fühle es schon, komme auch gleich ...» Sein Atem wird nun härter und er beginnt, angestrengt zu keuchen.»

«Ja, ... Mach weiter ... weiter ... immer weiter ... ich will alles in meiner Muschi haben!»

Hart und tief rammt Jürgen seinen Schwanz in sie und spritzt sein Sperma tief in sie. Die Knie werden ihm weich, sein Atem geht pfeifend, er zittert am ganzen Körper, als er sich in ihr ergießt. Rosalie spürt es warm in sie fließen.

«Ja, Jürgen gib mir alles ... ohhh ist das schöön … gib es mir ... komm ... stoß´ noch ein paar mal zu ... schön fest und tief … ich komme gleich ... Himmel ... Lass mich noch einmal kommen … jaa ... jetzt...!»

Rosalie kommt noch einmal, gerade noch rechtzeitig, bevor Jürgens Schwanz seine Standfestigkeit verliert und aus ihrer Scheide herausrutscht. Entspannt liegen sie nebeneinander. Jürgen richtet sich auf und sieht Rosalie an. Er sieht ihren makellosen Körper, den herrlichen Busen, ihren blank rasierten Schritt mit der kleinen Spalte, in die er gerade sein Leben gegeben hat. Er lässt seine Fingerspitzen über ihren Körper gleiten, berührt ihre Brust, ihre Muschi. Berührungen, die sie erzittern lassen. Aber auch sie sieht ihn aufmerksam an, schaut ihm zwischen die Beine und fasst ihn auch an. Sanft knetet sie ihm die Hoden und umfasst seinen nun schlaffen Schwanz. Sie schiebt ihm die Vorhaut ganz zurück, damit sie einen ungehinderten Blick auf seine Eichel hat.

Langsam senkt sie ihren Kopf und ihre Lippen nähern sich seiner Eichel. Sanft erkundet sie seinen Schwanz mit ihrer Zungenspitze, umkreist seine Eichel, versucht, in die kleine Öffnung einzudringen, leckt über seine ganze Länge, hin zu seinem Sack, saugt seine Hoden in ihrem Mund und walkt sie da gehörig mit der Zunge durch. Sie kehrt wieder zu seiner Eichel zurück und schließt die Lippen darum. Mit beiden Händen umfasst sie seine Eier und beginnt, diese sanft zu kneten. Mit sanften Bewegungen schiebt sie ihren Mund weiter über seine Härte, nimmt ihn immer weiter in sich auf. Als seine Eichel ihren Rachen erreicht, zieht sie ihn an seinen Eiern auf sich zu und erhöht den Druck ihres Kopfes. So dringt sein Schwanz weiter in ihren Hals vor, immer tiefer, bis ihre Nasenspitze sein sorgsam gestutztes Schamhaar erreicht. Tief presst sie ihn in sich hinein, mit unendlich kleinen Bewegungen fickt sie ihn tief in ihrem Hals, was ihn heiser zum Stöhnen bringt.

«Rosalie ... ohh Rosalie .. .pass auf … gleich komme ich, pass auf ...» Sie entlässt ihn kurz aus ihrem Mund, aber nur, um tief Luft zu holen. Danach nimmt sie ihn mit einer einzigen langen Bewegung wieder ganz in sich auf und fährt fort, ihn mit ihren winzigen Bewegungen zu ficken. Sofort verstärkt sich sein Stöhnen.

«Rosalie, ich komme ...» Er versucht, seinen Schwanz aus ihrem Mund herauszuziehen, er will nicht in sie hinein ejakulieren, er weiß nicht, ob sie es will. Aber da hat er die Rechnung ohne Rosalie gemacht. Sie hält ihn mit einer Hand an seinen Eiern und mit der anderen Hand an seinem Po fest und schiebt ihren Mund fest über seinen Schwanz.

Unter heftigem Zucken schießt er sein Sperma tief in ihren Hals. Begierig nimmt sie alles auf und schluckt es. Aber jetzt erlebt er etwas, das kennt er noch nicht. Rosalie saugt sich an seinem Schwanz fest und fickt ihn jetzt mit unendlich langen Bewegungen. Sie entlässt ihn, bis nur noch seine Eichel in ihrem Mund ist, darüber reibt sie fest mit ihrer Zunge. Mit langen Bewegungen fickt ihr Mund sein Glied, während sie mit festem Druck seine Hoden knetet, so, als wollte sie auch noch den allerletzten Tropfen aus ihm heraus holen. Jürgen fleht sie an, aufzuhören.

«Rosalie, hör auf! Ich halte es nicht mehr aus

... Rosalieaa»

Seine Eier fest knetend fickt sie ihn hingebungsvoll mit ihrem Mund weiter. Jürgen beginnt, am ganzen Körper zu zittern. Rosalie hat sich an seinem Schwanz festgesaugt und bleibt mit ihrem Kopf zwischen seinen Beinen. Da sie seine Eier in ihren Händen hält, ist er ihr vollkommen ausgeliefert. Auch seine Beine kann er nicht schließen, denn dazwischen befindet sich Rosalie, immer noch heftig seinen Schwanz saugend. Rosalie saugt solange an ihm weiter, bis aus seiner harten Latte ein trauriger Zipfel geworden ist. Erst dann lässt sie ihn aus ihrem Mund gleiten. Langsam schlängelt sie sich an ihm hoch und kuschelt sich auf ihn. Ihre Lippen suchen seinen Mund. Leise sagt sie zu ihn: «Jürgen, das ist das erste Mal, dass ich so etwas gemacht habe. Nicht, dass ich noch nie einen Schwanz im Mund gehabt habe, das habe ich schon, aber immer nur mit der Spitze und im Kondom. Weiter nicht. Deiner ist der erste, den ich so tief, ganz in mich aufgenommen habe. Und du bist der erste, der in meinen Mund spritzen durfte, genau, wie du der erste bist, der in meiner Scheide kommen durfte. Und es war toll. Ich konnte einfach nicht genug davon bekommen. Ich musste immer weiter machen, dich so leer saugen, bis einfach nichts mehr ging.»

«Oh Rosalie, ich habe schon gedacht, du saugst so lange, bis du ihn mir weg gelutscht hast. Es war zwar nicht zum Aushalten, aber gerade deswegen war es ja auch so toll. Und als du dann immer noch weiter gemacht hast, habe ich irgendwann nur noch Sterne gesehen. Das habe ich noch nicht erlebt, noch nie. Und du hattest recht, ich habe noch nie mit einer Frau ohne Gummi geschlafen, auch nicht ohne Gummi blasen. Du bist wirklich die erste. Es war einfach unvergleichlich, was ich mit dir gefühlt habe.»

«Du Jürgen, was ich da eben gestammelt habe, von wegen schwanger werden und so...»

«Ich weiß schon, das war nicht so gemeint!»

«Nein, du irrst dich, das war ganz genau so gemeint. Ich kann zwar im Moment nicht schwanger werden, weil ich die Pille nehme, aber mir ist eben klar geworden, dass ich von dir wirklich gerne schwanger werden würde, ich will, dass du mir ein Kind machst. Das hat mich getroffen, wie ein Blitz. Und das war wirklich ernst gemeint.»

«Soll das heißen ...»

«Ja, das heißt es. Ich liebe dich. Und mir ist seit eben auch klar, dass ich dich vom ersten Moment an liebe, dass ich nicht mehr genau weiß, wann es angefangen hat. Aber ich weiß, dass es niemals aufhören wird. Aber ich weiß nicht, was du für mich empfindest.»

«Rosalie, eben ist mir auch klar geworden, dass ich dich liebe. Komm her, küss mich, wie mich noch keine Frau geküsst hat ...» Damit zieht er sie auf sich und es entbrennt ein Kuss zwischen ihnen, der auch als Ringkampf der Zungen und Lippen bezeichnet werden könnte und ewig dauert.

«Und jetzt», sagt er heiser zu ihr, »zahle ich dir heim, was du eben mit mir gemacht hast.»

Mit diesen Worten nimmt er eine ihrer Brustwarzen in seinen Mund und schiebt ihr eine Hand zwischen die Beine, die sie bereitwillig weit für ihn spreizt.

Nur eine Illusion

Das Oktoberfest beschert den Wirten der Wiesen einen neuerlichen Rekordumsatz, den Sanitätern und Notärzten jede Menge Arbeit und auch sonst protzt der Herbst mit Superlativen, die Temperaturen fallen kaum einmal unter 20° und man spricht von einem Jahrhundertherbst. Manch einer sieht darin ein untrügliches Zeichen der unerbittlich nahenden Klimakatastrophe, die meisten jedoch verschwenden daran nicht einen Gedanken und genießen den angenehmen Ausläufer eines Sommers, dessen brachiale Hitzegewalt die Stadt wochenlang im Würgegriff gehalten hatte.

Nach der Finissage, während einer der letzten hitzeglühenden Tage, hat sich Diana zurückgezogen. Und in der Stille ihrer Insel, abgeschieden vom Trubel der Welt, spukt Liliana in ihrem Kopf. Plötzlich ist er drängend präsent, der letzte Nachmittag mit ihr. Seither haben sie sich nicht mehr gesehen. Auch mit Enya hat sie noch nicht wieder gesprochen. Und mit der Distanz zum emphatisch durchlebten Augenblick mehren sich die Zweifel, und sie fragt sich, ob Lilianas Geschichte Wahrhaftigkeit ist. Doch selbst wenn sie diese brutale Vergewaltigung erfunden haben sollte, in was für einer desperaten Verfassung muss sie sich befinden, mit solch einem Horror mitleidvolle Beachtung zu suchen?

Der Gedanke ergreift Besitz von Diana, lässt sie nicht mehr los, treibt sie um in schlaflosen Nächten und halb betäubt vom Weißwein findet ihr innerer Aufruhr den Weg in ihre Skizzen, von denen Sven behauptet, es wäre das Beste, was er bislang von ihr gesehen hat.

Sie durchlebt eine rauschhafte Zeit immerwährenden Wechsels zwischen beflügelndem Nachhall romantischer, aus der Zeit gefallener Wochenenden an Svens Seite und Tagen von kreativer Besessenheit getrieben.

Meistens kommt Sven nach München, zwei Mal besuchte sie ihn in seinem Appartement in Berlin Mitte.

Anfang November beendet ein Temperatursturz, begleitet von Nieselregen, Nebel und orkanartigen Böen spätsommerliches Wohlbehagen. Es folgen Wochen düsterer Wolken und sporadischer Schneeregenfälle, welche die Hoffnungen wecken, eine unschuldig weiße Schneedecke könne alsbald die graue Tristesse überdecken.

Die ersten Skizzen gewinnen auf Leinwand an Kontur und Diana ertappt sich immer wieder bei dem Gedanken, wie es wäre, wenn Sven immer hier wäre, hier bei ihr, in ihrem Haus. Dann steht sie da, die Palette in der Hand und sie weiß, dass sie jetzt nicht weiter malen kann.

Sie würden vor dem prasselnden Kaminfeuer sitzen, er im braunwulstigem Ledersessel, vertieft in eine Zeitschrift oder ein Buch, Schattenspiel auf dem markanten Gesicht und sie auf dem Boden, die Beine untergeschlagen, einen Skizzenblock auf den Knien.

Sie lacht rau, heiser, als ob sie ahnt, dass es eine Illusion bleiben wird, wie dieser Traum, den sie einst hatte, als sie ein kleines Mädchen war, die Vision vom Ritter in glänzender Rüstung auf einem schneeweißen Pferd.

«Ein Mann kann dir vieles geben, doch niemals den Weg zu dir selbst!», murmelt sie und rätselt, wo sie den Satz gehört hat.

Der erste Prozess

Der Prozess gegen Markus Faller wegen Besitzes und Handeltreibens mit illegalen Substanzen, obwohl öffentlich, findet vor nahezu leeren Rängen statt. Zur selben Zeit wird ein Fall von Kindesmissbrauch verhandelt – der nette Onkel hatte seine minderjährige Nichte seit Jahren zu sexuellen Handlungen gezwungen und die Schweinerei war erst aufgeflogen, als der Freund des mittlerweile vierzehnjährigen Mädchens misstrauisch wurde.

Markus Faller, der mittlerweile als Geschäftsführer der Vita Novus Ltd, deren Mehrheitseigner eine Holding mit Sitz auf den kleinen Antillen ist, abgelöst worden war, beteuert und es klingt resigniert, dass er von dem Kokain nichts wusste und, dass es ihm untergeschoben worden sei. Dabei starrt er unentwegt die völlig in schwarz gekleidete Frau an. Sie sitzt in der letzten Reihe, links neben der braunen Tür und sieht aus, als hätte sie auf dem Weg zu einer Beerdigung mal eben hereingeschaut. Er kann ihr Gesicht hinter dem Schleier nicht erkennen. Mit dem kleinen runden Hut, der an Jackie Kennedy erinnert, erscheint sie ihm irgendwie vertraut, wie ein Déjà Vue aus einem anderen Leben.

Da man ihm den Handel mit Betäubungsmitteln nicht nachweisen kann, wird er zu zwei Jahren, ausgesetzt zur Bewährung, verurteilt. Die Freude, noch einmal glimpflich davongekommen zu sein, währt nicht lange. Vor dem Gerichtssaal wird er erneut verhaftet, als Beschuldigter im Mordfall Neumann - zwei Wochen vor Ingo Klaukes Pensionierung. Der Staatsanwalt ist persönlich erschienen und keiner von ihnen beachtet die Frau in Schwarz, die, halb verborgen hinter einer Säule, die Szene aufmerksam beobachtet.

Melancholie

Die Vorweihnachtszeit beschert Diana, wie alle Jahre wieder, Wochen bittersüßer Melancholie und selbst das ausgesprochene Schmuddelwetter, wie an der Nordseeküste im April, vermag nicht, ihre romantischen Kindheitserinnerungen an schneeverwehte Weihnachten zu trüben und sie glaubt, die gleiche gespannte Erregung zu spüren wie damals.

Es ist das erste Weihnachtsfest, dass sie, so lange sie denken kann, ohne Familie, sogar ohne ihre Kinder verbringen wird. Es war eine üble Zwickmühle, in der sie sich befunden hatte, einerseits wollte sie nicht mit der Tradition, 'unterm Weihnachtsbaum vereint sich die Familie', brechen, andererseits hatte Svens, es klang wie eine beiläufig herausgerutschte Bemerkung, er würde Weihnachten am liebsten mit ihr verbringen, einen inneren Freudentaumel ausgelöst und sie würde den eingefleischten Single nur ungern den Strapazen einer Familienweihnacht aussetzen. Letztendlich entscheidet sie sich offen mit ihren vier Kindern zu reden und siehe da, sie haben vollstes Verständnis und werden die Tage für einen Kurzurlaub nutzen. Außerdem hatte Sven zu fortgeschrittener Stunde und in der Tat mehr als nur ein wenig beschwipst, gemurmelt, er hätte da noch eine ganz spezielle Überraschung für sie, aber das wolle er sich bis Weihnachten aufheben. Wenn man es genau nimmt, eigentlich eine Unverschämtheit! Für einen Phantasie begabten, kreativen Menschen, solch eine Ankündigung! Und wie nicht anders zu erwarten, rumort es in Dianas Kopf und die Spekulationen türmen sich. So hält sie es einen verträumten Moment sogar für möglich, dass sich hinter Svens angekündigter Überraschung die Mitteilung verbergen könnte, er habe sich dazu entschlossen, Berlin den Rücken zu kehren, um sein Leben an ihrer Seite zu verbringen. Hatte er nicht, und das nicht nur ein Mal, davon geschwärmt, wie friedlich und still es hier draußen sei, und dass er sich solch ein Leben durchaus vorstellen kann?

Am dritten Advent ruft Sven an, druckst herum, plappert ein paar Belanglosigkeiten, bis er auf den Punkt kommt: «Du, es tut mir wirklich sehr leid, ich kann Weihnachten nicht mit dir verbringen, meine Mutter ist schwer erkrankt und es kann sein, dass es die letzte Gelegenheit ist, die Festtage gemeinsam mit ihr zu verbringen. Ursprünglich wollte ich dir meine Überraschung erst an Heilig Abend mitteilen, aber so sage ich es dir heute. Ich plane für das nächste Frühjahr in Berlin eine Ausstellung deines neuen Bilderzyklus'.»

Sie steht da, das Telefon ans Ohr gepresst, der

Boden unter ihren Füßen scheint zu schwanken. Später kann sie sich nicht mehr erinnern, was sie zu Sven gesagt hat, sicherlich, sie hat sich bedankt und bemüht, ihre Enttäuschung nicht durchklingen zu lassen. Im Taumel widersprüchlichster Gefühle, wobei der Verlust gemeinsam verbrachter Feiertage, die Ankündigung einer Ausstellung in Berlin, zumindest fürs Erste, wie eine Nebensächlichkeit, ein nicht funktionierendes Trostpflaster, erscheinen lässt, ruft sie Enya an, dann Ilona und Janina, und bei jedem Gespräch hofft sie insgeheim, dass sie gefragt wird, 'was machst du denn zu Weihnachten', als versteckte Einladung sozusagen, doch nicht die leiseste Andeutung, alle scheinen in eigener vorweihnachtlicher Routine gefangen und als schließlich Louisa ihr hastig «Frohe Weihnachten und einen Guten Rutsch» wünscht und sich dafür entschuldigt, dass sie so kurz angebunden ist, aber sie sei gerade dabei sich auf den Weg zu machen, um die Eltern in Mailand zu besuchen, ist sie den Tränen nahe und ihr wird endgültig klar, dass es ein verdammt einsames Fest sein wird – ihr graut vor Sylvester.

Liliana will sie auf gar keinen Fall anrufen, diese Frau ist ein Relikt der Vergangenheit.

Ein kleiner Schönheitsfehler

Staatsanwalt Hasso von Blucher ist äußerst zufrieden mit sich selbst, es war ein turbulentes Jahr und ihm ist es gelungen, alle Probleme bravourös zu bewältigen.

Der Mordfall Neumann ist gelöst, dass Faller kein Geständnis abgelegt hat, ist ein kleiner Schönheitsfehler, aber die Indizienkette ist lückenlos. Im Januar wird er Anklage erheben und Marianna scheint ihre Krise überwunden zu haben. Er war schon etwas misstrauisch gewesen, als sie begann, sich für Buddhismus zu interessieren, doch ihr Therapeut beruhigte ihn, sprach von Mariannas tiefer Sehnsucht nach Transzendenz und in der Tat, sie wurde allmählich ausgeglichener, wirkt entspannter und beginnt sogar Pläne zu schmieden, redet davon, dass sie sich an der Universität einschreiben will, Philosophie und Germanistik.

Der festen Überzeugung, dass er eine Belohnung verdient, bucht er über die Feiertage und den Jahreswechsel einen Bungalow auf den Seychellen und hofft insgeheim, dass sich Marianna und er im exotisch romantischem Ambiente auch erotisch wieder ein wenig näher kommen.

Undichte Stelle

Irgendwo muss es eine undichte Stelle im Polizeiapparat geben, oder es ist eine gezielte Indiskretion von jemandem, der eine Kopie des Videos der rituellen Massenvergewaltigung besitzt. Wie dem auch sei, im Januar tauchen Standfotos auf, grob gepixelt, dennoch ziemlich eindeutig und der sensationslüsterne Boulevard hat sein Thema, Sex, Drugs and Crime, Wochen vor dem ersten Verhandlungstag. Noch einmal füllen die grausigen Details des Mordes an Amadeus Neumann die Spalten und wer immer sich berufen fühlt und einen Faller Kurs bei Vita Novus besucht hatte, meldet sich zu Wort, sei es im Internet-Blog, der nach den ersten Veröffentlichungen in der Presse auftaucht oder er findet Gehör in einem der zahlreichen schmuddelligen TV-Sensationsformate. Überwiegender Tenor: Dieser Mann war mir schon immer unheimlich, als ob er etwas zu verbergen hat, hinter den salbungsvollen Sprüchen und der freundlichen, immer lächelnden Maske!

Als aus einer Quelle, die diesmal definitiv bei der Polizei zu suchen ist, Tatortfotos im Internet kursieren, ist das Bild des *perversen Irren* perfekt und nicht wenige an den Stammtischen fordern lauthals die Wiedereinführung der Todesstrafe.

Die Faschingsrauschtage kollektivem Freudentaumels verdrängen den Fall Faller, doch pünktlich zum Prozessauftakt, am Montag nach Aschermittwoch, sind sie zurück, die Spekulationen, wer aus dem erlauchten Kreis der B und C Schickeria, der sich im Dunstkreis des erfolgreichen Dr. Neumann tummelte, in den Skandal verwickelt sein könnte. Hinter vorgehaltener Hand wird getuschelt, dass die Justiz ein paar hochrangige Akteure aus den eigenen Reihen schützt, getreu dem Motto, eine Krähe hackt der anderen kein Auge aus, und, dass dem Angeklagten für sein Stillschweigen vorab Vergünstigungen, welcher Art auch immer, in Aussicht gestellt wurden. Man nennt keine Namen, aber an zweideutigen Anspielungen mangelt es nicht und manch einer sieht dem Verfahren mit durchaus gemischten Gefühlen entgegen.

Die ersten Prozesstage stehen ganz im Zeichen der Anklage. Hasso von Blucher genießt seinen Auftritt vor der großen Strafkammer des Landgerichts. Mit fester Stimme und voller Pathos, in diesem Moment fühlt er sich tatsächlich wie eine Art Ritter der Gerechtigkeit, trägt er seine Anklage vor: «Ich werde Ihnen im Laufe der Verhandlung beweisen, dass der Angeklagte Markus Faller, ehemaliger Geschäftsführer der Vita Novus Ltd., den Chirurgen und Klinikbesitzer Professor Dr. med. Amadeus Neumann auf bestialische Weise ermordet hat. Er hat den Ahnungslosen heimtückisch niedergeschlagen, ihn sodann in sein Bett getragen und gefesselt. Die Gerichtsmedizin hat bewiesen, dass das Opfer bei vollem Bewusstsein gewesen sein muss, als der Täter ihm mit dem Dolch seinen Penis abtrennte.»

Einige Male hört man mühsam unterdrückte, Aahs und Oohs aus dem Publikum.

Der Richter muss zur Ruhe mahnen.

«Neumann und Faller unterhielten ein sehr enges, vermutlich sexuelles Verhältnis miteinander.»

Wieder Aahs und Oohs, der Vorsitzende räuspert sich lautstark.

«Mit Sicherheit ist Neumann dahinter gekommen, dass Faller unter dem Deckmantel der Vita Novus in einem geheimen Zirkel, perverse sexuelle Praktiken pflegt. Daraufhin hat er wohl Faller damit gedroht, die anderen Teilhaber der Gesellschaft zu unterrichten. Die Auswertung der Laptops hat ergeben, dass er außerdem geplant hat, gemeinsam mit der Autorin Liliana Lorenz einen Schlüsselroman zu veröffentlichen. Um diese existentielle Bedrohung auszuschalten, hat dann der Angeklagte Neumann ermordet. Die grausigen Verstümmelungen sollten die Ermittler in die Irre führen, das

Mördergeschmiere darauf hinweisen, dass der Täter in Neumanns Vergangenheit zu suchen ist, da er früher auch illegale Schwangerschaftsabbrüche vorgenommen hat, das haben die Ermittlungen ergeben.»

Fallers Verteidiger, Dr. Jansen, ein überaus versierter Anwalt, Spezialgebiet: medienwirksame Strafprozesse, lächelt während von Bluchers gesamten Vortrag und das sieht nicht nur überheblich aus. Er fühlt sich diesem Staatsanwalt, der seinen ersten Mordfall anklagt, haushoch überlegen. Bedächtig steht er auf. Er ist wirklich eine bemerkenswerte Erscheinung, mit seinen einmeterfünfundneunzig, stattlich, doch nicht korpulent, in der schwarzen Robe, die er immer geöffnet trägt, um bei passender Gelegenheit seine goldene Taschenuhr aus der Weste zu ziehen und sie gelangweilt bis nachdenklich in der rechten Hand zu drehen. Jetzt streicht er erst mal eine Strähne seines schlohweißen Haares zurück, das über die Ohren und den Hemdkragen wuchert.

«Herr Staatsanwalt, Sie haben eine überaus blühende Phantasie, die einem Autor von Kriminalgeschichten zur Ehre gereichen würde, herzlichen Glückwunsch!», und dabei trieft seine Stimme von Sarkasmus. «Es geht in diesem Prozess nicht darum, über die erotischen Vorlieben meines Klienten zu urteilen, sondern darum, zweifelsfrei und dies ist Aufgabe der Staatsanwaltschaft, absolut zweifelsfrei zu beweisen, dass er die Tat begangen hat.»

Dann schlägt Bergers große Stunde: Beweisaufnahme.

Den Mann plagen keinerlei Gewissensbisse, dass er Rosalie, mit der er bald eine gemeinsame Wohnung suchen wird, aus den Ermittlungen herausgeschummelt hat. Er ist der festen Überzeugung, dort drüben auf der Anklagebank sitzt der Täter. Er berichtet von den ersten Hinweisen, die darauf hindeuteten, dass der Angeklagte in den Mordfall Neumann verwickelt sein könnte, den nochmaligen Hausdurchsuchungen in Fallers Privatwohnung und in den Geschäftsräumen der Vita Novus, den Briefen, die gefunden wurden, dem Schlüssel zu Neumanns Penthouse und dem wichtigsten Beweisstück, einem Fetzen Stoff mit Blutspuren, die vom Opfer stammen. Während der Verhöre habe der Angeklagte erklärt, er habe keine Erklärung dafür, wie der Stofffetzen in seine Wohnung gekommen sei und die Briefe würde er nicht kennen. Überhaupt habe sich der Angeklagte während aller Verhöre äußerst unkooperativ verhalten und immer wieder darauf verwiesen, dass er unschuldig sei. Berger betont, dass Faller für die Tatzeit kein nachvollziehbares Alibi vorweisen kann. Auf Einwurf der Verteidigung muss er einräumen, dass gegen Faller niemals Anzeige wegen sexueller Belästigung oder gar Vergewaltigung erstattet wurde.

Pensionist Klauke versäumt keinen Termin, sitzt im überfüllten Zuschauerraum in der dritten Reihe und verfolgt das Geschehen mit gemischten Gefühlen. Er ist froh über die Abwechslung in seinem, wie er findet langweiligen Leben. Er ist nun mal nicht der Typ, der einfach nur da sitzt und beobachtet, wie Krokusse und Schneeglöckchen wachsen und den Frühling ankündigen, während sich draußen die Welt immer schneller dreht.

Anfangs fühlte sich der Ruhestand an, wie ein langersehnter, verlängerter Urlaub, doch in letzter Zeit beschleicht ihn immer häufiger das Gefühl, dass sich Margit durch seine ständige Anwesenheit in ihrer freien Entfaltung beeinträchtigt fühlt.

Jürgen Berger macht seine Sache ausgezeichnet, stellt er fest und überlegt, wie oft er selbst da vorn gesessen und dem Gericht Beweismittel vorgelegt hat. Heute ist er froh, dass er mit dem Fall nichts mehr zu schaffen hat.

Sicher, auch er war erleichtert, als sich etwas im Fall Neumann bewegte, schließlich wäre es ein unrühmlicher Abschluss seiner Laufbahn gewesen, wenn sein letzter Mord unaufgeklärt im Archiv verschwunden wäre. Die Ereignisse überschlugen sich und die Indizien, wie über Nacht vom Himmel gefallen, passten einfach wunderbar. Er ist der festen Überzeugung, dass dieser Mann auf die Anklagebank gehört und dessen fadenscheinige Erklärung, das abartige Video hätte er aus dem Internet, und, dass, obwohl der Raum, in dem sich die ekelerregende Szene abspielt, eindeutig als das Zimmer im Nebengebäude des Schulungszentrum identifiziert wurde, ist einfach lächerlich. Außerdem gelang es den IT-Spezialisten im zweiten Anlauf auf Neumanns Notebook gelöschte E-Mails an Faller wieder herzustellen, die darauf schließen lassen, dass es zwischen ihnen erhebliche geschäftliche Verstimmungen gab.

Doch ob er wirklich den Mord begangen hat?

Ingo Klauke hegt da seine Zweifel und er empfindet immer noch Unbehagen, wenn er an den Druck denkt, den die Staatsanwaltschaft machte, um den Fall endlich zur Anklage zu bringen. Für ihn ist nach wie vor die Lorenz die Mörderin, aus welchen Gründen auch immer. Eine so perfekte Inszenierung! Und sie hatte sicher auch die Finger drin, als man auf Faller aufmerksam wurde.

Die Verteidigung präsentiert Zeugen, die Faller als einen durchaus honorigen Mann darstellen und immer wieder betonen, wie sehr ihnen seine Kurse geholfen haben. Zur Sache oder dem Verhältnis zwischen Neumann und Faller haben sie nichts zu sagen und von sexuellen Exzessen wissen sie auch nichts. Wie nicht anders zu erwarten.

Berlin

Zwei Wochen vor Ausstellungseröffnung in der Galerie *Far Out,* nahe Käthe-Kollwitz-Platz, laut Sven eine der angesagtesten Locations, reist Diana nach Berlin und wohnt in seinem Appartement, und es ist so etwas, wie ein Probelauf, wie es sich anfühlt, das Zusammenleben mit ihm, im Alltag. Es ist sein Revier, sein Universum schnell, laut, schillernd und exaltiert. Sie hetzen von einem Event zum nächsten, atemlos und jedermann nimmt sich ungemein wichtig, strotzt vor selbstgefälliger Eitelkeit - die Konversation, abgehoben beinahe surreal. Und in den wenigen Stunden, allein zu zweit, fallen sie übereinander her, wie Getriebene, ekstatischer verschmelzender Sex, bis sie erschöpft nebeneinander liegen, jeder für sich.

Auf der Vernissage, die parallel als Live-Stream im Internet abgerufen werden kann, sieht sie alle wieder, die schrägen Gestalten der letzten Nächte und sie begreift, dass der hektische Zug durch die Gemeinde so was wie eine Promotion-Tour gewesen sei muss. Alle reden über Kunst, ihre Bilder und noch bevor der Abend zu Ende geht, sind vier verkauft und zum ersten Mal in ihrem Leben fühlt sie sich wie eine anerkannte Künstlerin.

Dann ist sie wieder in München, und hier scheint's, als drehe sich die Welt ein wenig langsamer und mit der Trägheit naht die Erschöpfung und endlich angekommen in ihrem Haus, einen Becher, gefüllt mit aromatischem heißen Tee, in der Hand, den frühlingsbunt erblühenden Garten im Blick, hat sie das Gefühl, als könne sie mindestens drei Tage schlafen.

Enyas Anruf und deren Aufforderung sich Lilianas Auftritt vor Gericht nicht entgehen zu lassen, ereilt sie in einer Phase erschöpfter Tatenlosigkeit und obwohl das Kapitel Liliana für sie abgeschlossen ist, scheint es ihr willkommene Abwechslung und sie sagt zu.

Zeugin der Anklage

Enya und Diana sitzen in der letzten Reihe, direkt neben der schweren Eichentür, des bis auf den letzten Platz gefüllten Zuschauerraums, über dem, wie das Summen eines gewaltigen, unsichtbaren Bienenschwarms, das Gewirr flüsternd geführter Gespräche schwebt, das erst verstummt, als Richter und Schöffen den Raum betreten.

Der vorsitzende Richter, Dr. Harnak, ein erfahrener, in Ehren ergrauter Jurist, beugt sich nach vorn, bis seine Lippen fast das flexible Stabmikrofon berühren und sagt: «Die Zeugin Lorenz bitte!»

Der Gerichtsdiener öffnet die Tür.

Sie trägt ein eng geschnittenes weißes Kostüm, die Jacke tailliert und über der Hüfte leicht ausgestellt, schwarze Wildlederpumps, mit halb hohem, schlanken Absatz und auf dem Kopf einen weißen Hut mit gewaltiger Krempe. Wenn das Kostüm ein Hosenanzug wäre, könnte man vermuten, so wie sie den Gang zwischen den Sitzreihen entlang schreitet und auf dem harten Stuhl vor dem schlichten Tisch Platz nimmt, sie will Marlene Dietrich kopieren, *in Zeugin der Anklage*.

Der Richter scheint zu akzeptieren, dass der Hut zu Liliana Lorenz gehört, wie das Kostüm, das sie trägt, oder die Wäsche auf ihrer Haut und sie somit quasi nackt wäre, wenn er sie bitten würde ihre Kopfbedeckung abzunehmen. Er befragt sie zur Person, ermahnt sie, die Wahrheit zu sagen und, dass sie nur zu Sachverhalten schweigen dürfe, die sie selbst dem Verdacht eine Straftat begangen zu haben, aussetzten würden.

Liliana nickt und sie lächelt.

Aber das können Enya und Diana nicht sehen, nur den weißen Hut, der sich auf und ab bewegt.

Dann kommt die Staatsanwaltschaft zum Zug, denn sie hat Liliana als Zeugin geladen.

Liliana erzählt, ihre Stimme klingt, als könne sie jeden Augenblick in Tränen ausbrechen, von jenem tragischen Abend an dem sie mit Amadeus Neumann verabredet war: «Als ich in die Wohnung kam, war es ungewohnt still. Ich rief nach ihm, erhielt aber keine Antwort. Beunruhigt betrat ich das Schlafzimmer und entdeckte den verstümmelten Leichnam und wie in Panik habe ich das neben seinem Körper liegende Messer aufgehoben und als ich gerade die Polizei rufen wollte, stürmten die Polizisten auch schon in die Wohnung.»

Von Blucher befragt sie nach ihrer Beziehung zu Amadeus Neumann und Liliana antwortet, dass sie vor langer Zeit eine Liebesbeziehung hatten, sie aber bald schon bemerkte, dass ihm die Beziehung zu einer Frau nicht genügt. Sie habe sich dann schweren Herzens dazu entschlossen, sich von ihm zu trennen, wollte aber die freundschaftliche Beziehung nicht aufgeben, schließlich sei er ein sehr zivilisierter, hochgebildeter, weltoffener Mann gewesen und diese Sorte sei heutzutage ziemlich dünn gesät und da er offensichtlich das gleiche empfand, entwickelte sich über die Jahre eine tiefe Freundschaft.

Offensichtlich will von Blucher der Verteidigung zuvorkommen, die versucht sein könnte, seine Zeugin als Tatverdächtige vorzuführen, denn er will wissen, ob Liliana es nicht ungewöhnlich fand, dass das Opfer sie zu so später Stunde sprechen wollte.

Liliana räuspert sich und doziert, in einem Ton der sagt, 'das weiß ja wohl jeder hier im Raum', dass Neumann zu exzentrischem Verhalten neigte, besonders wenn er Kokain geschnupft hatte. «Ich selbst halte das für eine schlimme Angewohnheit, aber das ist ja schließlich seine Angelegenheit. Wir haben zu dieser Zeit gemeinsam an einem Buchprojekt gearbeitet, das muss ich nun ohne seine Hilfe beenden, aber ich habe bereits alle wichtigsten Informationen.»

«Können Sie uns das Buchprojekt etwas näher beschreiben, Frau Lorenz?», schnarrt von Blucher, umklammert mit beiden Händen den Rand der niedrigen Balustrade am Rand seines Pultes und schiebt das Kinn angriffslustig nach vorn.

Liliana bleibt ruhig, dreht ihren Kopf nach rechts, dass Diana und Enya einen Blick auf ihr Profil erhaschen können, blickt dem Staatsanwalt fest in die Augen und erklärt: «Es ist ein Roman über eine geheime Loge, deren Mitglieder, allesamt angesehene Mitglieder der Gesellschaft, sexuelle Rituale vollziehen.»

«So, so. Hat Amadeus Neumann jemals den Namen des Angeklagten erwähnt?»

«Nein, nie!»

«Ich habe keine Fragen mehr an die Zeugin.»

Er beschreibt mit der rechten Hand eine weit ausholende, theatralische Geste, die sagen soll, *Ihre Zeugin, Herr Verteidiger.*

Dr. Jansen richtet sich zu voller Größe auf, schlurft in seinen handgearbeiteten braunen Schuhen zum Zeugentisch, umrundet Liliana, beugt sich ein wenig nach vorn und säuselt: «Nicht wahr, sie hießen nicht immer Liliana Lorenz?»

Liliana lächelt ihn an und ihre Stimme klingt schnippisch: «Heutzutage wird doch ständig geklagt, dass es zu viele Massennamen, wie Mertens, Meier, Schulze und ähnlich Banales gibt. Ich bin eben der Zeit voraus gewesen und habe, wie gesetzlich vorgesehen, eine Namensänderung beantragt.»

Dr. Jansen schlappt weiter Richtung Staatsanwaltschaft, bleibt abrupt stehen, seine goldene Taschenuhr kommt zum Einsatz, und während er das Erbstück an der goldenen Kette in der Hand dreht, fragt er mit einem lauernden Unterton in der Stimme: «Und, Frau Lorenz, kennen Sie den Angeklagten, vielleicht aus der Zeit, als Sie noch auf den Namen Marika Mertens hörten?»

Ein Raunen geht durchs Auditorium und selbst die, die Liliana Lorenz nur von hinten sehen und das sind die meisten im Saal, erkennen an dem kaum merklichen Ruck, der ihren Körper durchfährt, der Haltung ihres Rückens, dass sie innerlich erstarrt.

Sie räuspert sich, wie ein kurzes, unterdrücktes Schluchzen.

Im Saal wird es still, man könnte die sprichwörtliche Stecknadel fallen hören, Liliana bittet den Richter vortreten zu dürfen.

Der vorsitzende Richter nickt, wortlos.

Liliana schiebt den Stuhl zurück, steht auf, zupft an ihrem Rock und der Jacke herum und geht erstaunlich leichtfüßig zum Richtertisch, stellt sich auf die Zehenspitzen, die Krempe ihres Huts schiebt sich über die Schultern, und flüstert etwas, was niemand im Saal verstehen kann.

Dr. Harnak runzelt die Stirn, reibt Daumen

und Zeigefinger am Kinn, als wolle er überprüfen, ob er sich am Morgen sorgfältig genug rasiert hat, tuschelt mit den beisitzenden Richtern, erst links dann rechts und verkündet eine fünfzehnminütige Sitzungspause.

Als die Verhandlung wieder aufgenommen wird, sitzen Diana und Enya zwei Reihen näher am Geschehen.

Dr. Harnak verkündet, dass man mit der Befragung der Zeugin fortfahren werde, und dass dies unter Ausschluss der Öffentlichkeit geschieht, was mit unwilligem Geraune quittiert wird, jemand ruft: «Ausgerechnet jetzt, wo's spannend wird!»

Der Richter mahnt: «Ruhe, sonst lasse ich den Saal mit Gewalt räumen!»

Ein Gedränge wie in der U-Bahn, fährt es Diana durch den Kopf, während sie eingeklemmt durch den Flaschenhals der Tür in den Flur gedrängt wird. Sie entdeckt Enyas braune Lockenpracht in der Menge, schlängelt sich zu ihr durch und flüstert ihr ins Ohr: «Könnte wetten, jetzt kommt die Geschichte, die sie uns erzählt hat, du erinnerst dich?»

Enya schnellt herum. «Hey, musst du mich so erschrecken?» Sie lächelt aber. «Wahrscheinlich hast du recht.»

«Eins muss man ihr lassen, sie ist äußerst

geschickt … war die beste Promotion für ihr Buch … was soll's … lass uns einen Kaffee trinken gehen, wir haben uns lange nicht gesehen, ist eine Menge passiert.» Diana überlegt, ob sie mit Enya darüber sprechen kann, dass sie den Gedanken aufgegeben hat, mit Sven zusammenzuleben. Die Zeit mit ihm in Berlin war wunderbar, atemlos, wie im Rausch, kaum Zeit zum Atem holen, doch wieder daheim auf ihrer Insel, erschienen ihr die letzten Wochen unwirklich, wie nicht zu ihr gehörig, wie der Besuch auf einem fremden, bizarren Planeten, doch dort für immer leben? Und muss Sven sich nicht in ihrer Welt ähnlich fühlen?

Urteilsverkündung

Lilianas Auftritt vor Gericht ist wie ein Extra-Bonus für den Boulevard. Sie schafft es auf die Titelseiten als die mysteriöse Zeugin, die dem Prozess eine entscheidende Wendung gibt. Wer ist diese Frau? Wie gut kennt sie den Angeklagten und was war so brisant an ihrer Aussage?

Am Tag der Urteilsverkündung ist der Gerichtssaal hoffnungslos überfüllt. Diana, Antje und Enya meiden den Trubel, sie werden früh genug erfahren, wie es für Faller ausgegangen ist. Ingo Klauke sitzt, wie immer, in der dritten Reihe. Wenige Plätze von ihm entfernt erwartet Tillmann Ressel, wenn auch aus anderen Beweggründen, den Urteilsspruch. Heute hat er seine Frau Aiko mitgebracht. Ja, sie haben geheiratet, im Februar. Mit der sicheren Aussicht auf einen Posten im Justizapparat erscheint ihnen die Zukunft planbar. Er ist sicher, dass von Blucher sein Versprechen halten wird, schließlich war er es, Tillmann Ressel, dem es zu verdanken ist, dass Faller da auf der Anklagebank sitzt und verurteilt wird, außerdem gibt es für ihn kein zurück, jetzt, wo der Prozess gelaufen ist. Justizwachtmeister, das sollte drin sein.

Das Urteil lautet, wie nicht anders zu erwarten: Lebenslänglich, wegen Mordes in einem besonders schweren Fall, ohne Chance nach 15 Jahren auf Bewährung entlassen zu werden. Doch vorerst wird Faller in einer psychatrischen Klinik untergebracht und auf seinen Geisteszustand hin untersucht.

Faller sitzt da, mit versteinertem Gesicht und sagt kein Wort. Während der gesamten Prozessdauer hatte er kaum etwas gesagt, außer dieses mit sonorer Stimme, wie ein Mantra vorgetragene: «Ich habe den mir zur Last gelegten Mord nicht begangen!»

Das Gericht würdigt er nicht eines Blickes, ist auch egal, die halten ihn sowieso für verrückt, unentwegt starrt er die Frau in schwarz an, vorn in der ersten Reihe, direkt hinter der Zeugenbank mit der Pillbox auf dem Kopf, deren schwarzer Schleier ihre Augen verbirgt und eine wage Ahnung dringt in sein Bewusstsein, dass sie die Fäden in der Hand hält.

Am Ziel

Auf dem Gerichtsflur sonnt sich von Blucher in seinem Erfolg und brabbelt in jedes Mikrofon. Er hat es geschafft, das Büro des Oberstaatsanwalts erwartet ihn und dann wird er seine Belohnung erhalten, der nützliche Tillmann Ressel. Er hat ihn bemerkt, im Zuschauerraum, ihn und seine asiatische Frau, und er ist sicher, das war eine Erinnerung, eine Mahnung, dass er ihn nicht vergisst.

Unter Qualen geborener Sieg

Liliana blickt in den Spiegel und was sie sieht gefällt ihr.

Sie hat sich fein gemacht, als wolle sie ausgehen oder als würde sie Gäste erwarten. Es gilt einen schmerzhaft, unter Qualen geborenen Sieg zu feiern. Endlich, nach einer halben Ewigkeit ist ihr Gerechtigkeit widerfahren. Sie lächelt, lediglich der Mund, blitzende Zähne, die Augen glitzern starr, wie eine Maske. Sie zupft am Ausschnitt des dunkelroten, bodenlangen Abendkleides aus schwerem Brokat, dreht sich um und stöckelt auf Absätzen, die ihre Gelenke quälen, ins Wohnzimmer.

Das flackernde Licht der Kerzen, im Kandelaber auf der Glasvitrine, taucht das Rokkoko-Klischee in warmes Zwielicht.

Eigentlich sollte sie triumphieren. Es ist vollbracht. Endlich hat auch Faller seine gerechte Strafe erhalten. Wenn auch nicht so drastisch und endgültig wie Neumann.

Im Hintergrund spielt Chopin.

Neumann war perfider, hinterhältiger, weil er den leidenschaftlichen Liebhaber, den besten, intimsten Freund gemiemt hatte, ihr Vertrauen missbrauchte, immer wieder, bevor sie entdeckte, was für ein ekelhaftes Monster er wirklich war.

Sie geht zum Fenster und sucht die Lücke zwischen gerüschten Stores.

«Prost! Gratuliere!», ruft sie und schlürft Champagner.

Ihr Blick wandert über den nackten Asphalt, aneinander gereihte Autos, deren Lack im Schein der Straßenlaternen schimmert, verweilt eine kleine Ewigkeit in den erleuchteten Fenstern des Hauses auf der anderen Straßenseite. Sie fragt sich, ob die Menschen dort drüben genauso allein sind wie sie. Es ist bitter, mit niemanden anstoßen zu können, wenn es den Beginn eines neuen Lebens zu feiern gilt.

Nie wird sie diesen einen Abend vergessen. Neumann war wieder einmal geplagt vom narzisstischen Seelenschmerz - das Übliche, zuviel Kokain, zuviel Alkohol und dann fühlte er sich krank und einsam - und wie immer hatte er sie angerufen und sie war zu ihm gefahren und sie hatte sich richtig gut gefühlt, so als beste Freundin, Vertraute, die er in der größten Not braucht. Heute ist ihr klar, dass der Dreckskerl sich aufgegeilt hat, dass er in seinem drogenvernebelten Hirn immer wieder diesen widerlichen Akt ihrer absoluten Unterwerfung durchlebte. Er hatte seinen Laptop auf dem Tisch vergessen und der war eingeschaltet und während er sich auf dem Klo die Seele aus dem

Hals kotzte, hatte sie, ohne sich etwas dabei zu denken, auf das Videosymbol geklickt und was sie sah, raubte ihr die Sinne. Lange verschollen geglaubte Erinnerung kam hoch, als sie die in weiß gekleideten Männer sah, die eine Frau der Reihe nach vögelten und sangen, als wäre es eine Messe. Der Mistkerl Neumann war auch dabei.

Sie konnte die Augen nicht vom Monitor wenden. Jedes Gesicht sah sie sich an. Das waren also die Männer, die sie damals vergewaltigten. Faller und Neumann hatte sie erkannt. Diese Mistkerle!

Zu diesem Zeitpunkt wurde ihr auch der Zusammenhang klar. Neumann und Faller gehörten beide zu den Vita Novusleuten und sie machten sich ein Vergnügen daraus ahnungslose Frauen zu schänden, nachdem sie sie unter Drogen gesetzt hatten. Das Video war weitergelaufen und sie konnte beobachten, dass Amadeus Neumann Sex hatten. Diese verzückten Gesichter, als beide einen Orgasmus bekamen. Danach küssten sie sich heiß und leidenschaftlich und Amadeus öffnete Markus Kutte und schob sich seinen Phallus in den Mund. Liliana ekelte sich und als Neumann aus dem Bad zurückkehrte, war es dieses hochrote Gesicht mit triefender Nase, das aus dem Nebel verdrängter Vergangenheit wuchs. Ihr Hirn arbeitete fieberhaft, das schrie nach Rache und langsam reifte ein Plan in ihr.

Sie wendet sich ab, sinkt auf die Blumen der Couch, starrt in das Feuer und weiß, dass sie gar nicht anders konnte, dass sie es tun musste, dass sie als Racheengel auserwählt worden war, der kosmischen Gerechtigkeit zu dienen. Der alte Kommissar, der hatte sie durchschaut und ihr auf den Kopf zugesagt, wie sie es getan hatte. Aber das Schicksal war auf ihrer Seite und ist das nicht der letzte Beweis, Fallers Verurteilung, dass sie recht gehandelt hat?

Die Flasche ist leer, sie streift die Schuhe von den Füßen und lacht, erhebt sich und auf ihrem leicht schwankenden Gang zur nächsten Flasche Champagner, streicht sie zärtlich die Seiten der Harfe und in ihren Ohren ist es die Melodie der Engel.

Doch plötzlich ist es wieder da, dieses Wimmern, das sie in der letzten Zeit immer häufiger überfällt, kläglich, dass es einem bis ins Mark dringt, erst leise, wie aus weiter Ferne, dann immer näher, bis es die liebliche Musik verdrängt, den ganzen Schädel füllt und jeden Gedanken verschlingt.

Sie versucht ihn zu ertränken, den jämmerlichen Ton und ahnt, tief im Innern, dass er sie nie mehr verlassen und begleiten wird, bis in den Tod.

Epilog

Meine Rechnung war aufgegangen, sie konnten mir die Tat nicht nachweisen und nach ein paar Tagen wurde ich aus der Untersuchungshaft entlassen. Der alte Kommissar, Ingo Klauke hieß er, glaube ich, der sagte mir auf den Kopf zu, wie ich es gemacht habe, aber er musste mich laufen lassen, weil auch er keine Beweise gefunden hatte. In seinen Augen las ich Mörderin und er und ich wussten, dass er recht hatte.

So oder so, damals war ich überzeugt, das Richtige zu tun.

Was meinen Sie, habe ich recht gehandelt? Oder hätte ich darauf warten sollen, dass sie weitere Frauen schänden und damit Leben zerstören?

Gut, dass ich Frieda getroffen habe, sie war mir eine große Hilfe. Ich habe sie mit einer Spezialaufgabe nach Wolfratshausen geschickt. Sie hat ihre Arbeit präzise ausgeführt. So bekam die Staatsanwaltschaft ihre Beweise im Fall des Neumannmordes

Ein perfekter Mord und niemand hat mich dafür zur Rechenschaft gezogen. So war es geplant und so ist es gewesen.

Ménage à trois
Traum in einem Traum
Hendrik Blomberg und Melanie Müller

Eine sinnliche Dreieck-Liebesgeschichte aus dem hohen Norden nördlich des Polarkreises.

Eine gelungene Mischung aus Träumen, Verlangen, Erotik - in einer fast unwirklich wirkenden Landschaft und zugleich eine Hommage an Edgar Allan Poe.

Rezi: Ganz eigene Akzente

In ihrem Buch "Ménage á Trois, Traum in einem Traum", begeben sich Hendrik Blomberg und Melanie Müller auf die Spuren von Edgar Allen Poe - mit ganz eigenen Akzenten.

Sie wagen ein Experiment und empfinden Edgar Allen Poes Gedichte Mahlstrom und Traum in einem Traum nach. Ute und Hartmut, ein erfolgreiches deutsches Unternehmer-Ehepaar, machen eine Reise nach Spitzbergen. Dort lernen sie die norwegische Studentin Solveig kennen, eine Geophysikerin, die das Magnetfeld der Erde erforscht. Ute ist gleich hin und weg, ihr Mann spätestens, als Solveig erzählt, dass sie von den Lofoten stammt - einer Traumlandschaft des deutschen Unternehmers.

Bald darauf besucht Solveig die beiden in Deutschland (Köln), eine Reise zu den Lofoten bahnt sich an. Und dort entwickelt sich das, was Ute von Anfang an erseht hat: Eine Affäre mit Solveig, der schönen Ex-Miss-Norwegen; wobei ihr Mann auch nicht untätig bleibt und die drei, wenn auch nach kurzem Zögern, eine Menage à Trois beginnen, die beglückend verläuft und ohne moralische Skrupel und schlechtes Gewissen seinen Lauf nimmt. Hier lebt jeder seine Träume aus mal zu zweit, mal zu dritt - wobei die eigentlich tiefe Beziehung und ungezügelte Leidenschaft zwischen Ute und Solveig entsteht. Hartmut darf zwar mitmachen (manchmal), aber die beiden Frauen wollen vor allem sich.

Die drei begeben sich in einem Mahlstrom der Lust und der Hingabe, bei der sich Ute schließlich fragt, ob sie das alles wirklich erlebt oder ob es nur ein schöner Traum ist.

Damit nehmen Blomberg und Müller die beiden Gedichte Poes auf, verknüpfen sie geschickt zu einer Geschichte und variieren sie neu. Sie geben ihnen eine neue Bedeutung und neue Tiefe; zumindest eine andere. Heraus gekommen ist ein Büchlein, das sich gefällig liest. Und in dem die beiden Autoren zeigen, dass sie in der Lage sind, eine Geschichte locker und stringent zugleich zu komponieren und durchzuhalten.

In Ménage à Trois ist die Sprache so leicht, beschwingt und unbeschwert, wie das Leben der Protagonisten. K. Ende

ISBN Buch: 978-3-86332-049-2, 12,90€

ISBN E-PUB: 978-3-86332-173-4, 4,99€

Die Gadolinium Verschwörung
Ein Hong Kong Thriller

Hendrik Blomberg

Der turbulente Thriller spielt mitten im Milieu des internationalen Investmentbankings in der aufregenden Stadt Hong Kong. Der risikobereite und talentierte Banker Thomas erhält ein lukratives Jobangebot einer kleinen Privatbank in Hong Kong.

Der junge chinesische Broker Patrick hat sich in die Netze der kolumbianischen Drogenmafia und dem Geschäft der Bitcoin-Hysterie verfangen - und will sich aus dem mörderischen Netz befreien.

Dr. Betty Nam, die mächtige Grande Dame einer international operierenden Investment-Bank in Hong Kong, hilft Thomas in der Welt der Jagd nach begehrten Seltenen Erden zu überleben.

Die ehrgeizige wie undurchschaubare Studentin Nancy verkörpert eine weibliche Anti-Heldin, die sich und die Leser damit überrascht, wie weit sie für das Gelingen eines Milliardenprojekts ihres Freundes Thomas, aus Liebe zu gehen bereit ist.

Spannend erzählt, genau recherchiert und hochaktuell, eine einzigartige Mischung aus hochbrisanten Fakten, topaktuellen Begebenheiten, intimer Kenntnis der Region und beklemmend realistischer Fiktion.

ISBN Buch: 978-3-86332-048-5 Preis 17,90 €

ISBN E-PUB: 978-3-86332-177-2 Preis: 9,99 €

Ein mörderischer Plan

Commander Hemmings ermittelt

Ein London Krimi

Amelie und Hendrik Blomberg

London 1935. Durch das Verbot des privaten Goldbesitzes in den USA steigt London zum Zentrum des weltweiten Goldhandels auf und lockt mit sagenumwobenen Profiten. Ein toter und ein vermisster Banker, dazu der Absturz des Aktienkurses des Bankhauses A&M haben die britischen Geheimdienste auf den Plan gerufen.

Und Commander Hemmings ist ihr bester Agent.

Der verbringt seinen wohlverdienten Urlaub in Brighton, als ihn ein Telegramm in die Metropole des MI 6 und MI 5 nach London holt.

Commander Hemmings hat aber auch noch eine brisante Vorliebe zu SM-Sex.

In einem Roman von Amelie und Hendrik Blomberg darf dieses Detail natürlich nicht fehlen.

ISBN E-PUB: 978-3-86332-172-7, 9,99€

ISBN Buch: 978-3-86332-050-8, 15,90€

Fortschrittliche Domestic Discipline

Dominanz und Submission in der Ehe zum beiderseitigen Lustgewinn

Ein Handbuch für Ehepaare

Dr. Vanessa Smith

Doctor of Philosophy in Psychology, PhD

Institute for Psychology of Relationships, NewYork

Übersetzung aus dem Englischen:

Progression of Domestic Discipline

Hendrik Blomberg

Ich möchte mich kurz vorstellen. Mein Name ist Vanessa Smith, promovierte Psychologin, Doctor of Philosophy in Psychology, PhD und arbeite seit Jahren mit Kollegen als Dozentin an einem *‚Institute for Psychology of Relationships'*, speziell für Paare, die sich einvernehmlich der Domestic Discipline angeschlossen haben und sie praktizieren.

Die Co-Autorin zu diesem Buch ist

Referend Carol Whitaker, Pastorin der East Coast Methodist Church, einer freien reformierten Kirche, die die Domestic Discipline zur Festigung des Glaubens und der Harmonie in der Ehe befürwortet. Domestic Disziplin ist eine Lehre, die von zigtausenden amerikanischen Ehepaaren zur Festigung der Partnerschaft praktiziert wird. Eines der grundlegenden Merkmale einer Domestic Discipline Ehe ist, dass der Ehemann für die Festlegung von Regeln und Richtlinien in der Ehe zuständig ist - und Korrekturen vornimmt, wenn diese Regeln gebrochen werden.

Um es vorweg zu verdeutlichen. Dieses Buch ist nicht für Paare geschrieben, die in einer eher losen D/S, Dominanz/Submission Partnerschaft leben, sondern wendet sich ausschließlich an Ehepaare, die mit dem Ja-Wort bei ihrer Trauung oder bei einer Collarring Ceremony ihr grundsätzliches Einvernehmen zu einer Domestic Discipline Ehe abgegeben haben, in der die Ehefrau die Autorität des Mannes auch zu disziplinarischen Strafen akzeptiert.

Dieses Buch gibt Hilfestellung zu verschiedenen Fragen, die im Alltag oder beim intimen Zusammensein in der Ehe aufkommen. DD erzeugt eine strukturierte, geordnete und gefestigte Umgebung zu Hause und in der Beziehung. Es verbessert und stabilisiert die Beziehung, es definiert Rollen in jedem Partner, und es beendet jeglichen *Machtkampf*, der in einer Beziehung entstehen kann.

Buch: 978-3-86332-056-0, 16,50€

E-PUB: 978-3-86332-171-0, 9,99€

Das geheime Ritual

Amelie und Hendrik Blomberg

Stanley Kubriks mystischer Film Eyes Wide Shut ließ zum ersten Mal den Zuschauer ein geheimes sexual magisches Ritual einer verborgenen Gesellschaft miterleben.

Das Hieros Gamos-Ritual, das in Eco's Faucoltsches Pendel nur angedeutet und bei Dan Brown's Sakrileg (Da Vinci Code) lediglich schamhaft kurz als geheime Orgie erwähnt wird, wird dem Leser in diesem Roman Stück für Stück vor Augen geführt. Die teils sehr expliziten, aber nicht minder erotischen Szenen fürs Kopfkino, lassen den Leser langsam und geradezu real in diese unbekannte Welt eintauchen.

Wer einen an sich hoch erotischen Roman einmal mit nachvollziehbarer Handlung sucht, wird hier belohnt. Die beiden Protagonisten in diesem Buch, markante und eigenwillige Heldinnen, sind authentisch dargestellt und abgesehen von der tadellosen Recherche über jahrhundertealte Rituale und Lehren geheimnisvoller Logen und Bruderschaften, hat die Story alles, was ein kurzweiliger Erotikroman braucht.

ISBN E-PUB: 978-3-86332-165-9, € 9,99

ISBN Buch: 978-3939475-84-2, € 15,50